BRUTAL

Bekenntnisse eines Mordermittlers

Story: Kei Koga
Artwork: Ryo Izawa

01

INHALT

Kapitel 1: Bekenntnisse und gute Taten

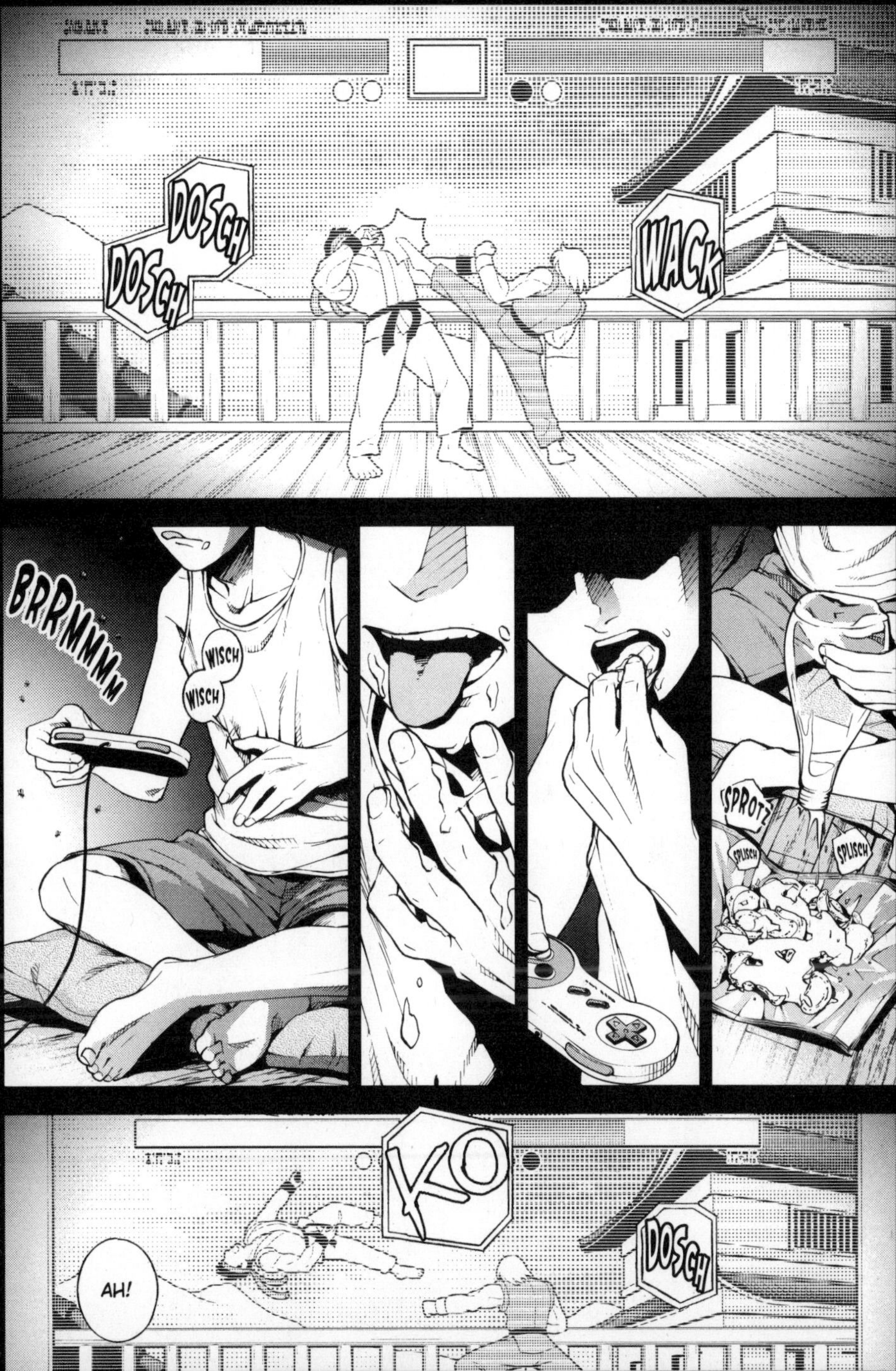

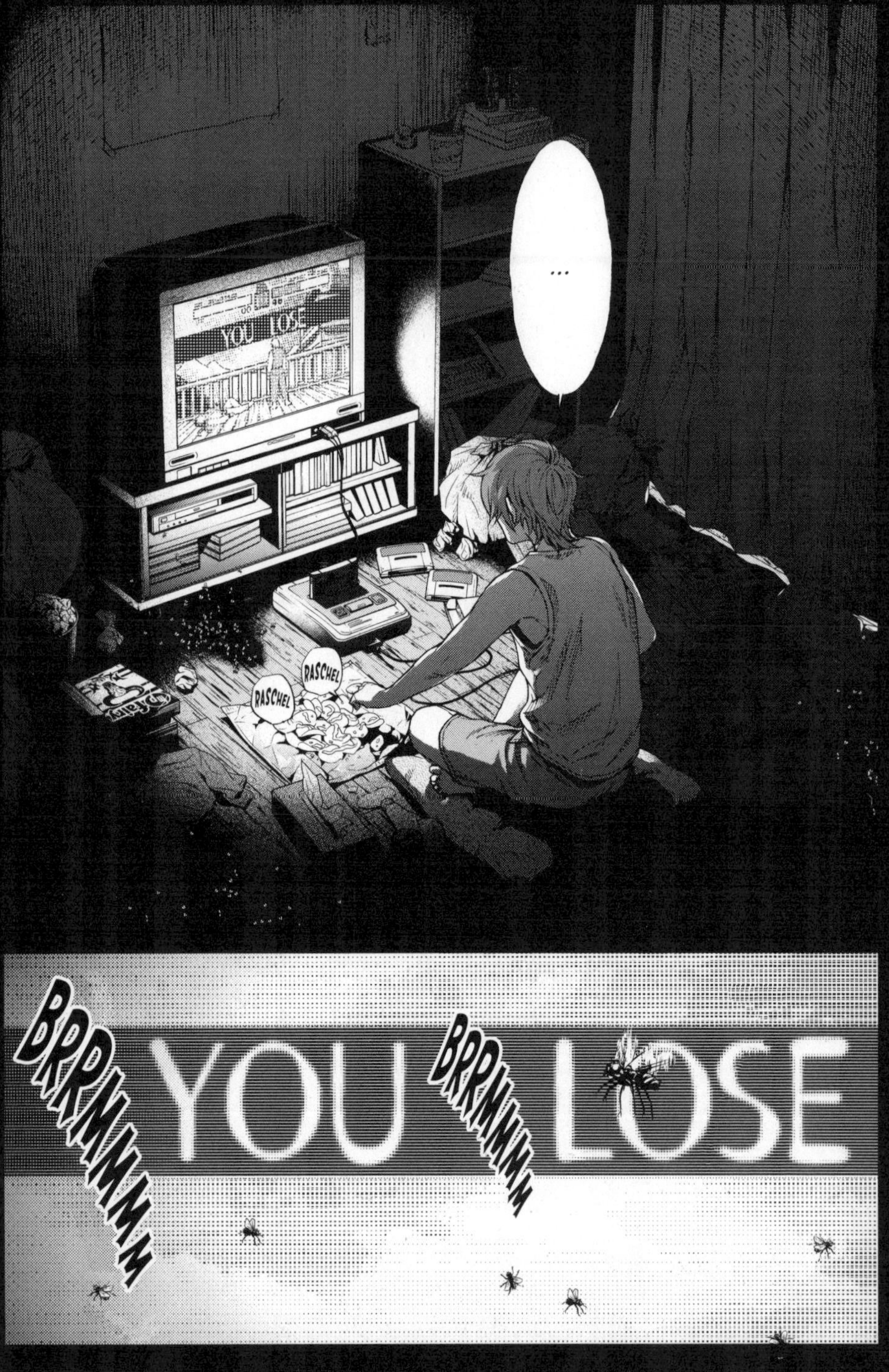

YOU LOSE
...
RASCHEL
RASCHEL
BRRMMMMM
YOU
BRRMMMMM
LOSE

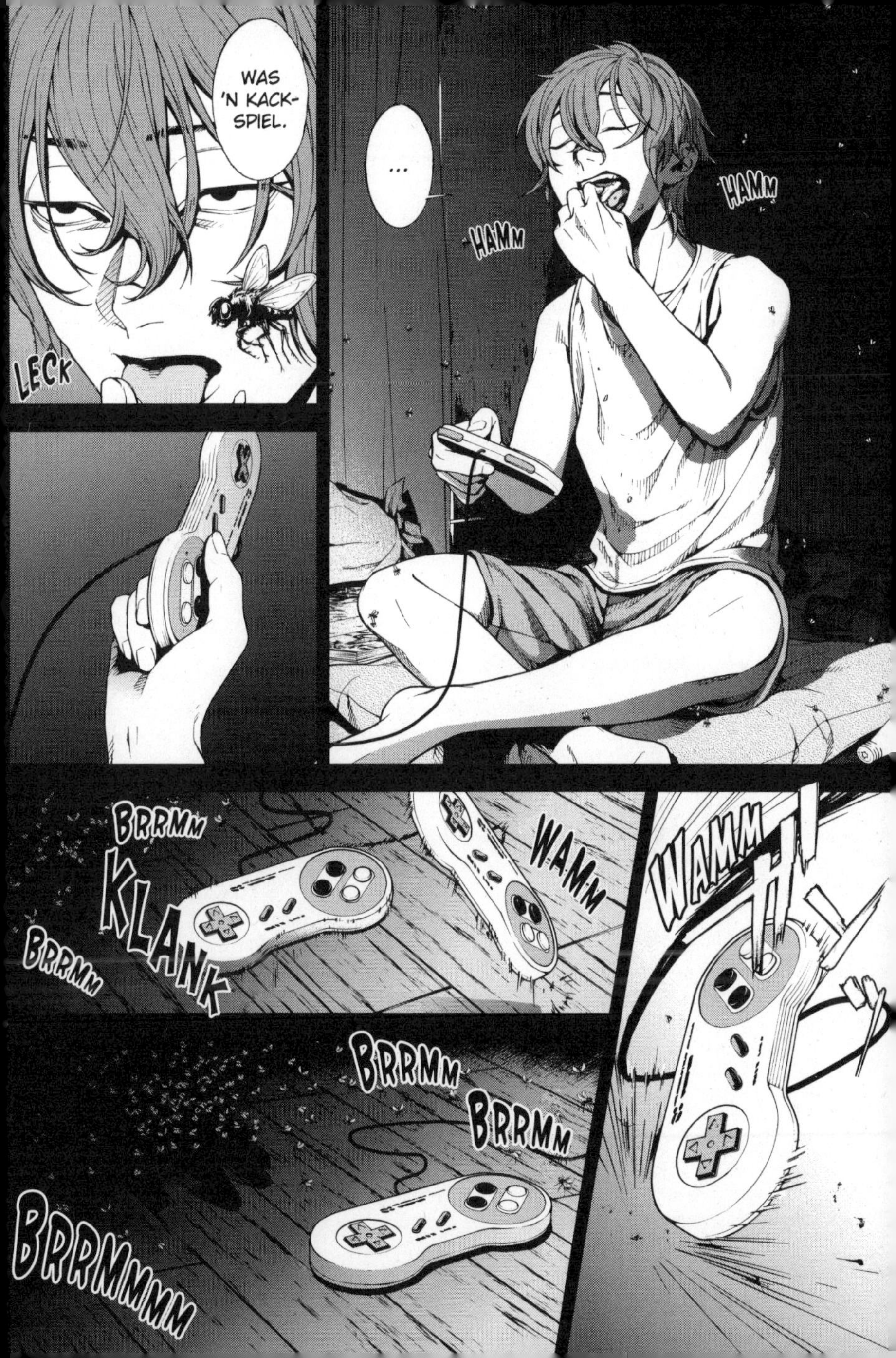

WAS 'N KACK-SPIEL.
...
LECK
HAMM
HAMM
BRRMM
KLANK
BRRMM
WAMM
WAMM
BRRMM
BRRMM
BRRMMMM

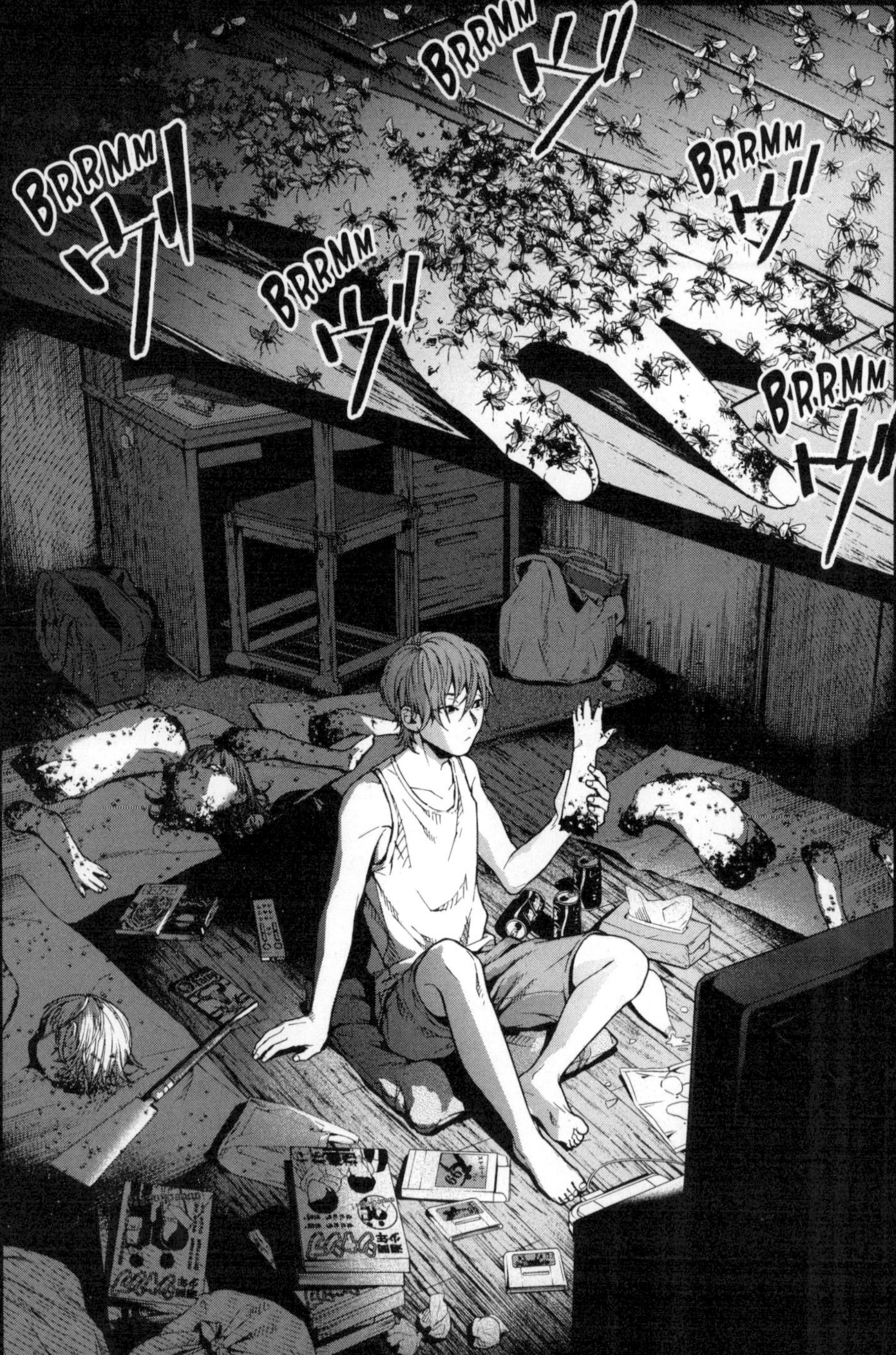

BRRMM
BRRMM
BRRMM
BRRMM
BRRMM

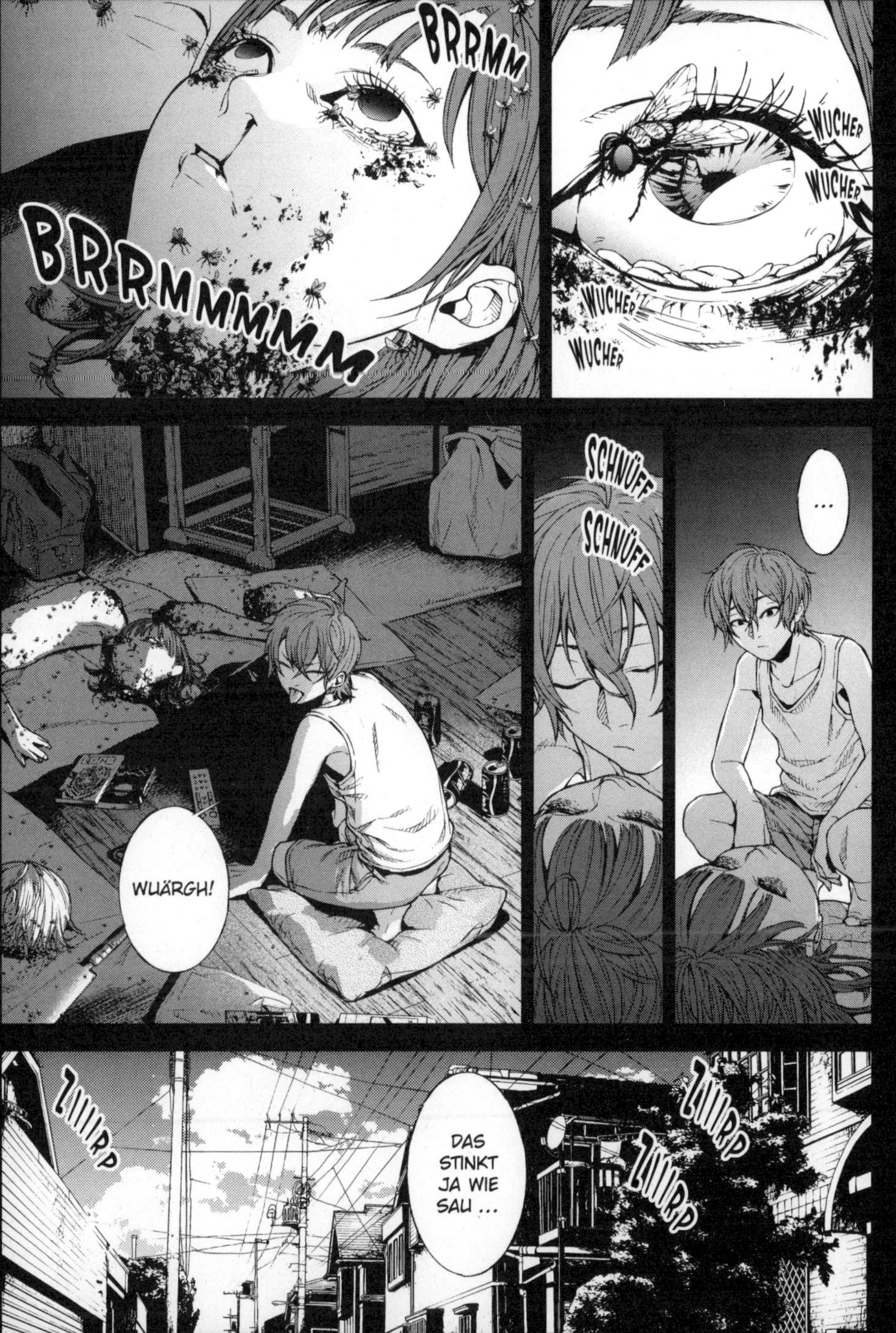
BRRMM
BRRRMMMMMM
WUCHER
WUCHER
WUCHER
WUCHER
...
SCHNÜFF
SCHNÜFF
WUÄRGH!
ZIIIRP
ZIIIRP
DAS STINKT JA WIE SAU ...
ZIIIRP

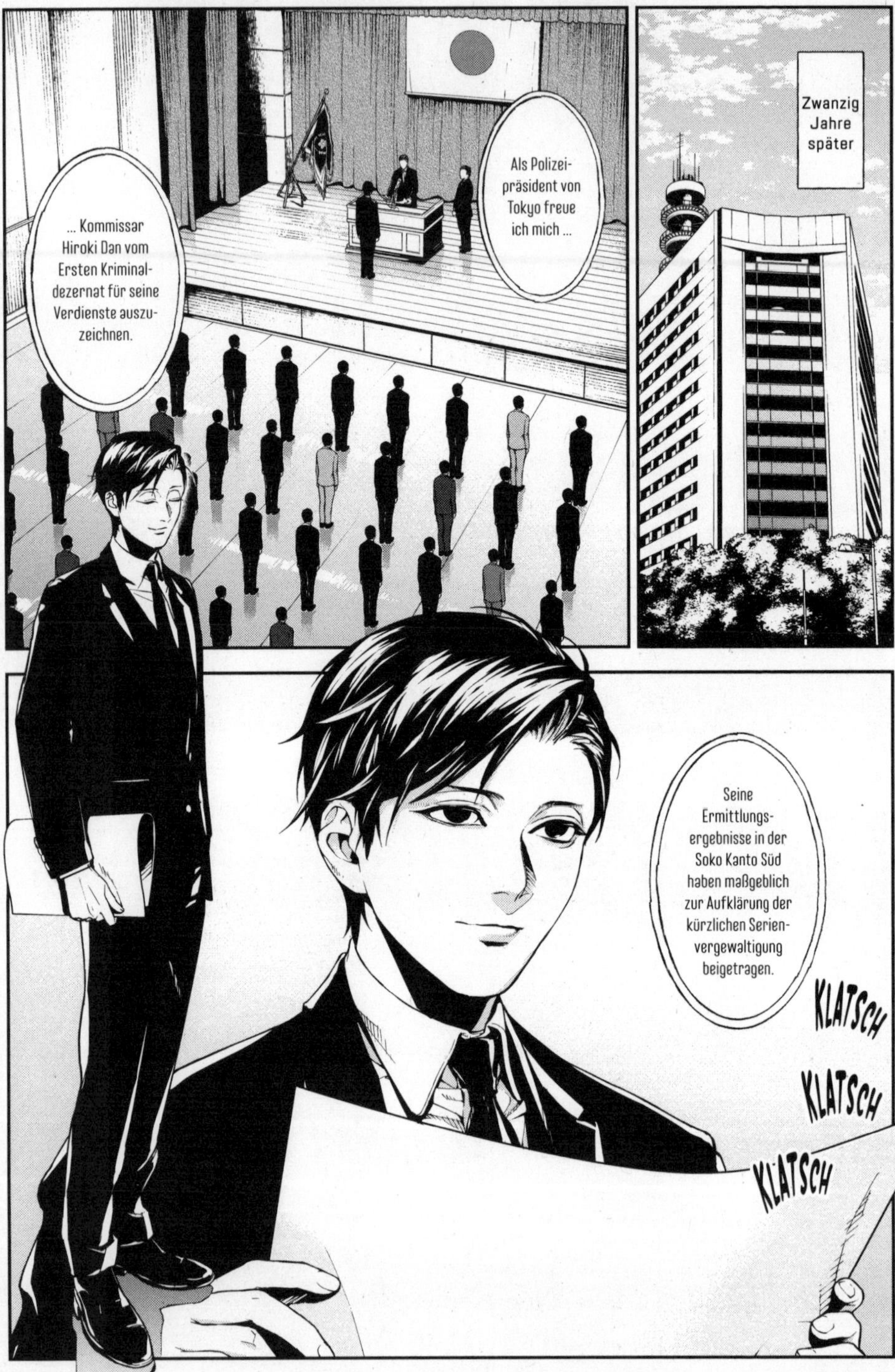
Zwanzig Jahre später
Als Polizei-präsident von Tokyo freue ich mich ...
... Kommissar Hiroki Dan vom Ersten Kriminal-dezernat für seine Verdienste auszu-zeichnen.
Seine Ermittlungs-ergebnisse in der Soko Kanto Süd haben maßgeblich zur Aufklärung der kürzlichen Serien-vergewaltigung beigetragen.
KLATSCH
KLATSCH
KLATSCH

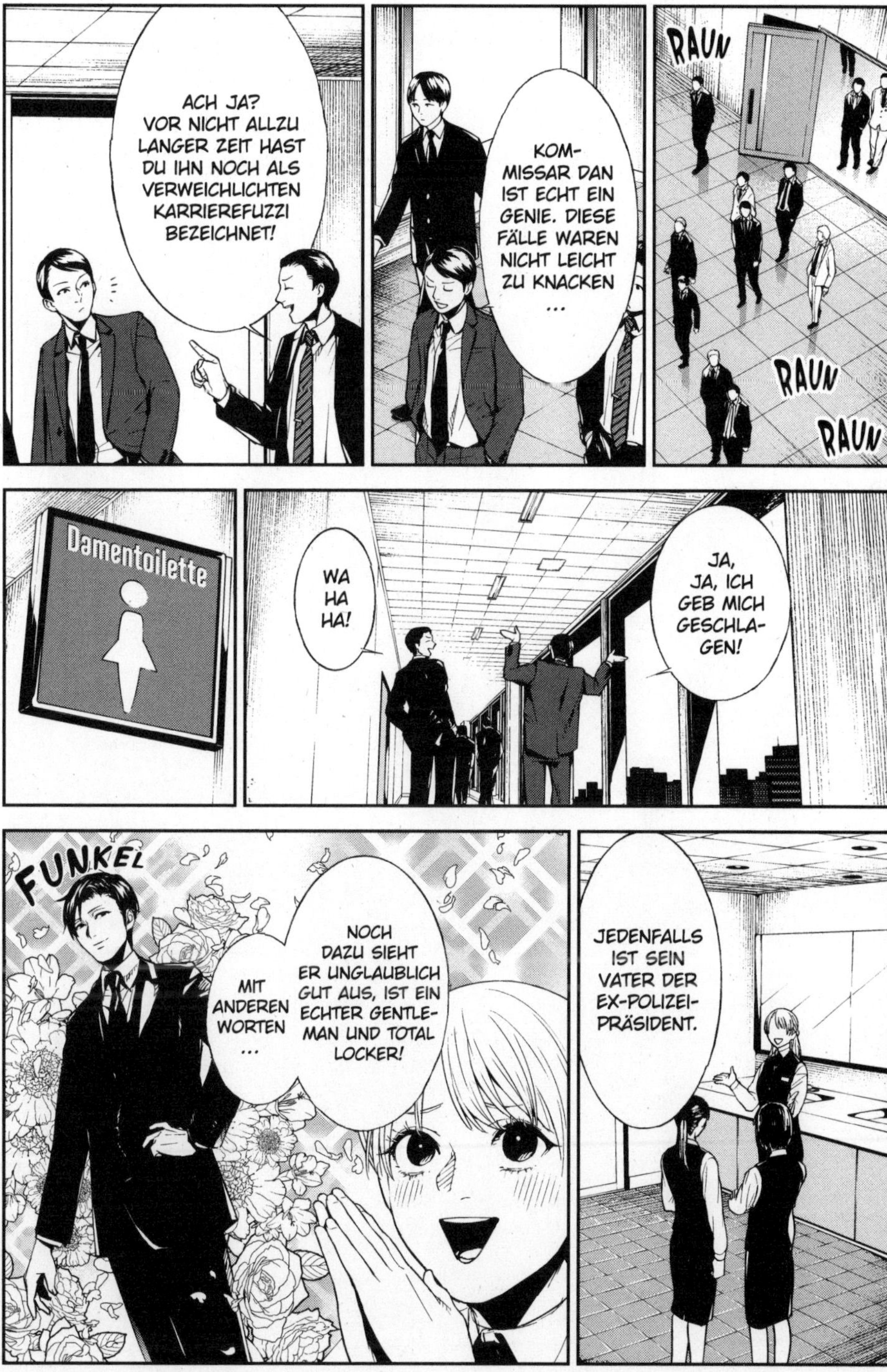
RAUN
RAUN
RAUN
KOM-
MISSAR DAN
IST ECHT EIN
GENIE. DIESE
FÄLLE WAREN
NICHT LEICHT
ZU KNACKEN
...
ACH JA?
VOR NICHT ALLZU
LANGER ZEIT HAST
DU IHN NOCH ALS
VERWEICHLICHTEN
KARRIEREFUZZI
BEZEICHNET!
JA,
JA, ICH
GEB MICH
GESCHLA-
GEN!
WA
HA
HA!
Damentoilette
JEDENFALLS
IST SEIN
VATER DER
EX-POLIZEI-
PRÄSIDENT.
NOCH
DAZU SIEHT
ER UNGLAUBLICH
GUT AUS, IST EIN
ECHTER GENTLE-
MAN UND TOTAL
LOCKER!
MIT
ANDEREN
WORTEN
...
FUNKEL

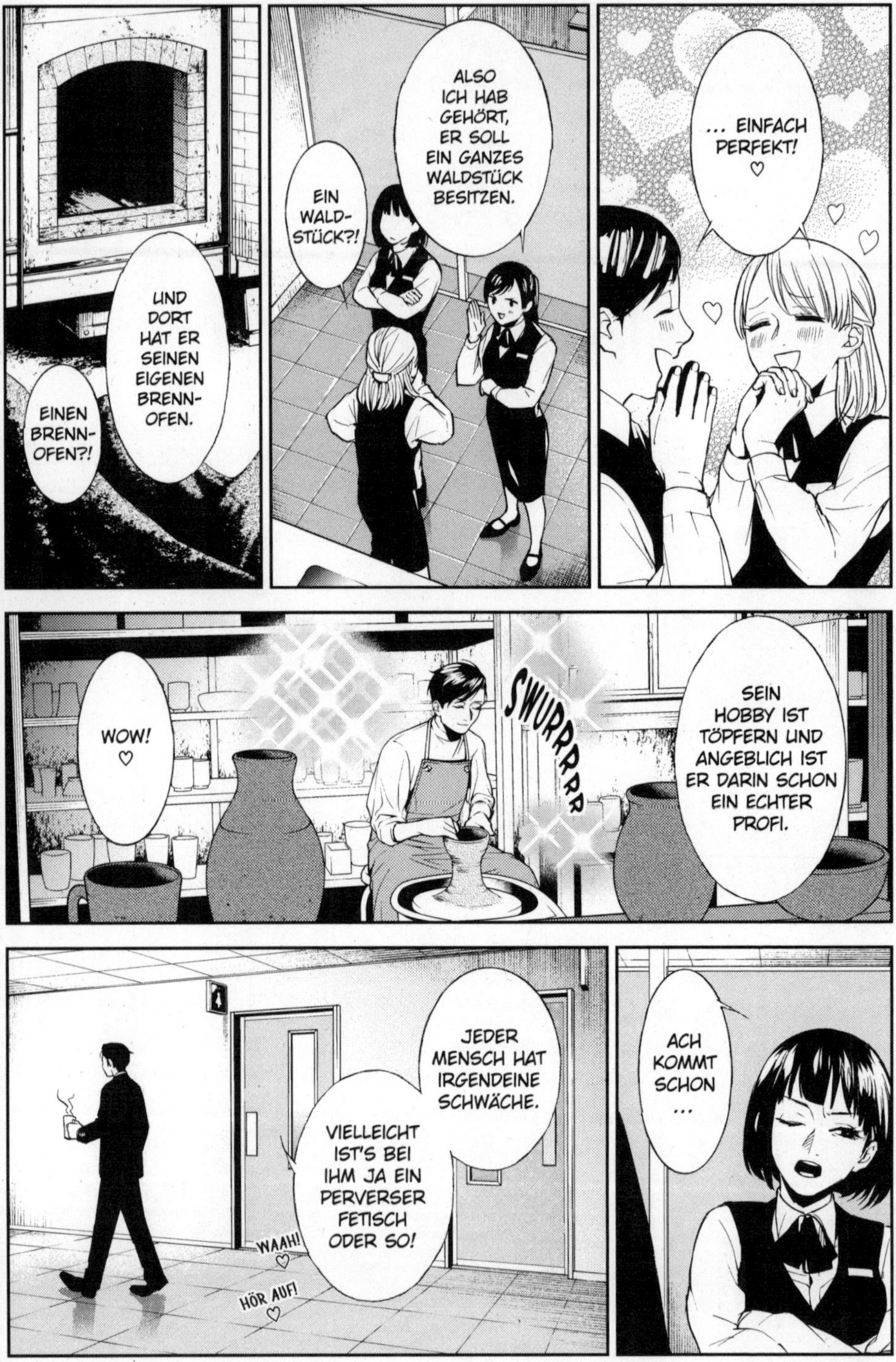
ALSO ICH HAB GEHÖRT, ER SOLL EIN GANZES WALDSTÜCK BESITZEN.
EIN WALD-STÜCK?!
UND DORT HAT ER SEINEN EIGENEN BRENN-OFEN.
EINEN BRENN-OFEN?!
... EINFACH PERFEKT! ♡
SEIN HOBBY IST TÖPFERN UND ANGEBLICH IST ER DARIN SCHON EIN ECHTER PROFI.
SWURRRRR
WOW! ♡
ACH KOMMT SCHON ...
JEDER MENSCH HAT IRGENDEINE SCHWÄCHE.
VIELLEICHT IST'S BEI IHM JA EIN PERVERSER FETISCH ODER SO!
WAAH! ♡
HÖR AUF! ♡

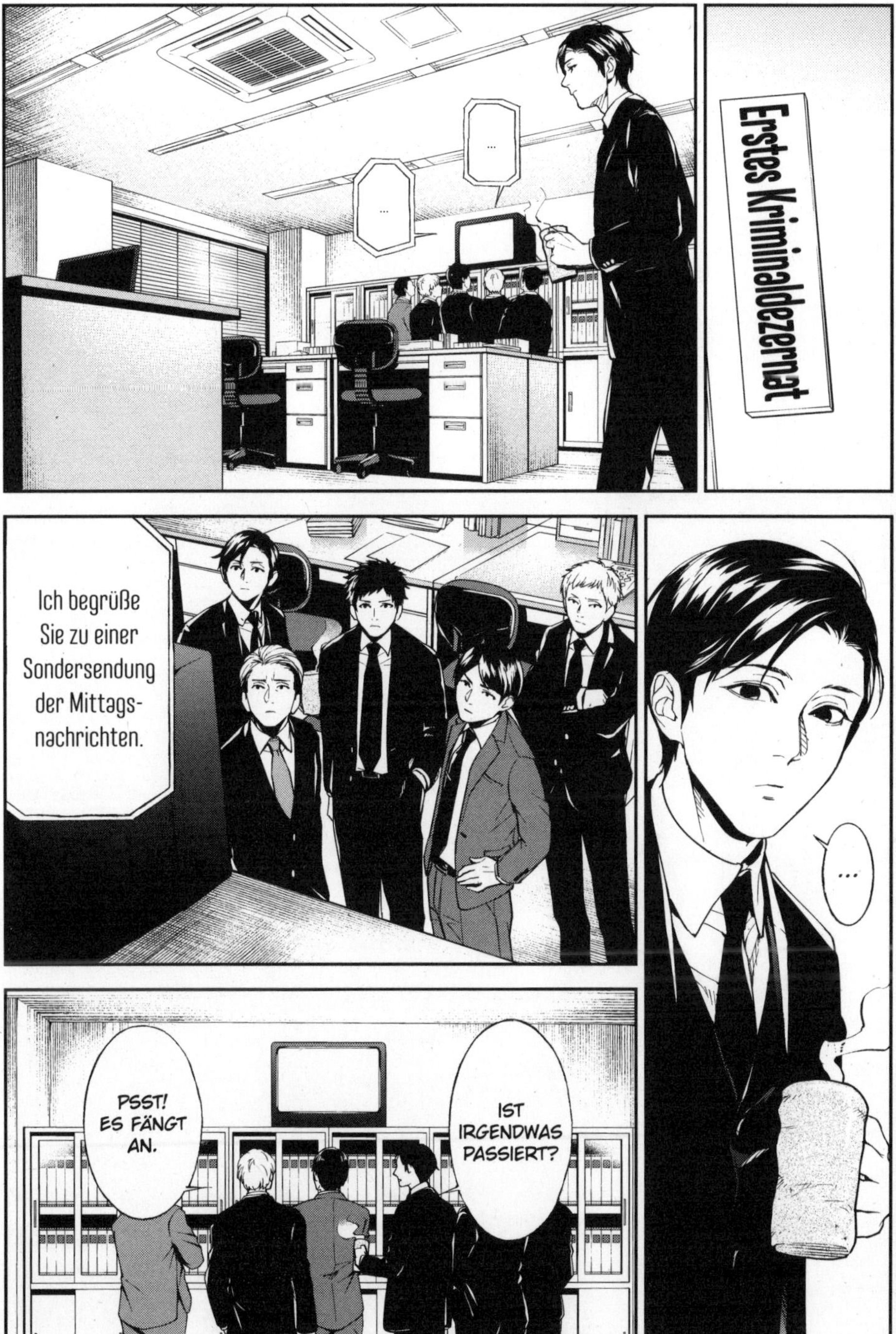
Erstes Kriminaldezernat
...
...
...
Ich begrüße Sie zu einer Sondersendung der Mittagsnachrichten.
IST IRGENDWAS PASSIERT?
PSST! ES FÄNGT AN.

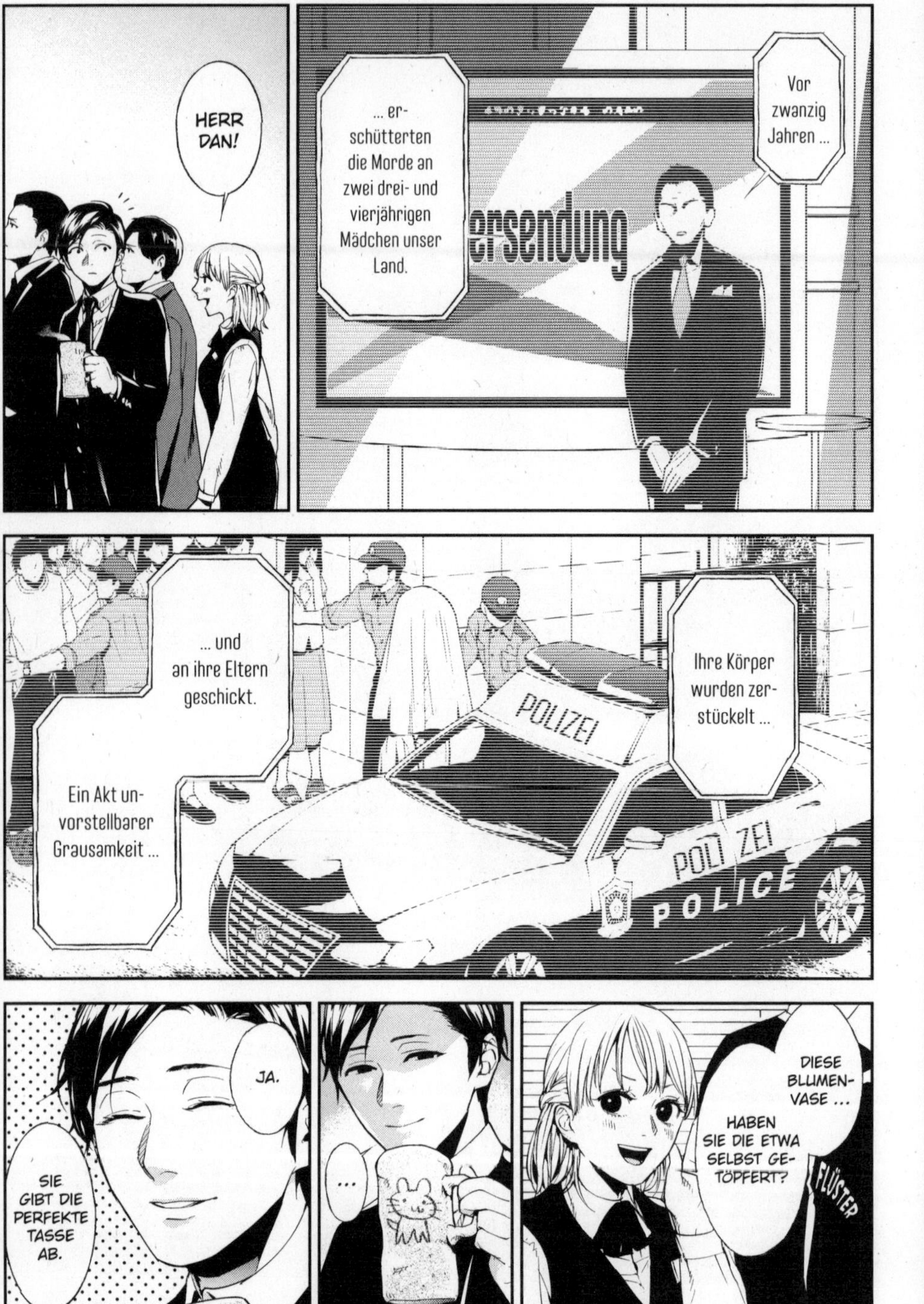
Vor zwanzig Jahren ...
... erschütterten die Morde an zwei drei- und vierjährigen Mädchen unser Land.
ersendung
HERR DAN!
Ihre Körper wurden zerstückelt ...
POLIZEI
POLIZEI
POLICE
... und an ihre Eltern geschickt.
Ein Akt unvorstellbarer Grausamkeit ...
DIESE BLUMENVASE ...
HABEN SIE DIE ETWA SELBST GETÖPFERT?
FLÜSTER
...
JA.
SIE GIBT DIE PERFEKTE TASSE AB.

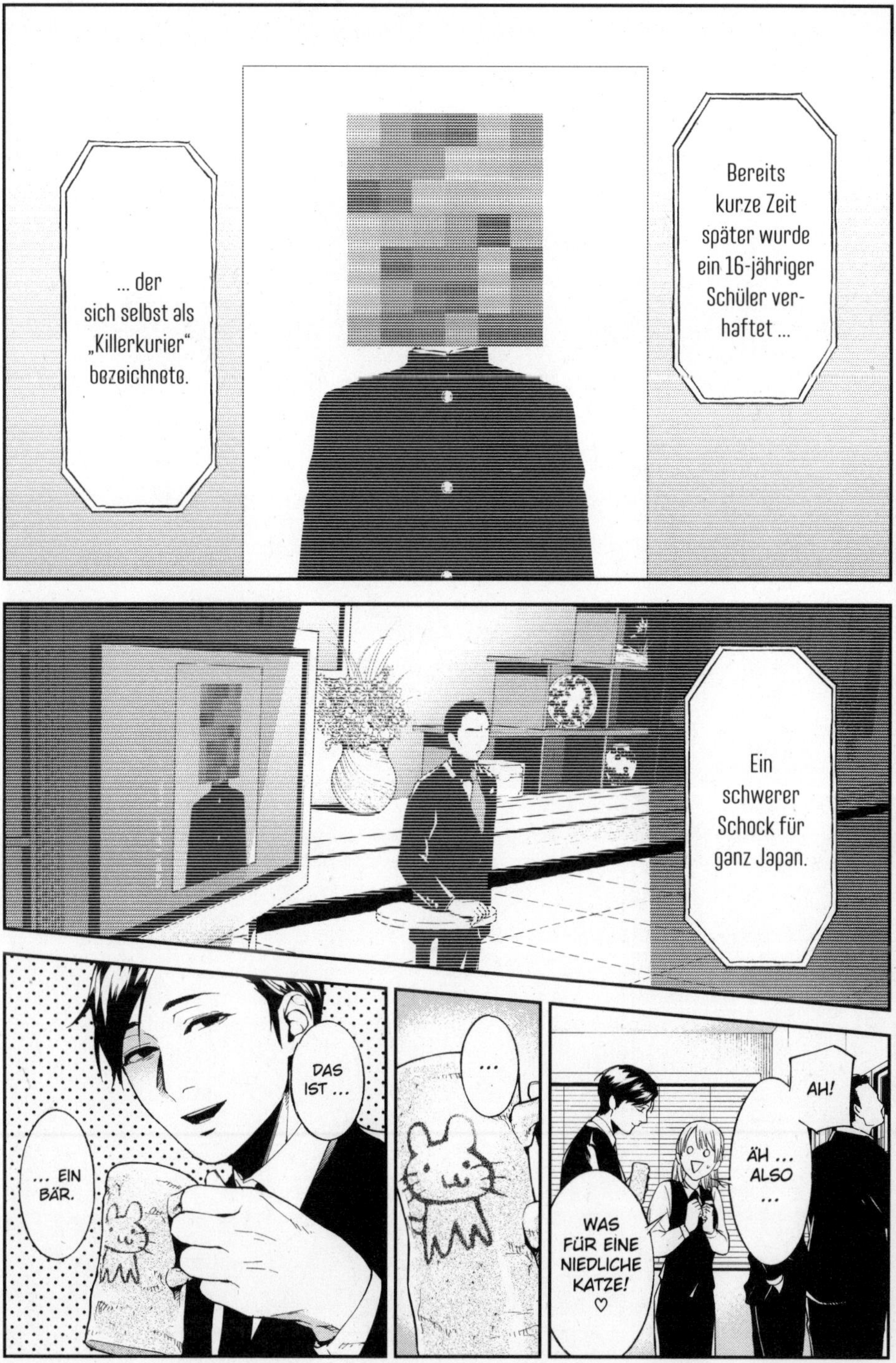
Bereits kurze Zeit später wurde ein 16-jähriger Schüler verhaftet ...
... der sich selbst als „Killerkurier“ bezeichnete.
Ein schwerer Schock für ganz Japan.
AH!
ÄH ... ALSO ...
WAS FÜR EINE NIEDLICHE KATZE! ♡
...
DAS IST ...
... EIN BÄR.

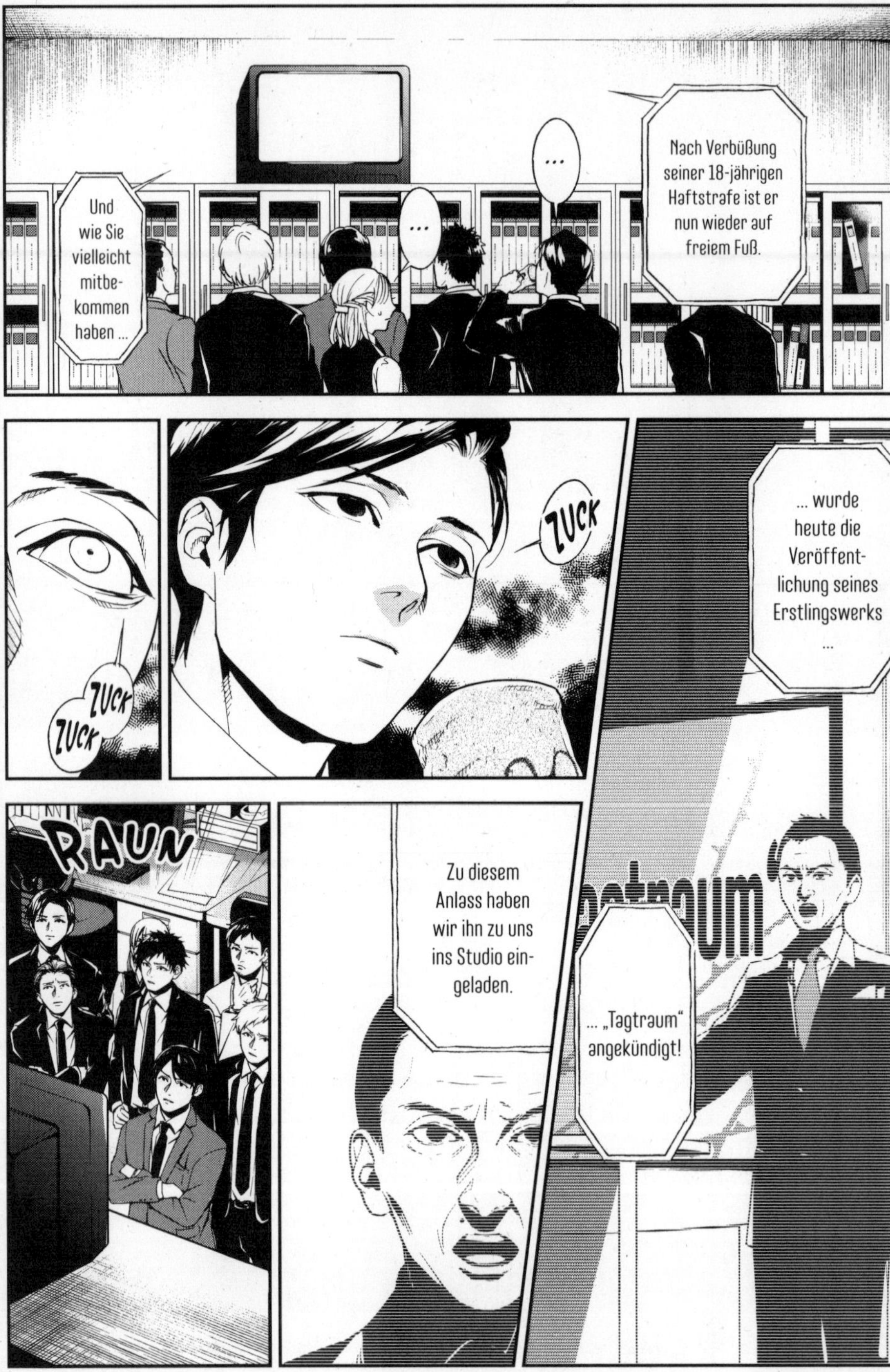
Nach Verbüßung seiner 18-jährigen Haftstrafe ist er nun wieder auf freiem Fuß.
...
...
Und wie Sie vielleicht mitbekommen haben ...
... wurde heute die Veröffentlichung seines Erstlingswerks ...
ZUCK
ZUCK ZUCK
... „Tagtraum“ angekündigt!
Zu diesem Anlass haben wir ihn zu uns ins Studio eingeladen.
RAUN

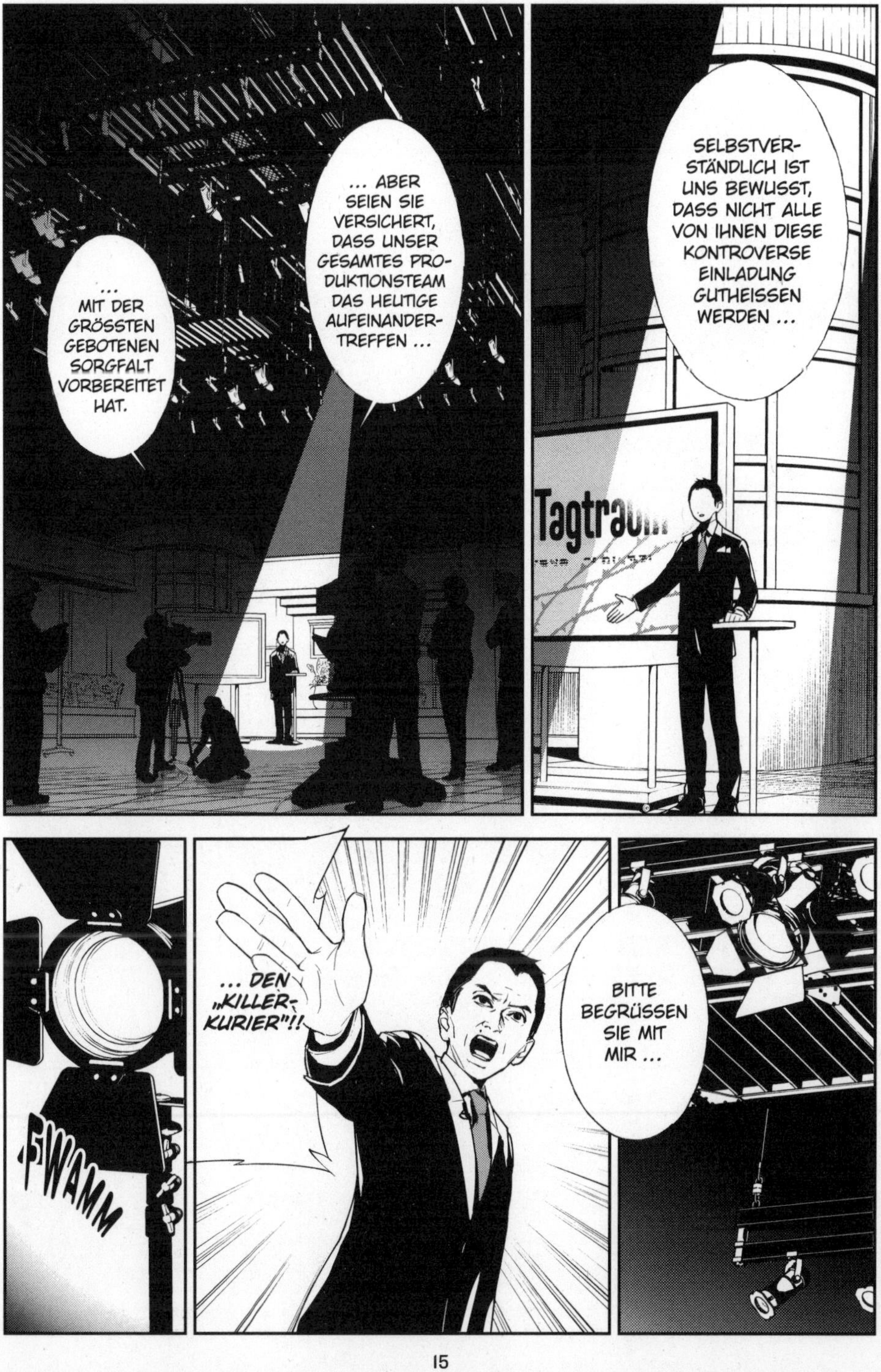
SELBSTVERSTÄNDLICH IST UNS BEWUSST, DASS NICHT ALLE VON IHNEN DIESE KONTROVERSE EINLADUNG GUTHEISSEN WERDEN …
… ABER SEIEN SIE VERSICHERT, DASS UNSER GESAMTES PRODUKTIONSTEAM DAS HEUTIGE AUFEINANDERTREFFEN …
… MIT DER GRÖSSTEN GEBOTENEN SORGFALT VORBEREITET HAT.
BITTE BEGRÜSSEN SIE MIT MIR …
… DEN „KILLER-KURIER"!!
FWAMM

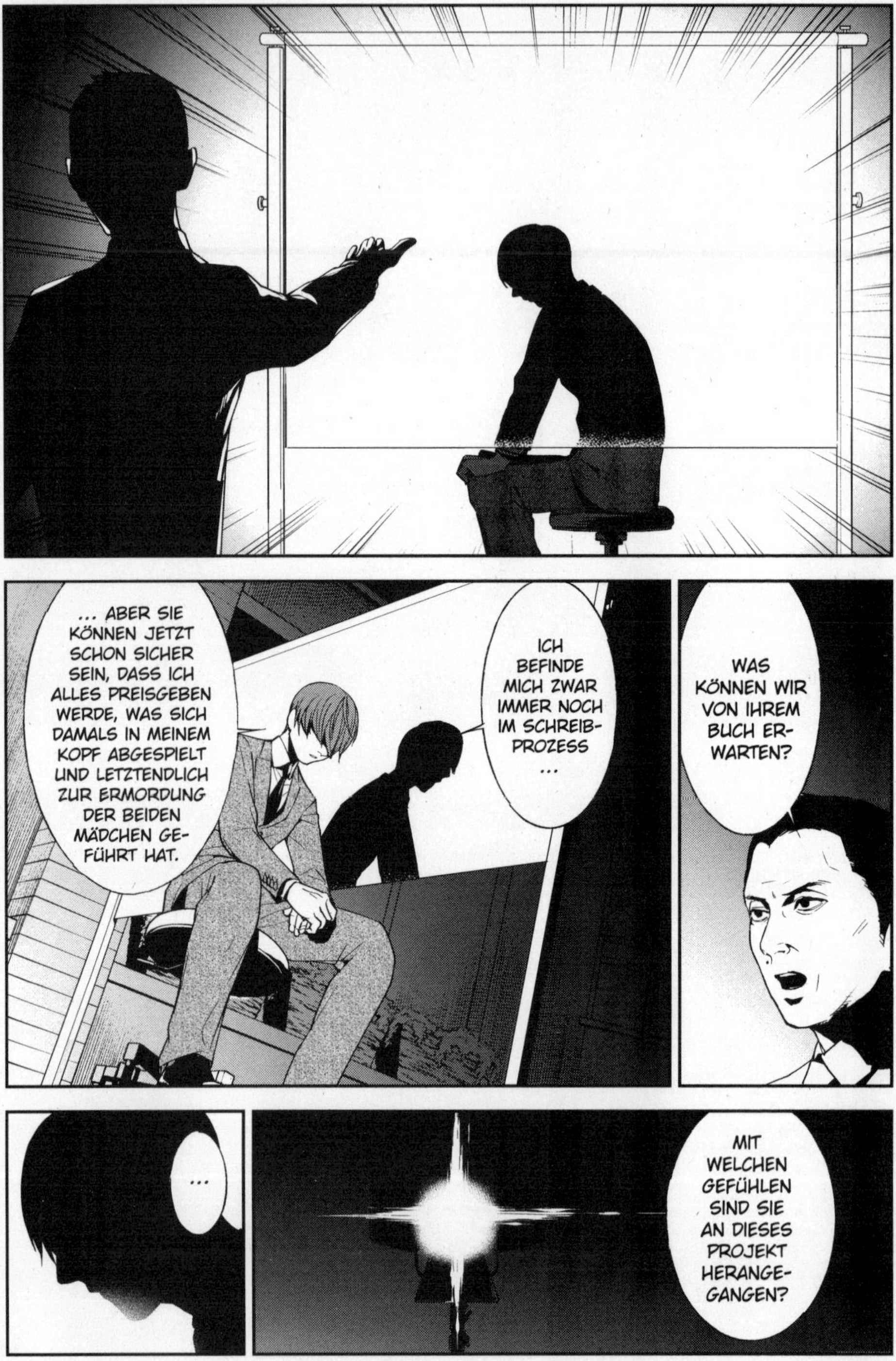
WAS KÖNNEN WIR VON IHREM BUCH ERWARTEN?
ICH BEFINDE MICH ZWAR IMMER NOCH IM SCHREIB-PROZESS ...
... ABER SIE KÖNNEN JETZT SCHON SICHER SEIN, DASS ICH ALLES PREISGEBEN WERDE, WAS SICH DAMALS IN MEINEM KOPF ABGESPIELT UND LETZTENDLICH ZUR ERMORDUNG DER BEIDEN MÄDCHEN GE-FÜHRT HAT.
MIT WELCHEN GEFÜHLEN SIND SIE AN DIESES PROJEKT HERANGE-GANGEN?
...

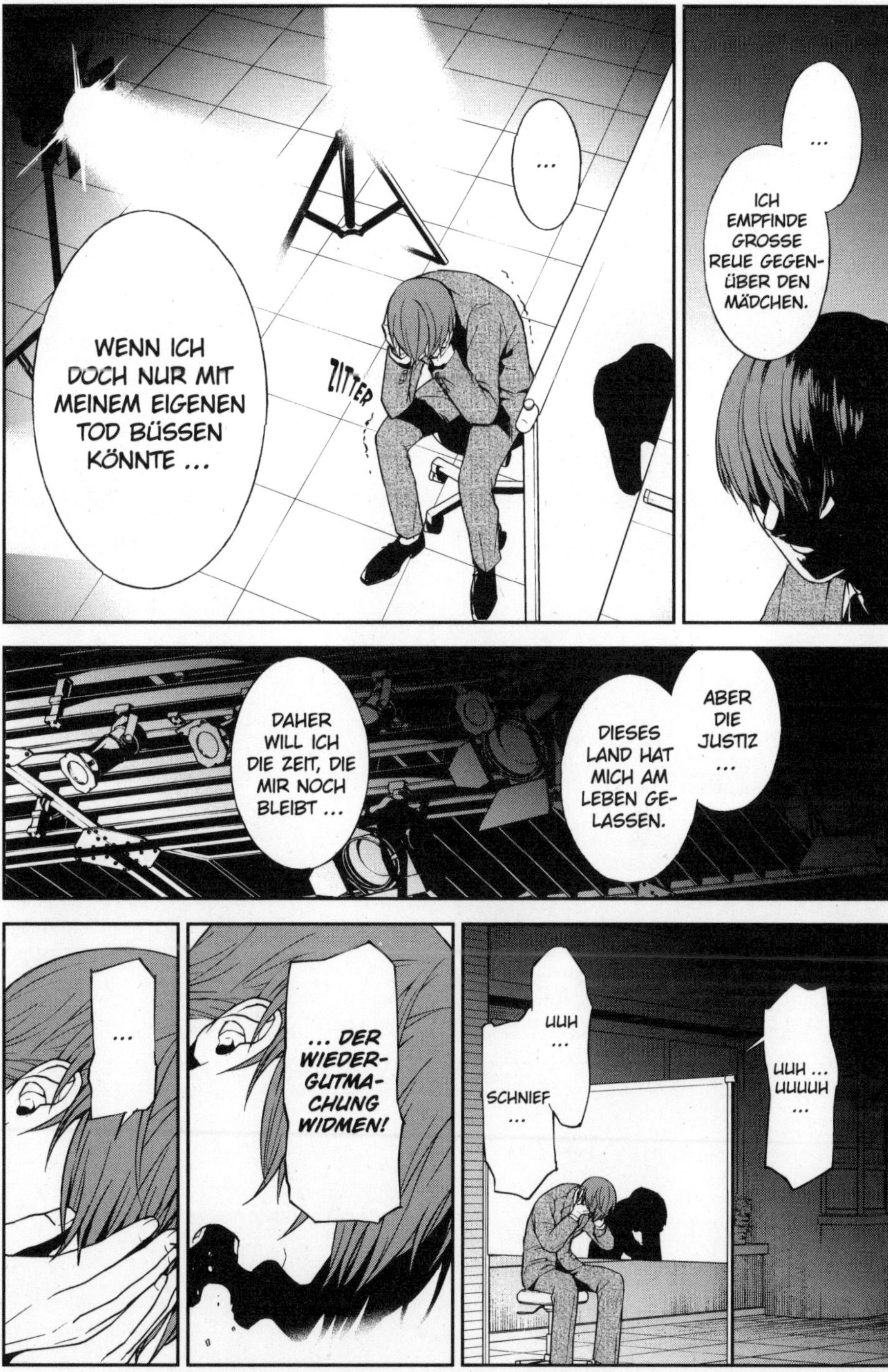
...
ICH EMPFINDE GROSSE REUE GEGENÜBER DEN MÄDCHEN.
...
WENN ICH DOCH NUR MIT MEINEM EIGENEN TOD BÜSSEN KÖNNTE ...
ZITTER
ABER DIE JUSTIZ ...
DIESES LAND HAT MICH AM LEBEN GELASSEN.
DAHER WILL ICH DIE ZEIT, DIE MIR NOCH BLEIBT ...
UUH ... UUUUH ...
UUH ...
SCHNIEF ...
... DER WIEDERGUTMACHUNG WIDMEN!
...

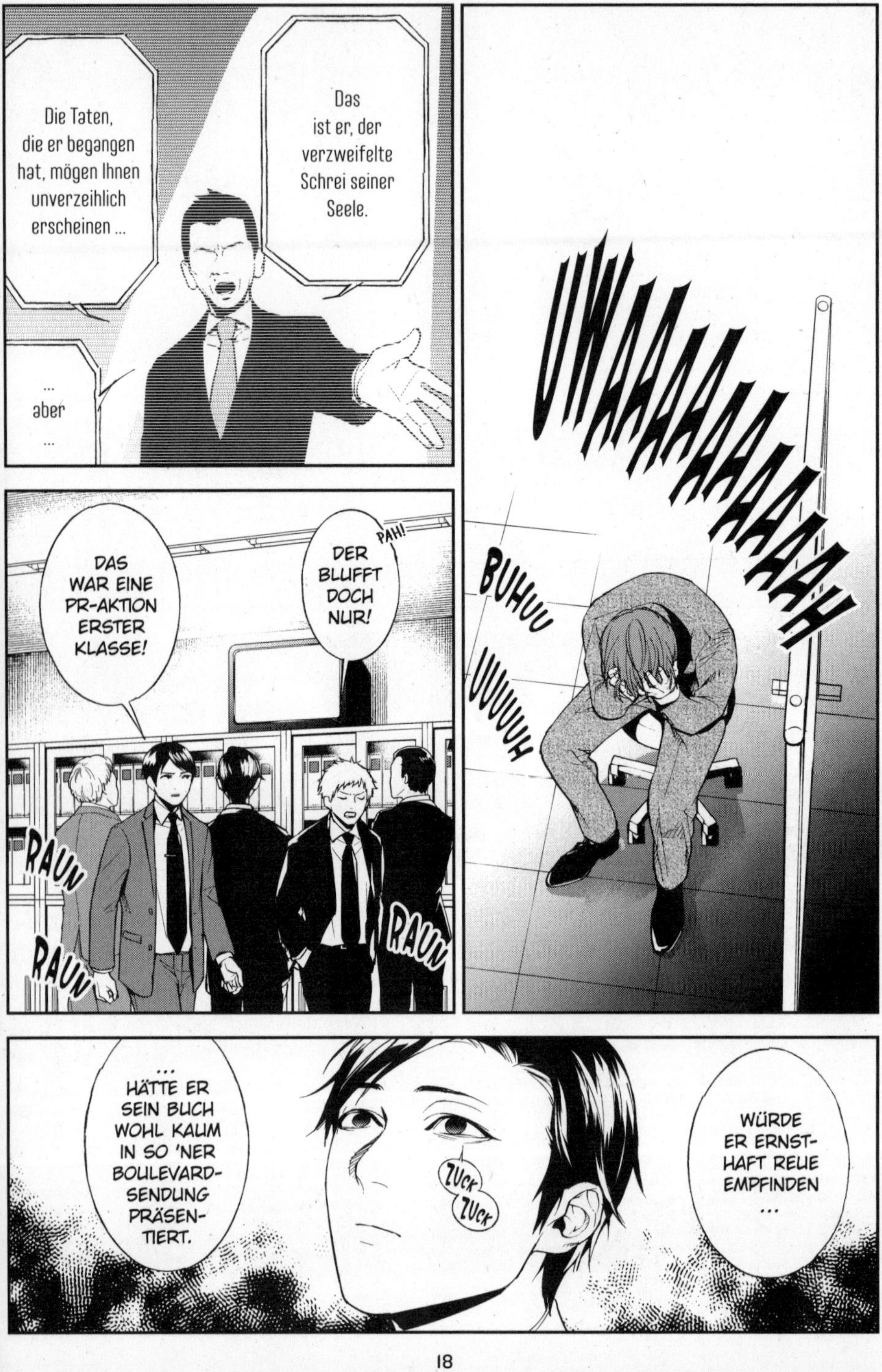
Das ist er, der verzweifelte Schrei seiner Seele.
Die Taten, die er begangen hat, mögen Ihnen unverzeihlich erscheinen ...
... aber ...
UWAAAAAAAAAAAAH
BUHUU
UUUUUH
PAH!
DER BLUFFT DOCH NUR!
DAS WAR EINE PR-AKTION ERSTER KLASSE!
RAUN
RAUN
RAUN
WÜRDE ER ERNSTHAFT REUE EMPFINDEN ...
... HÄTTE ER SEIN BUCH WOHL KAUM IN SO 'NER BOULEVARDSENDUNG PRÄSENTIERT.
ZUCK ZUCK

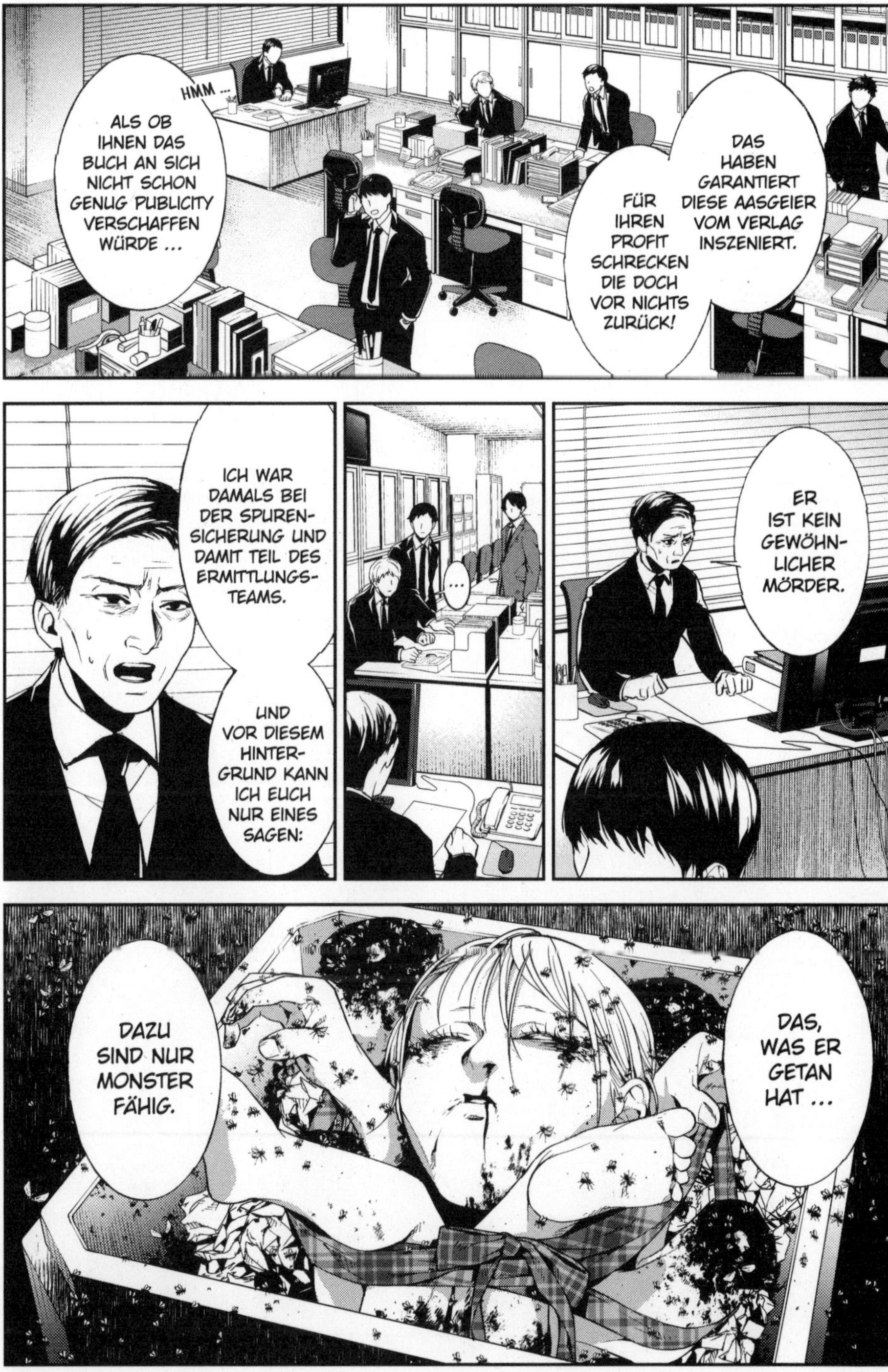
DAS HABEN GARANTIERT DIESE AASGEIER VOM VERLAG INSZENIERT.
FÜR IHREN PROFIT SCHRECKEN DIE DOCH VOR NICHTS ZURÜCK!
HMM ...
ALS OB IHNEN DAS BUCH AN SICH NICHT SCHON GENUG PUBLICITY VERSCHAFFEN WÜRDE ...
ER IST KEIN GEWÖHNLICHER MÖRDER.
...
ICH WAR DAMALS BEI DER SPURENSICHERUNG UND DAMIT TEIL DES ERMITTLUNGSTEAMS.
UND VOR DIESEM HINTERGRUND KANN ICH EUCH NUR EINES SAGEN:
DAS, WAS ER GETAN HAT ...
DAZU SIND NUR MONSTER FÄHIG.

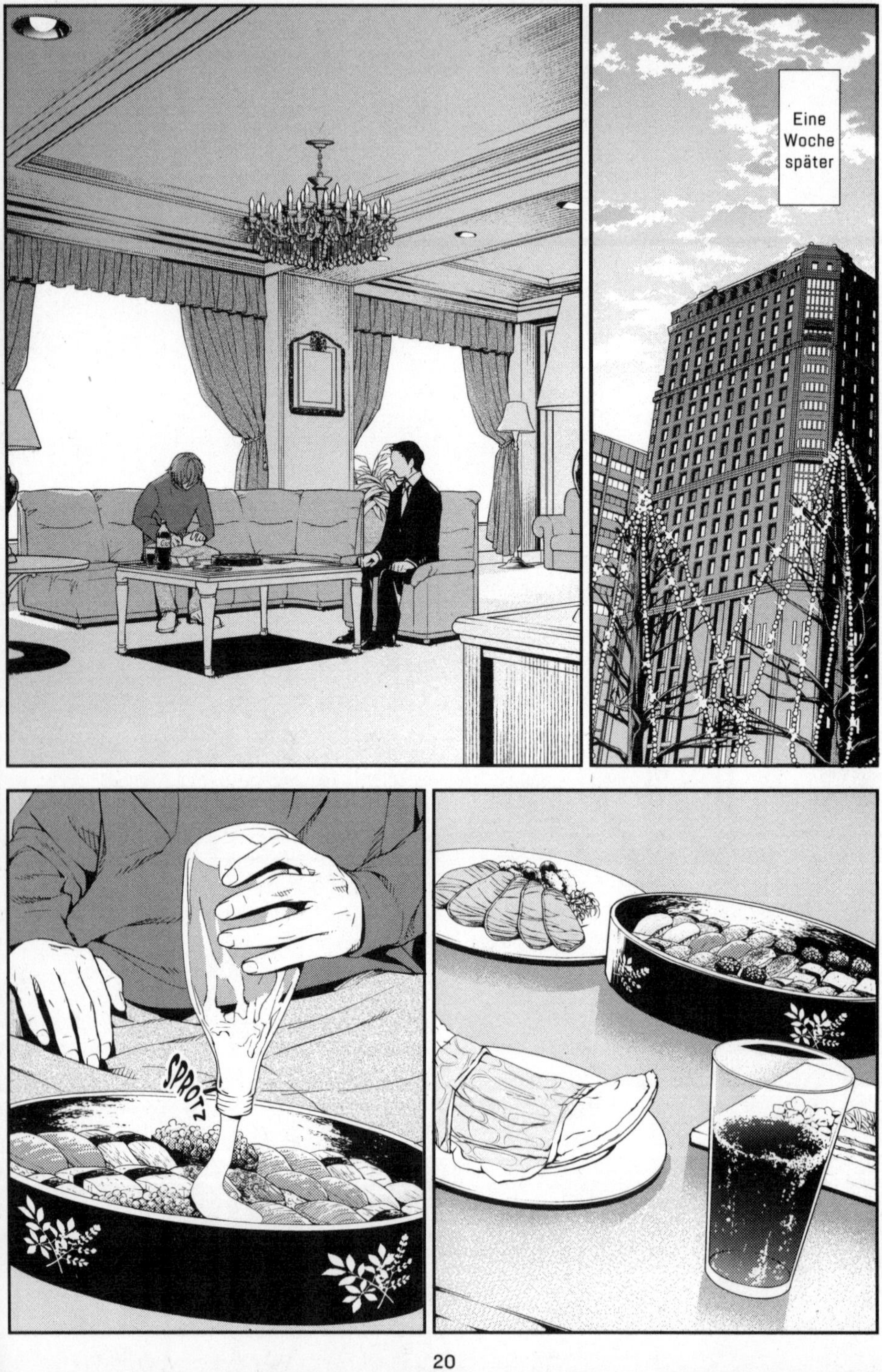
Eine
Woche
später
SPROTZ

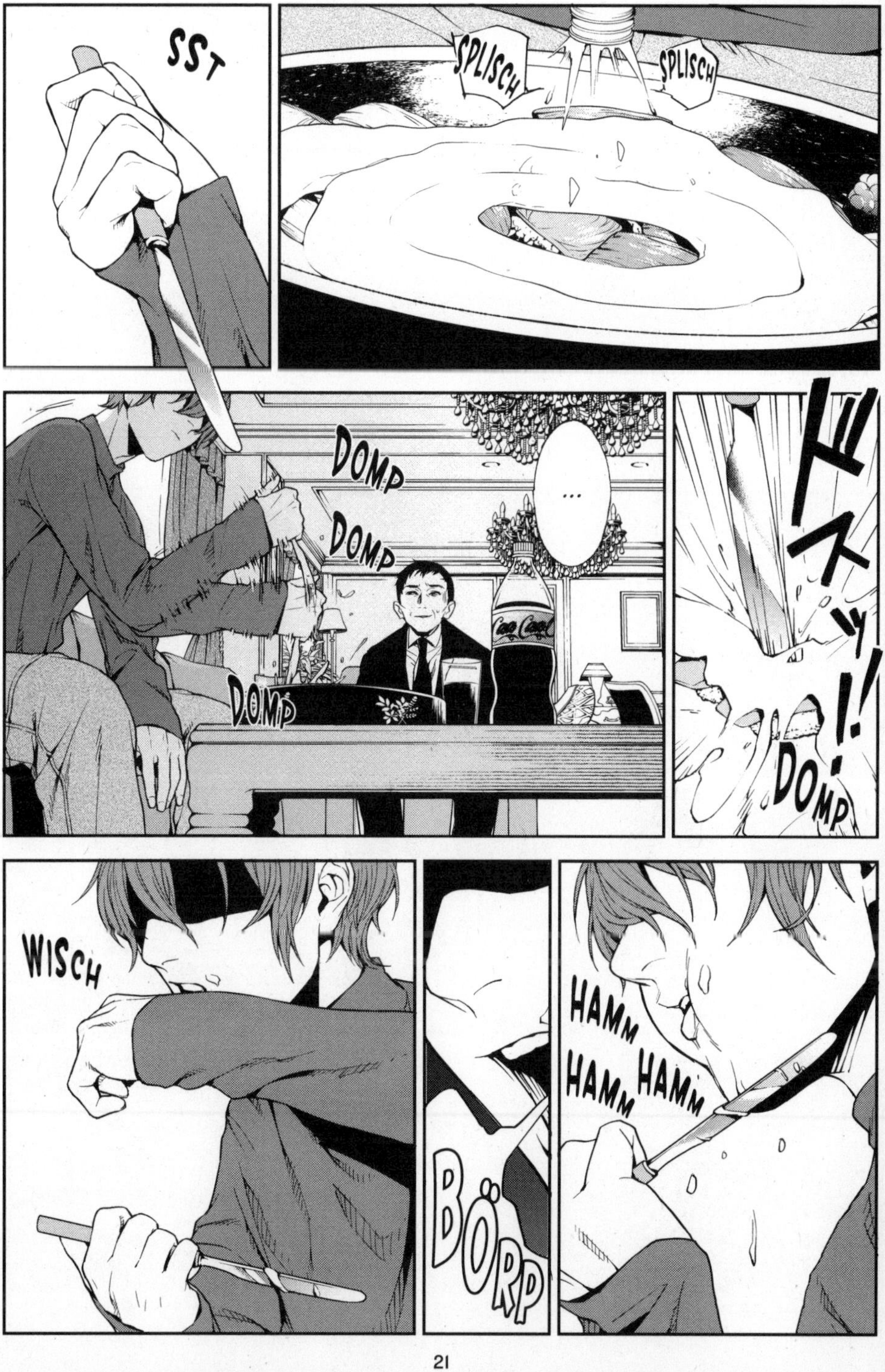
SPLISCH
SPLISCH
SST
ドスッ!!
DOMP
DOMP
DOMP
DOMP
...
HAMM
HAMM
HAMM
HAMM
BÖRP
WISCH

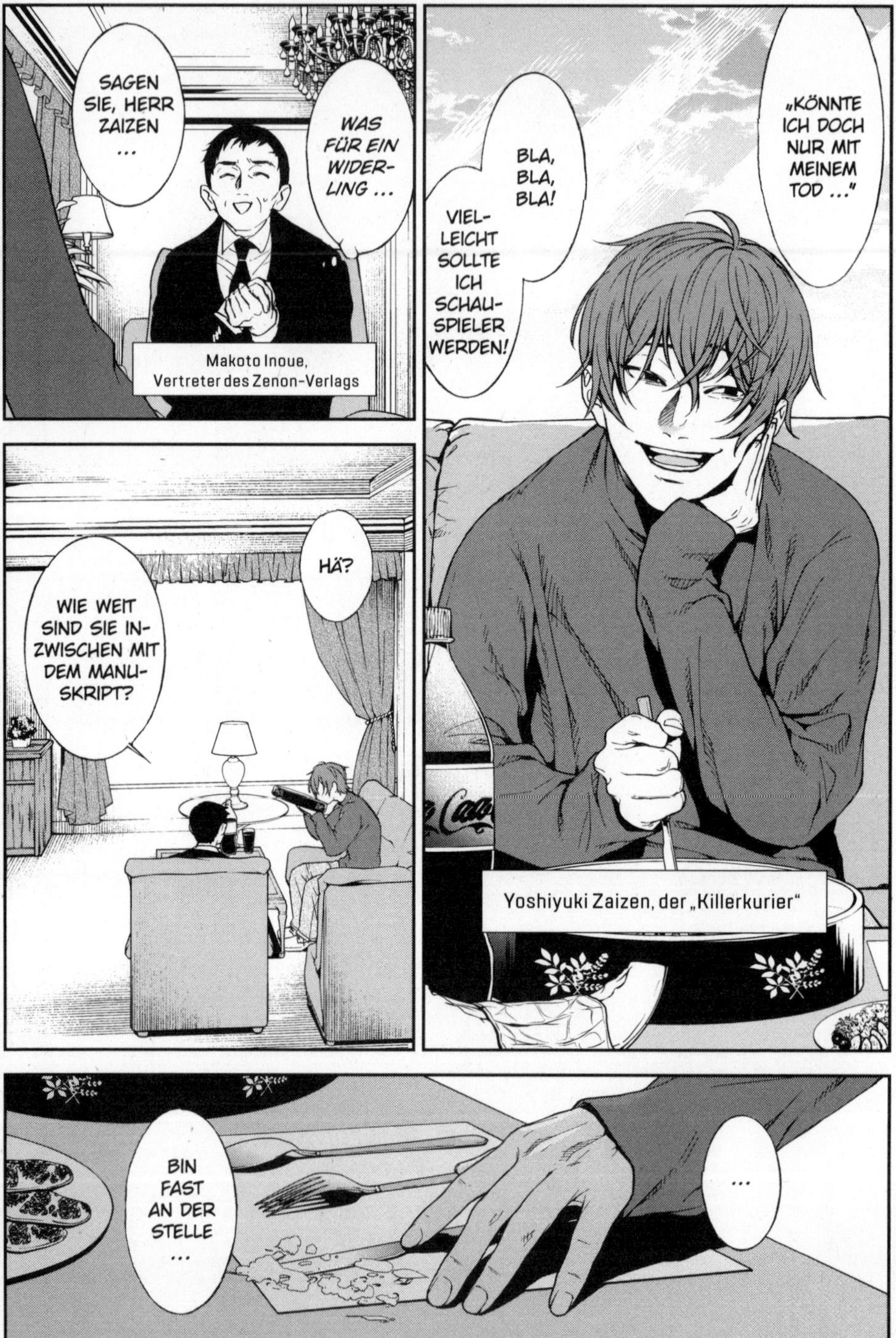
„KÖNNTE ICH DOCH NUR MIT MEINEM TOD …"
BLA, BLA, BLA!
VIELLEICHT SOLLTE ICH SCHAUSPIELER WERDEN!
Yoshiyuki Zaizen, der „Killerkurier"
WAS FÜR EIN WIDERLING …
SAGEN SIE, HERR ZAIZEN …
Makoto Inoue, Vertreter des Zenon-Verlags
HÄ?
WIE WEIT SIND SIE INZWISCHEN MIT DEM MANUSKRIPT?
…
BIN FAST AN DER STELLE …

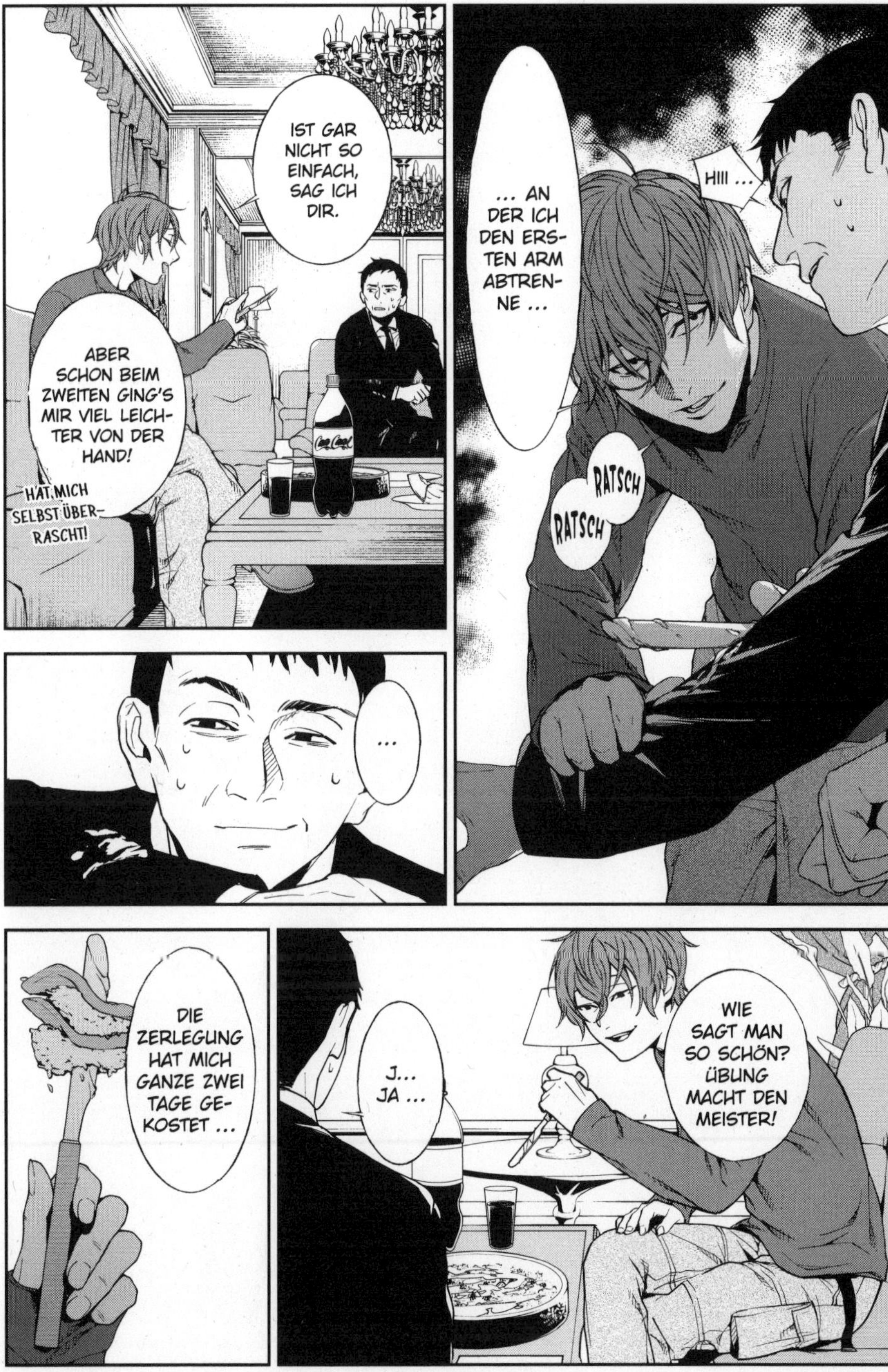

… AN DER ICH DEN ERS- TEN ARM ABTREN- NE …
HIII …
RATSCH
RATSCH
IST GAR NICHT SO EINFACH, SAG ICH DIR.
ABER SCHON BEIM ZWEITEN GING'S MIR VIEL LEICH- TER VON DER HAND!
HAT MICH SELBST ÜBER- RASCHT!
…
WIE SAGT MAN SO SCHÖN? ÜBUNG MACHT DEN MEISTER!
J… JA …
DIE ZERLEGUNG HAT MICH GANZE ZWEI TAGE GE- KOSTET …

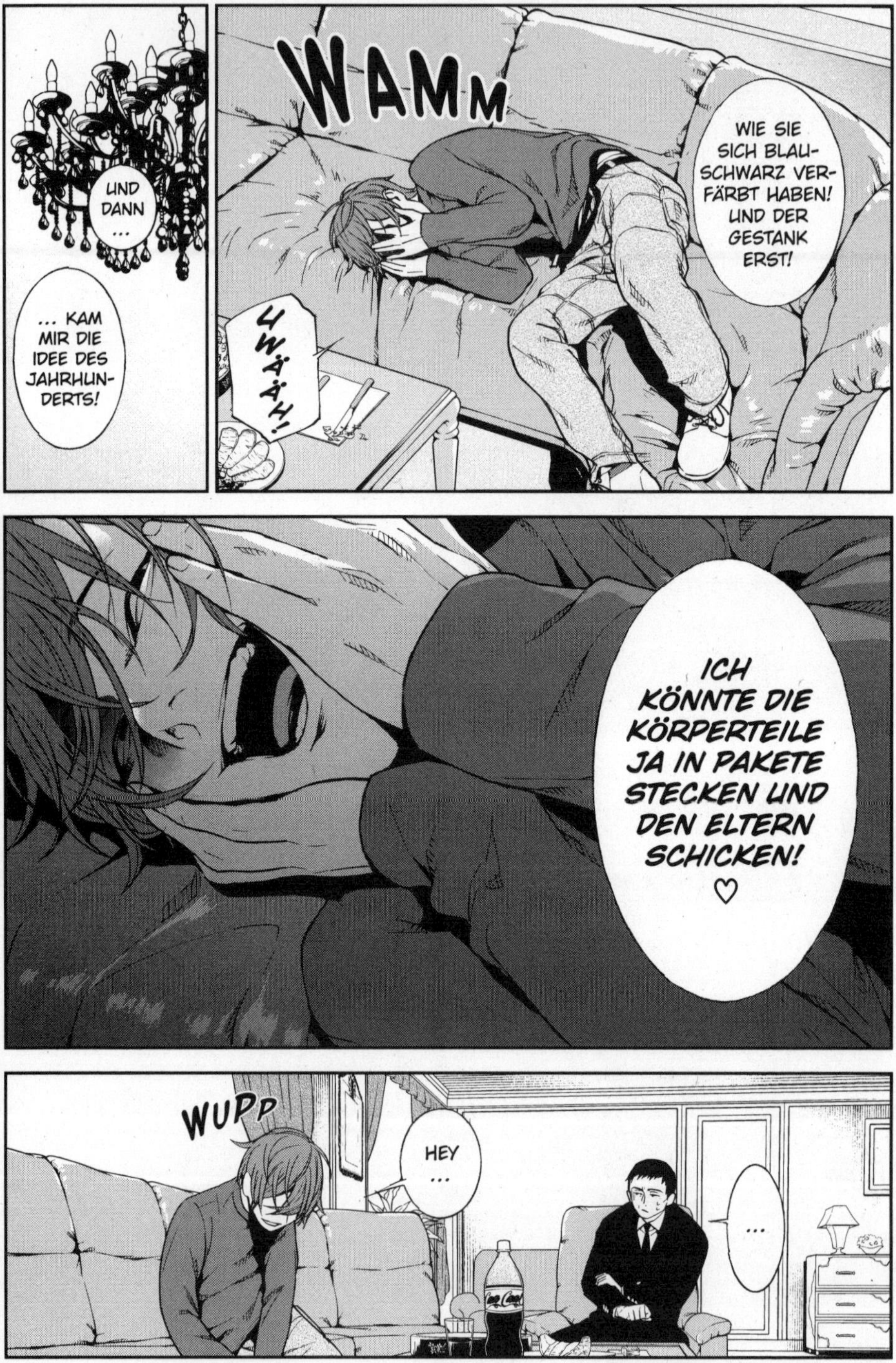
WAMM
WIE SIE SICH BLAU-SCHWARZ VERFÄRBT HABEN! UND DER GESTANK ERST!
UWÄÄH!
UND DANN ...
... KAM MIR DIE IDEE DES JAHRHUNDERTS!
ICH KÖNNTE DIE KÖRPERTEILE JA IN PAKETE STECKEN UND DEN ELTERN SCHICKEN! ♡
...
HEY ...
WUPP

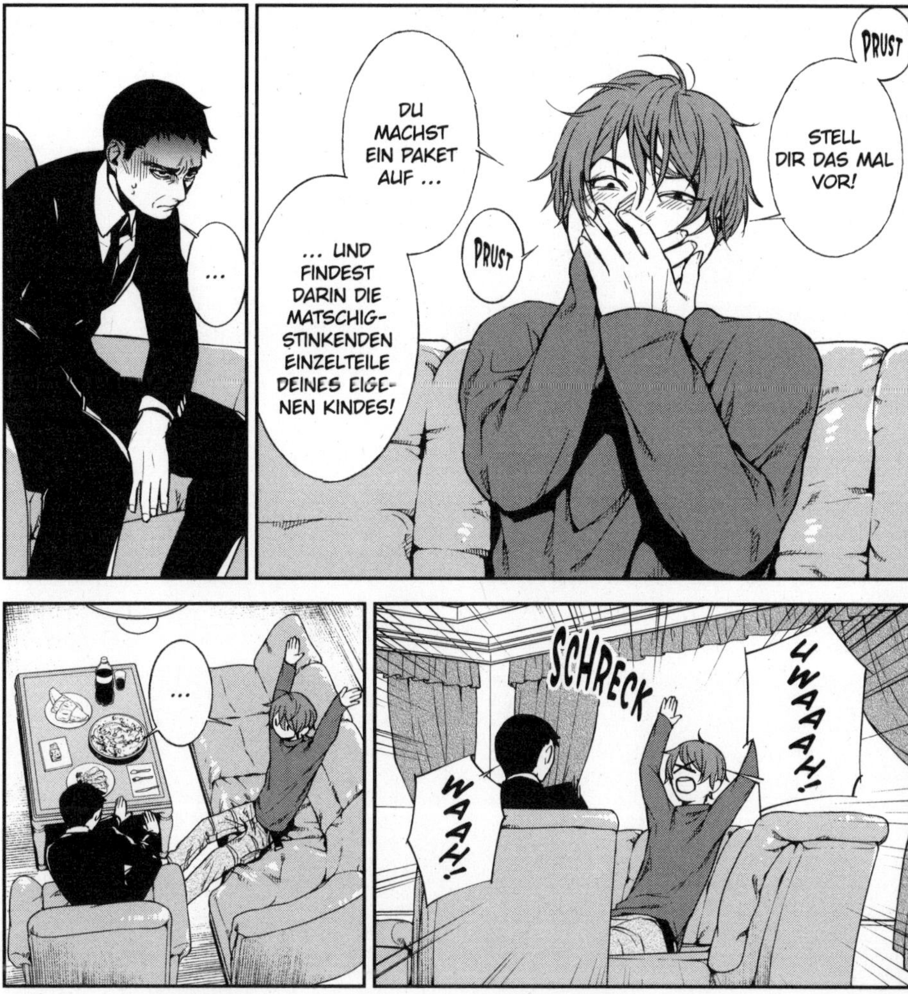
PRUST
STELL DIR DAS MAL VOR!
PRUST
DU MACHST EIN PAKET AUF …
… UND FINDEST DARIN DIE MATSCHIG-STINKENDEN EINZELTEILE DEINES EIGENEN KINDES!
…
SCHRECK
UWAAAAH!
WAAAH!
…
WIE HEISST SIE NOCH MAL?
DIESE SENDUNG, IN DER LEUTE VERARSCHT WERDEN?
HM …
ACH JA!

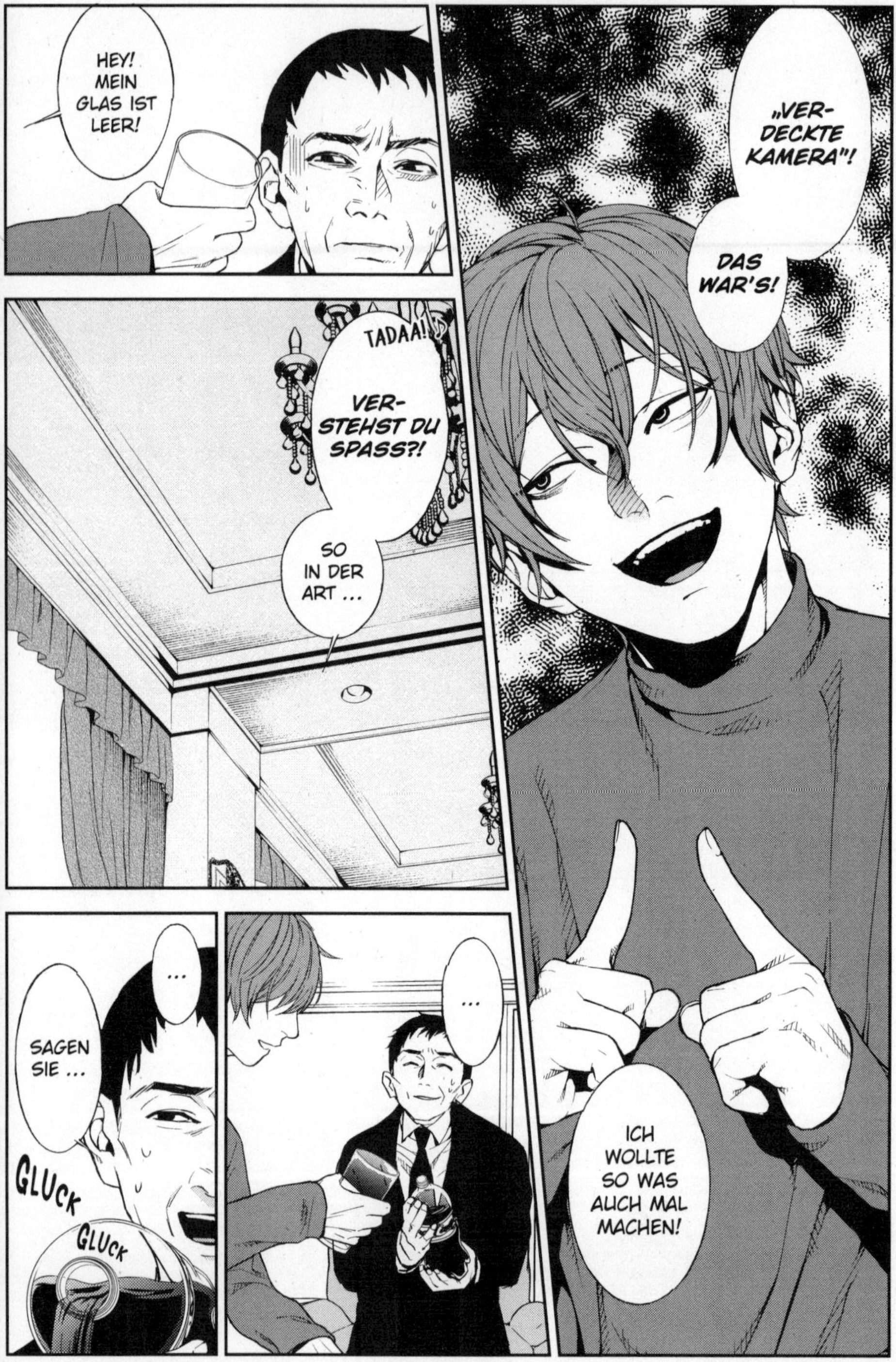
„VER-DECKTE KAMERA"!
DAS WAR'S!
ICH WOLLTE SO WAS AUCH MAL MACHEN!
HEY! MEIN GLAS IST LEER!
TADAA!
VER-STEHST DU SPASS?!
SO IN DER ART ...
...
...
SAGEN SIE ...
GLUCK
GLUCK

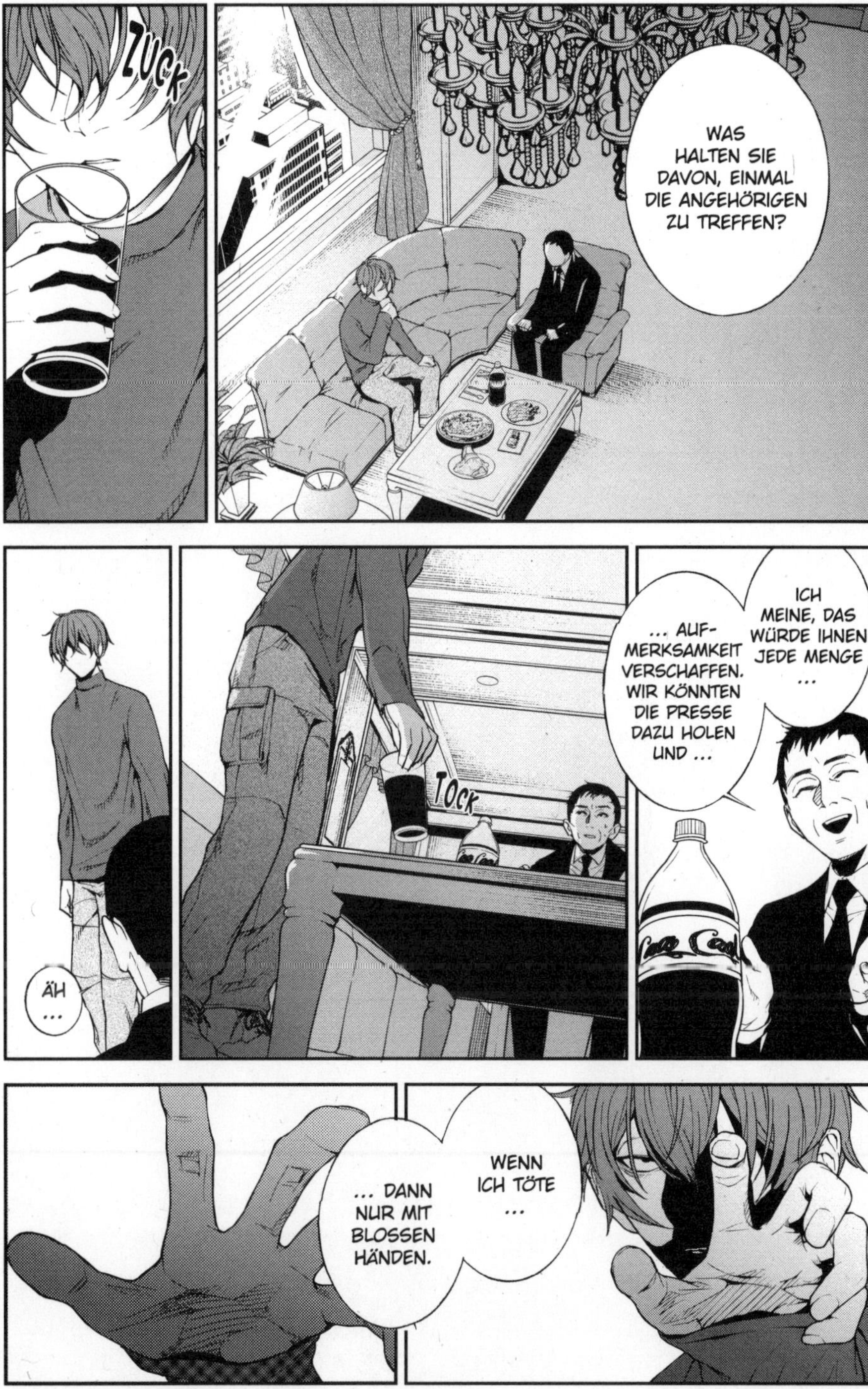
WAS HALTEN SIE DAVON, EINMAL DIE ANGEHÖRIGEN ZU TREFFEN?
ZUCK
ICH MEINE, DAS WÜRDE IHNEN JEDE MENGE ...
... AUF-MERKSAMKEIT VERSCHAFFEN. WIR KÖNNTEN DIE PRESSE DAZU HOLEN UND ...
TOCK
ÄH ...
WENN ICH TÖTE ...
... DANN NUR MIT BLOSSEN HÄNDEN.

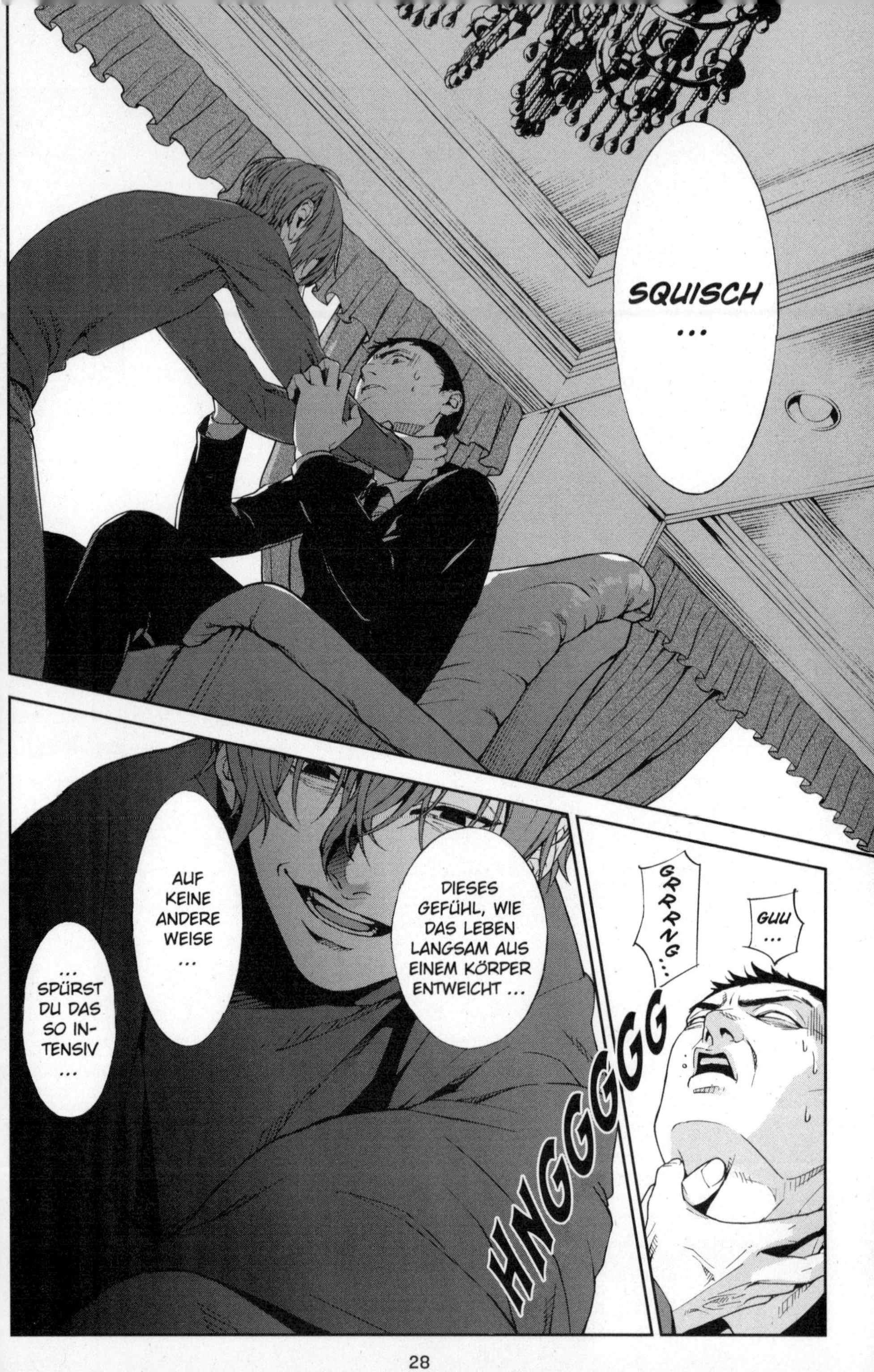
SQUISCH …
DIESES GEFÜHL, WIE DAS LEBEN LANGSAM AUS EINEM KÖRPER ENTWEICHT …
AUF KEINE ANDERE WEISE …
… SPÜRST DU DAS SO INTENSIV …
GUU …
GRRRNG …
HNGGGGG

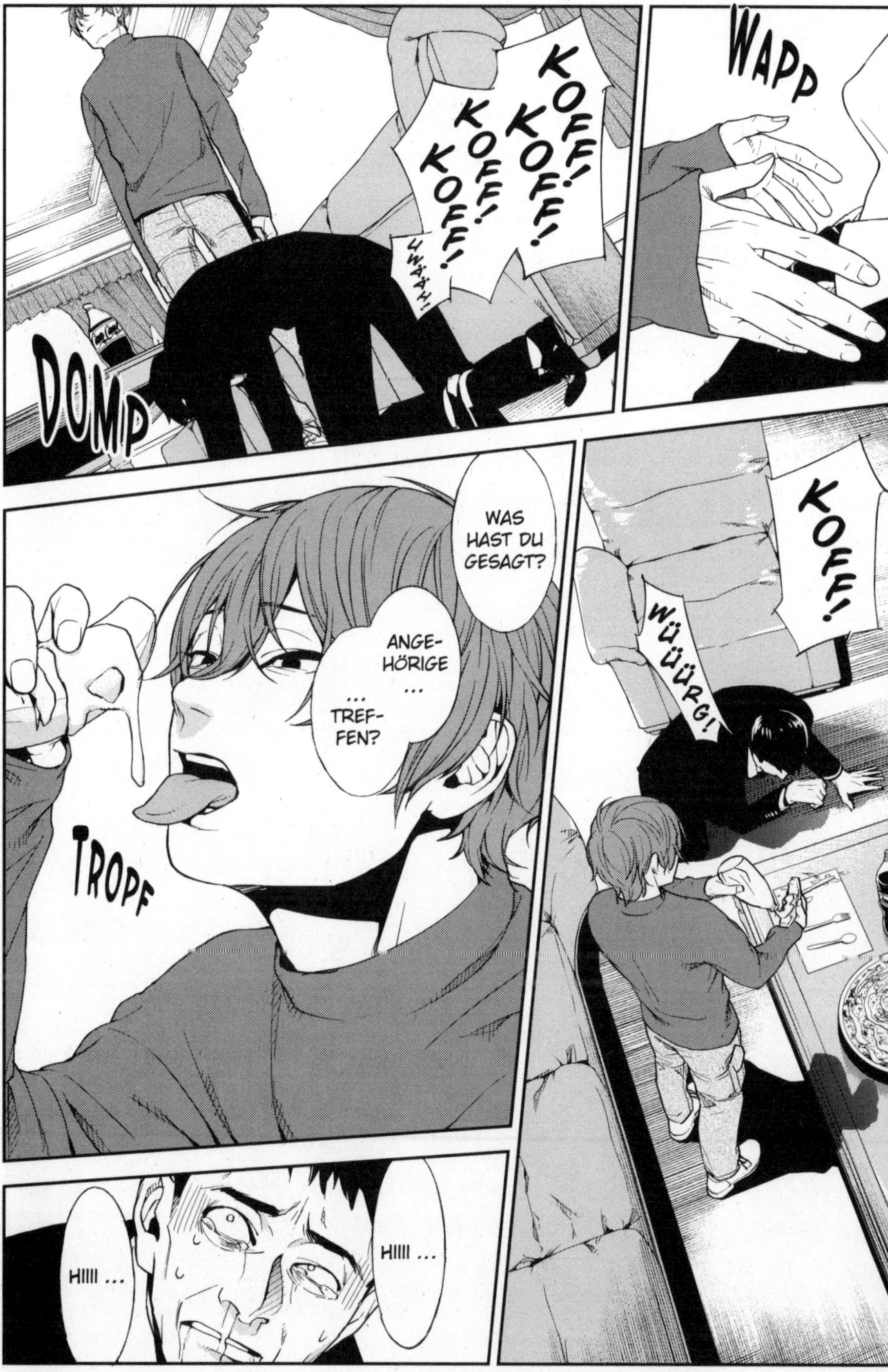
WAPP
KOFF! KOFF!
KOFF! KOFF!
DOMP
KOFF!
WÜÜRG!
WAS HAST DU GESAGT?
ANGE-HÖRIGE ...
... TREF-FEN?
TROPF
HIIII ...
HIIII ...

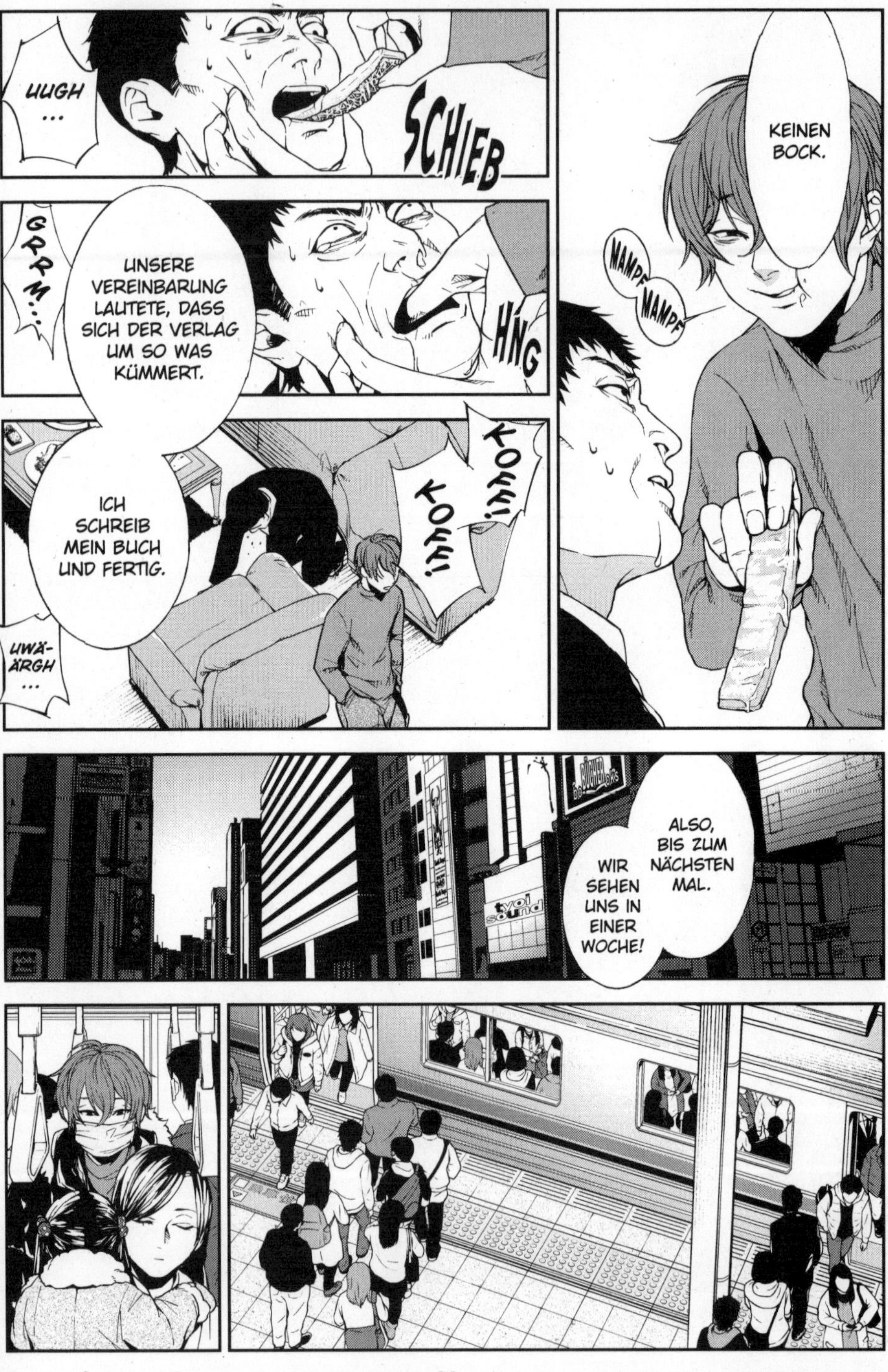
KEINEN BOCK.
MAMPF MAMPF
SCHIEB
UUGH …
HNG
UNSERE VEREINBARUNG LAUTETE, DASS SICH DER VERLAG UM SO WAS KÜMMERT.
GRRM …
KOFF! KOFF!
ICH SCHREIB MEIN BUCH UND FERTIG.
UWÄ-ÄRGH …
ALSO, BIS ZUM NÄCHSTEN MAL.
WIR SEHEN UNS IN EINER WOCHE!

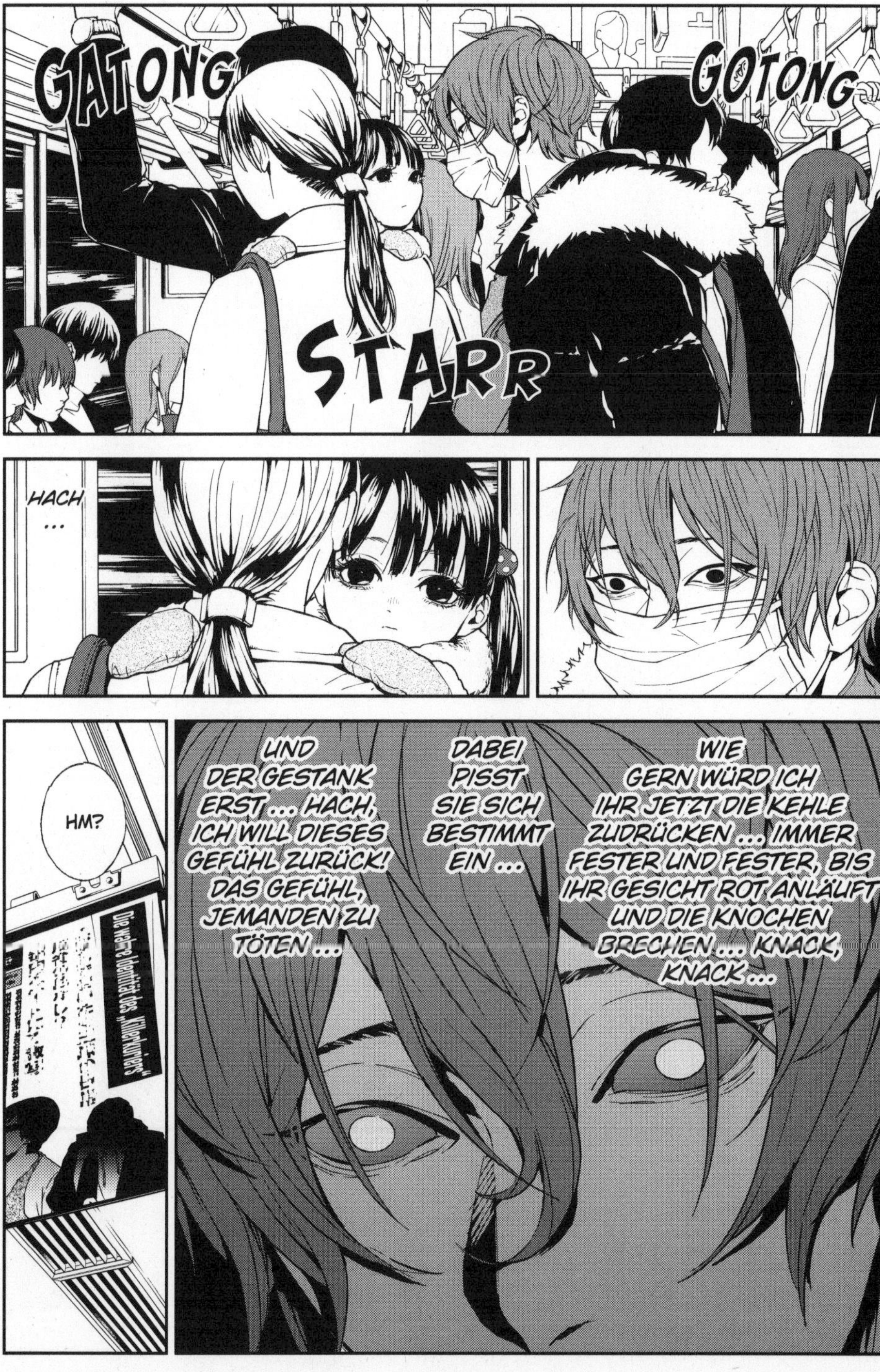
GOTONG
GATONG
STARR
HACH …
WIE GERN WÜRD ICH IHR JETZT DIE KEHLE ZUDRÜCKEN … IMMER FESTER UND FESTER, BIS IHR GESICHT ROT ANLÄUFT UND DIE KNOCHEN BRECHEN … KNACK, KNACK …
DABEI PISST SIE SICH BESTIMMT EIN …
UND DER GESTANK ERST … HACH, ICH WILL DIESES GEFÜHL ZURÜCK! DAS GEFÜHL, JEMANDEN ZU TÖTEN …
HM?

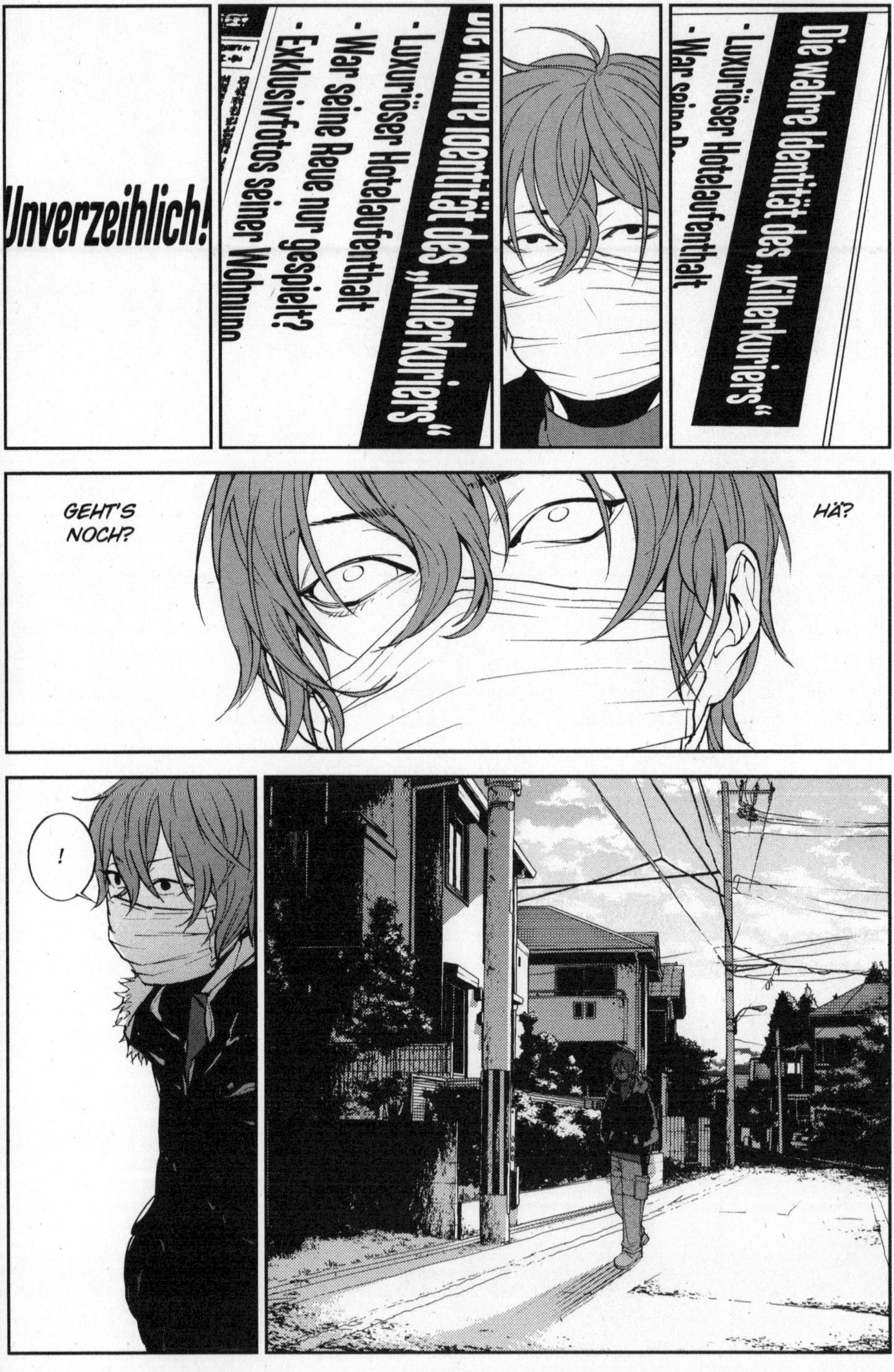
Die wahre Identität des „Killerkuriers“
· Luxuriöser Hotelaufenthalt
Die wahre Identität des „Killerkuriers“
· Luxuriöser Hotelaufenthalt
· War seine Reue nur gespielt?
· Exklusivfotos seiner Wohnun
Unverzeihlich!
HÄ?
GEHT'S NOCH?
!

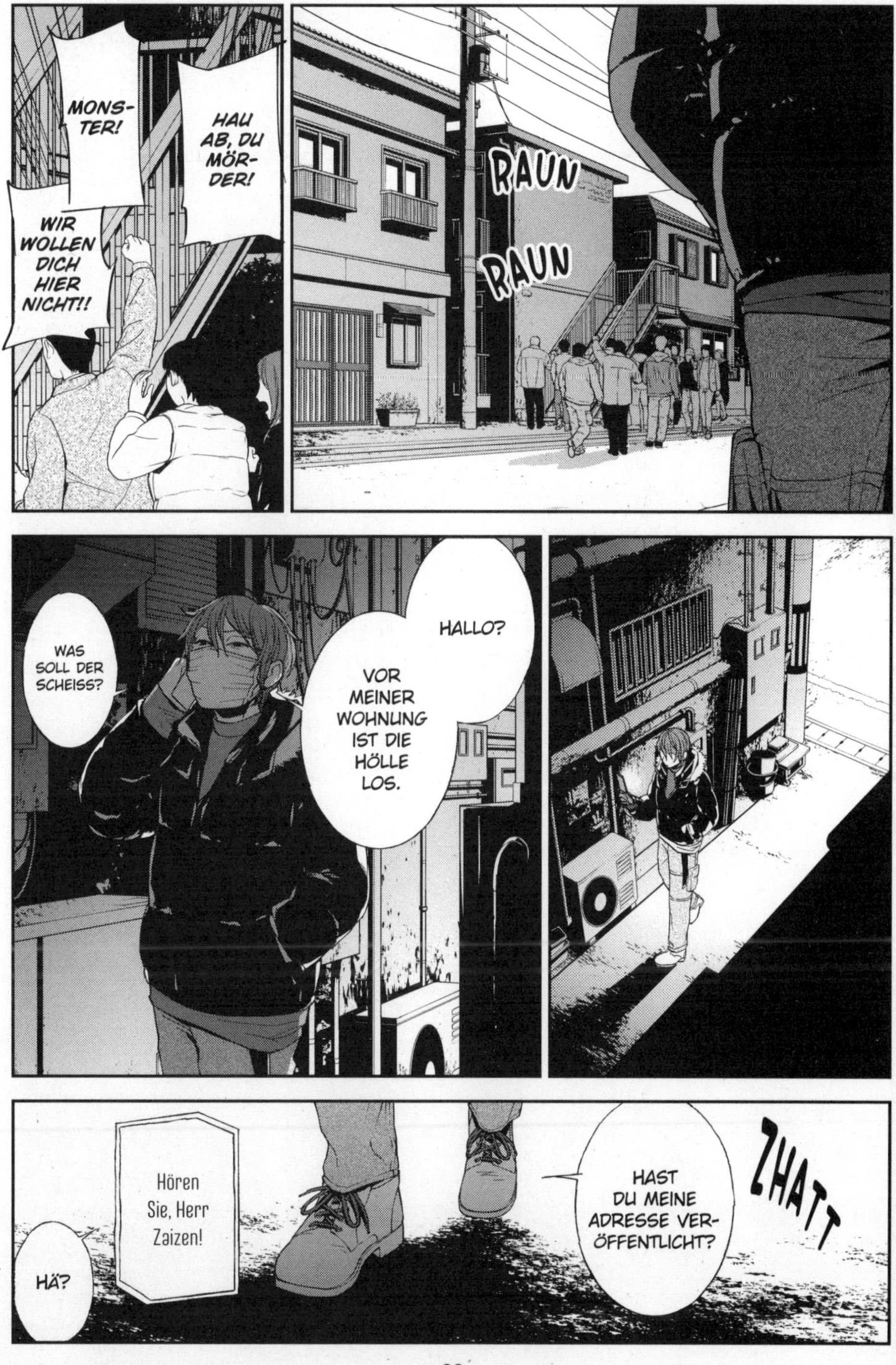
MONSTER!
HAU AB, DU MÖRDER!
WIR WOLLEN DICH HIER NICHT!!
RAUN
RAUN
HALLO?
VOR MEINER WOHNUNG IST DIE HÖLLE LOS.
WAS SOLL DER SCHEISS?
HAST DU MEINE ADRESSE VERÖFFENTLICHT?
ZHATT
Hören Sie, Herr Zaizen!
HÄ?

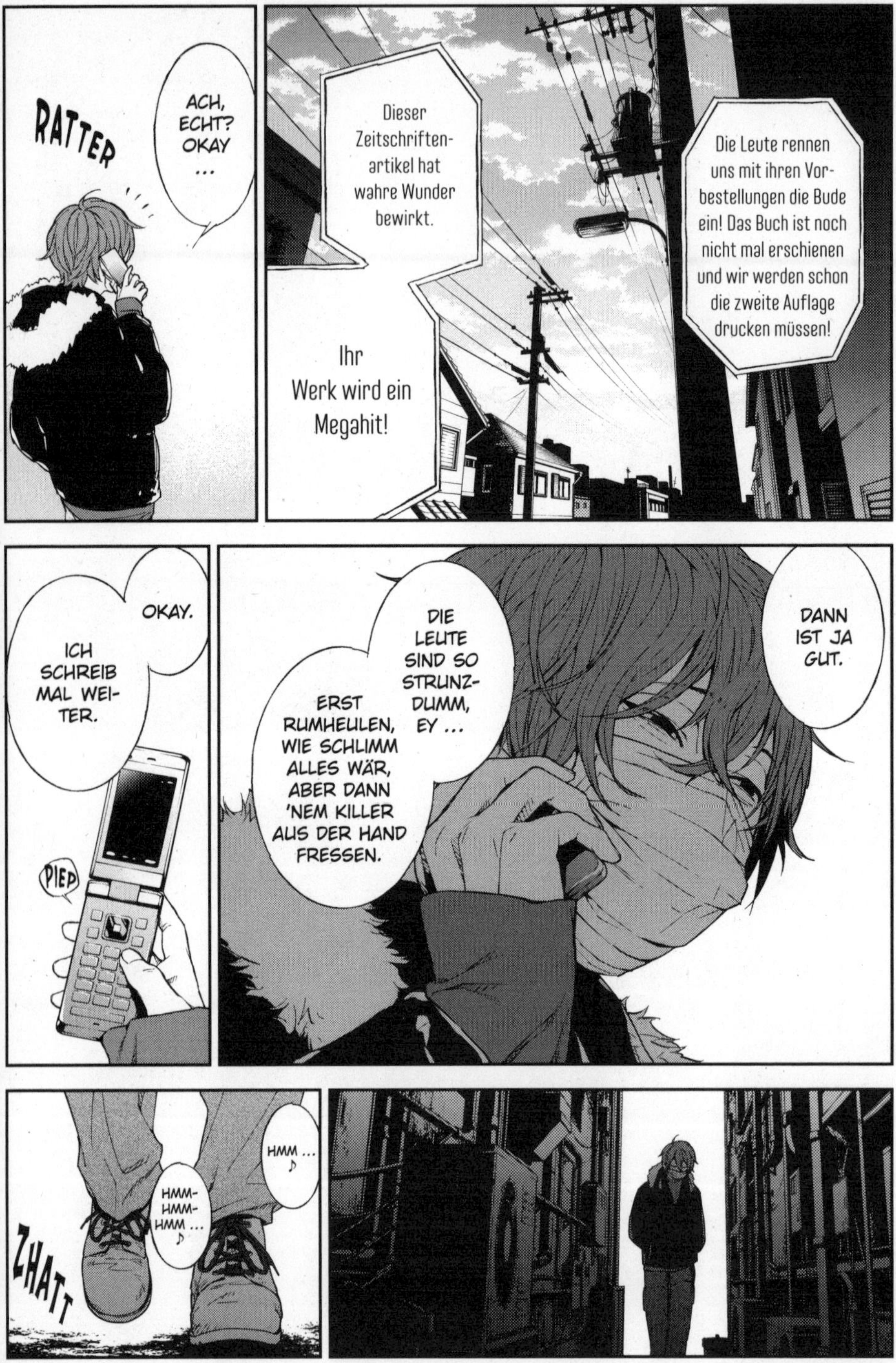
Die Leute rennen uns mit ihren Vorbestellungen die Bude ein! Das Buch ist noch nicht mal erschienen und wir werden schon die zweite Auflage drucken müssen!
Dieser Zeitschriftenartikel hat wahre Wunder bewirkt.
Ihr Werk wird ein Megahit!
ACH, ECHT? OKAY ...
RATTER
DANN IST JA GUT.
DIE LEUTE SIND SO STRUNZDUMM, EY ...
ERST RUMHEULEN, WIE SCHLIMM ALLES WÄR, ABER DANN 'NEM KILLER AUS DER HAND FRESSEN.
OKAY.
ICH SCHREIB MAL WEITER.
PIEP
HMM ... ♪
HMM-HMM-HMM ... ♪
ZHATT

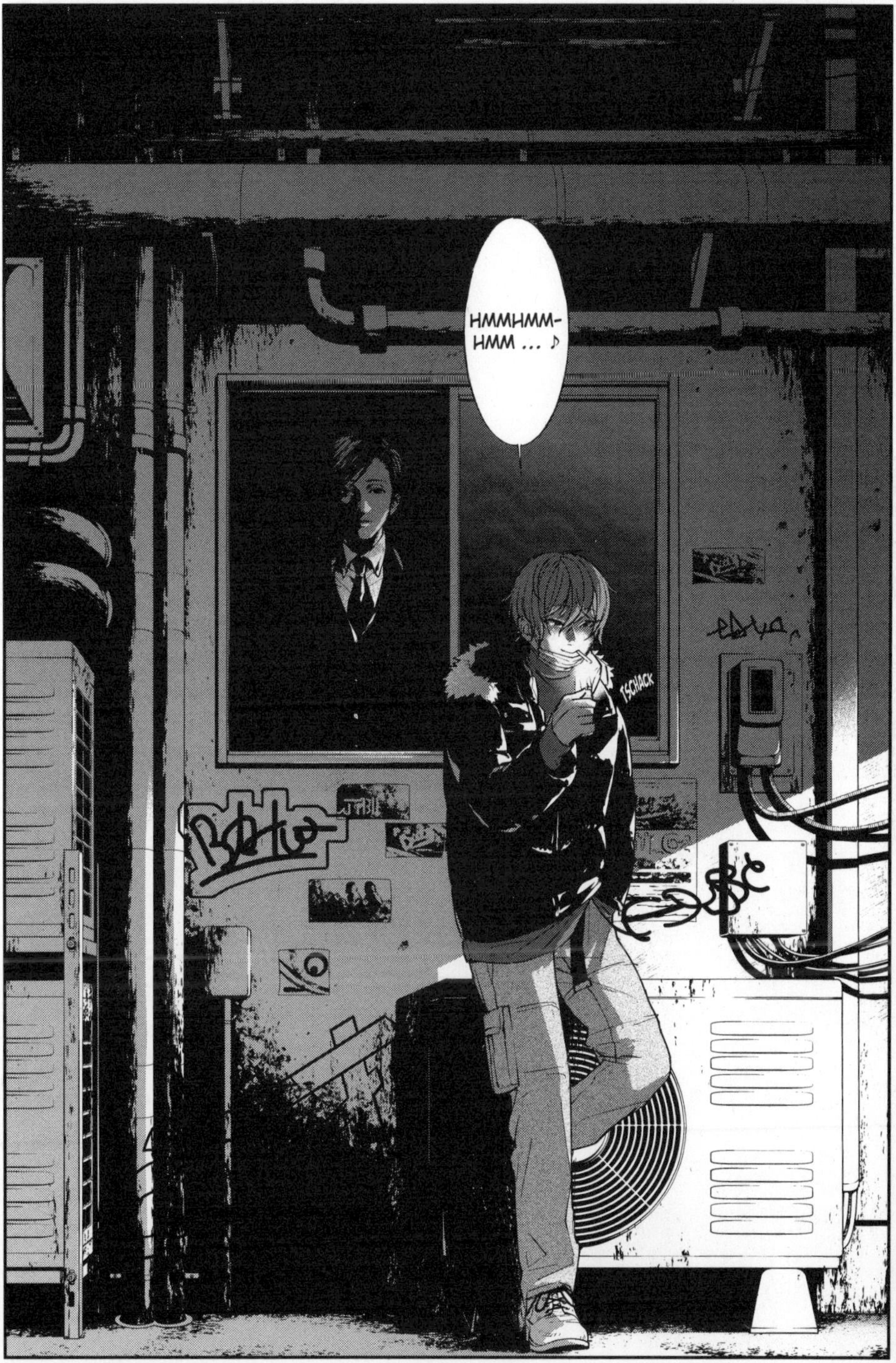
HMMHMM-
HMM ... ♪
TSCHACK

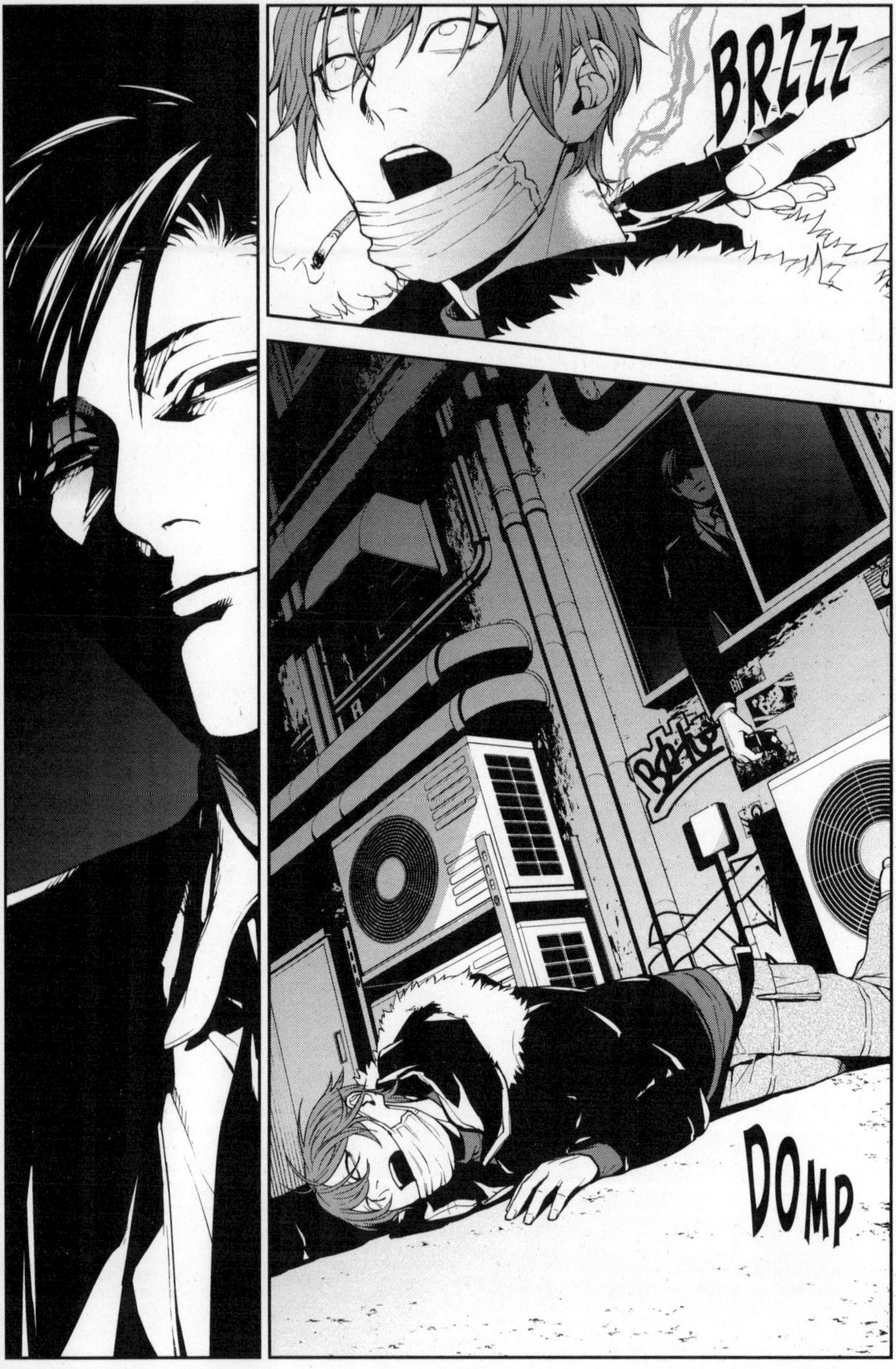
BRZzz
DOmp

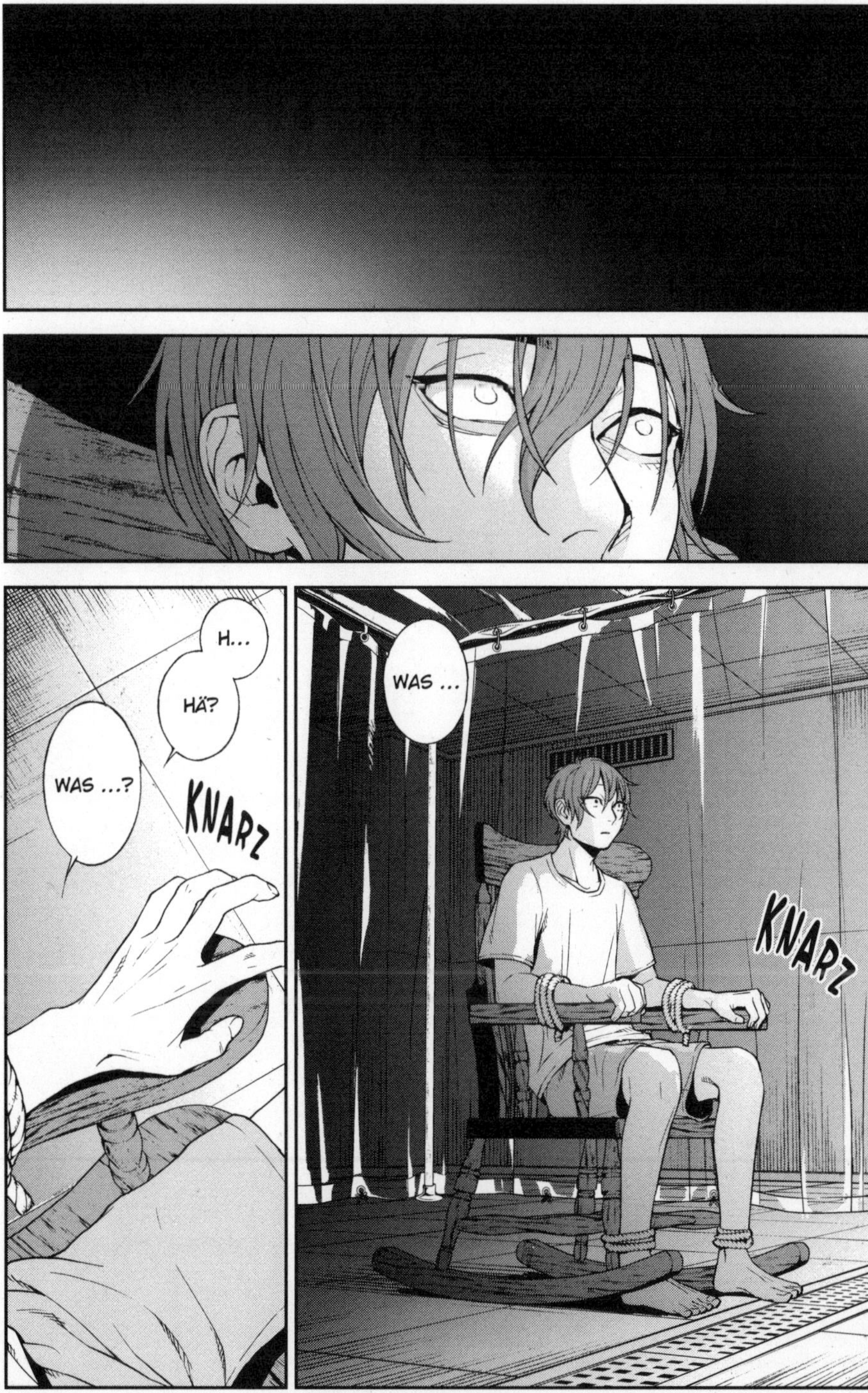
WAS …
KNARZ
H…
HÄ?
WAS …?
KNARZ

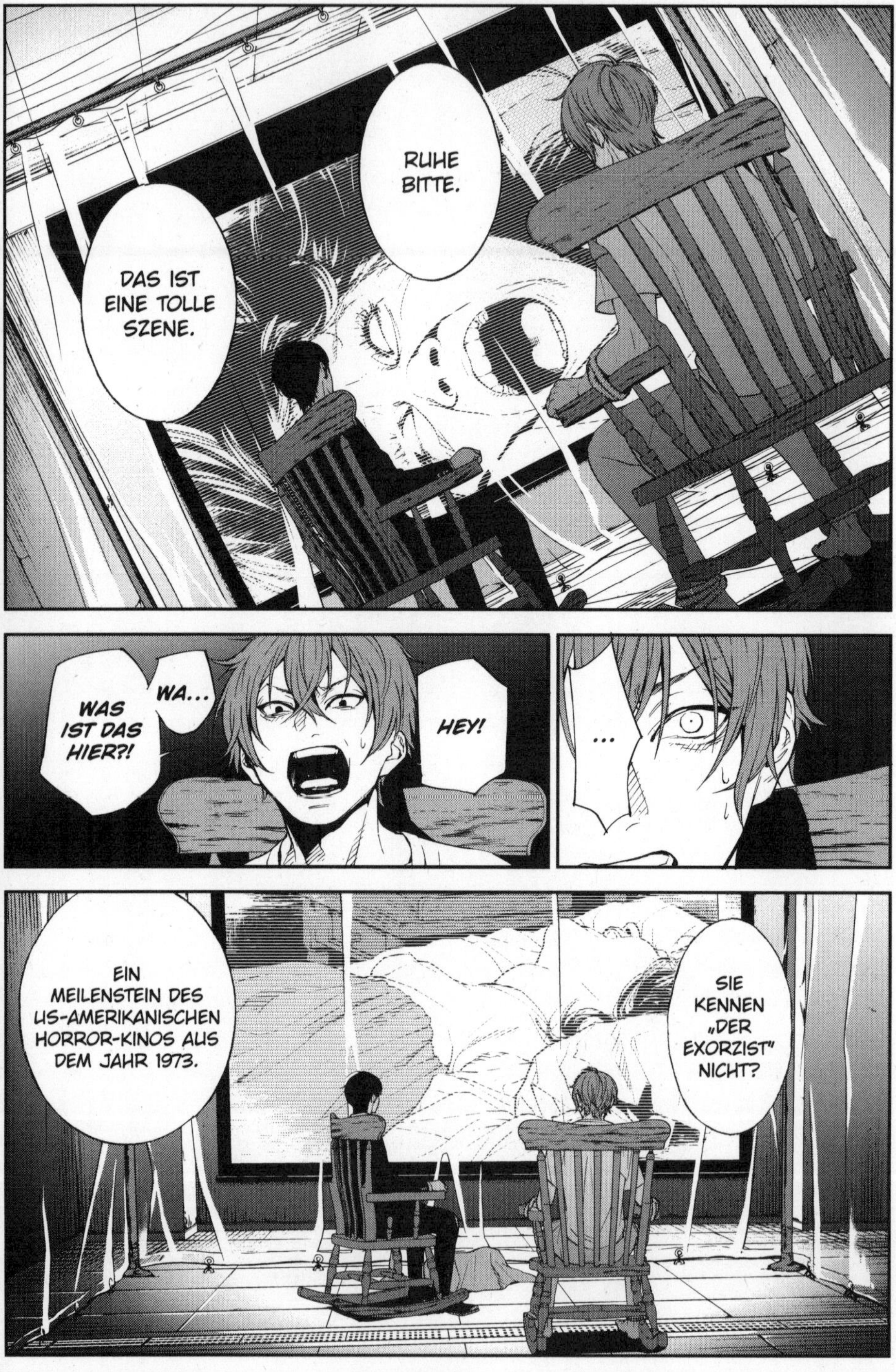
RUHE BITTE.
DAS IST EINE TOLLE SZENE.
...
HEY!
WA...
WAS IST DAS HIER?!
SIE KENNEN „DER EXORZIST" NICHT?
EIN MEILENSTEIN DES US-AMERIKANISCHEN HORROR-KINOS AUS DEM JAHR 1973.

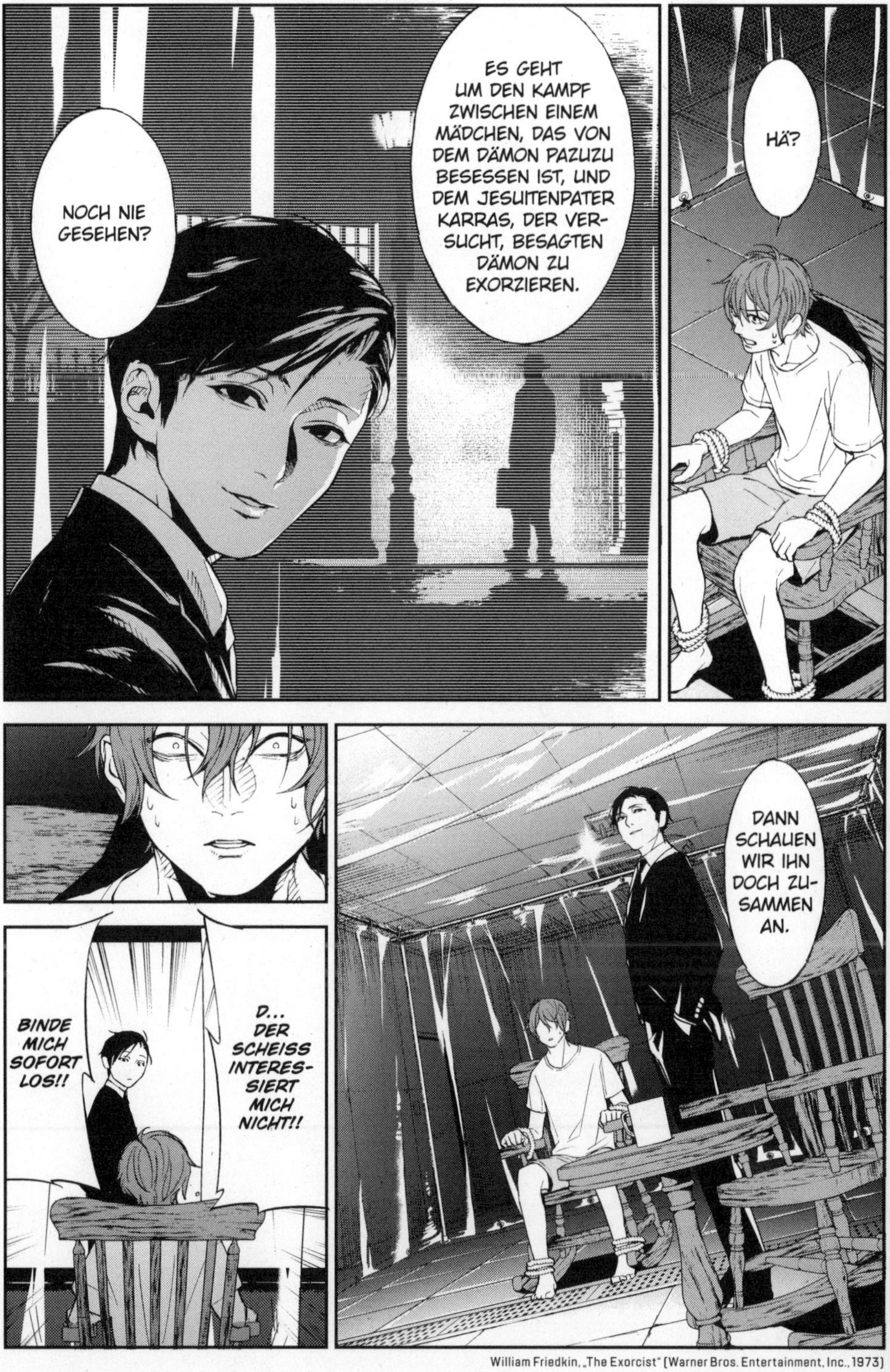

William Friedkin, „The Exorcist" (Warner Bros. Entertainment, Inc., 1973)

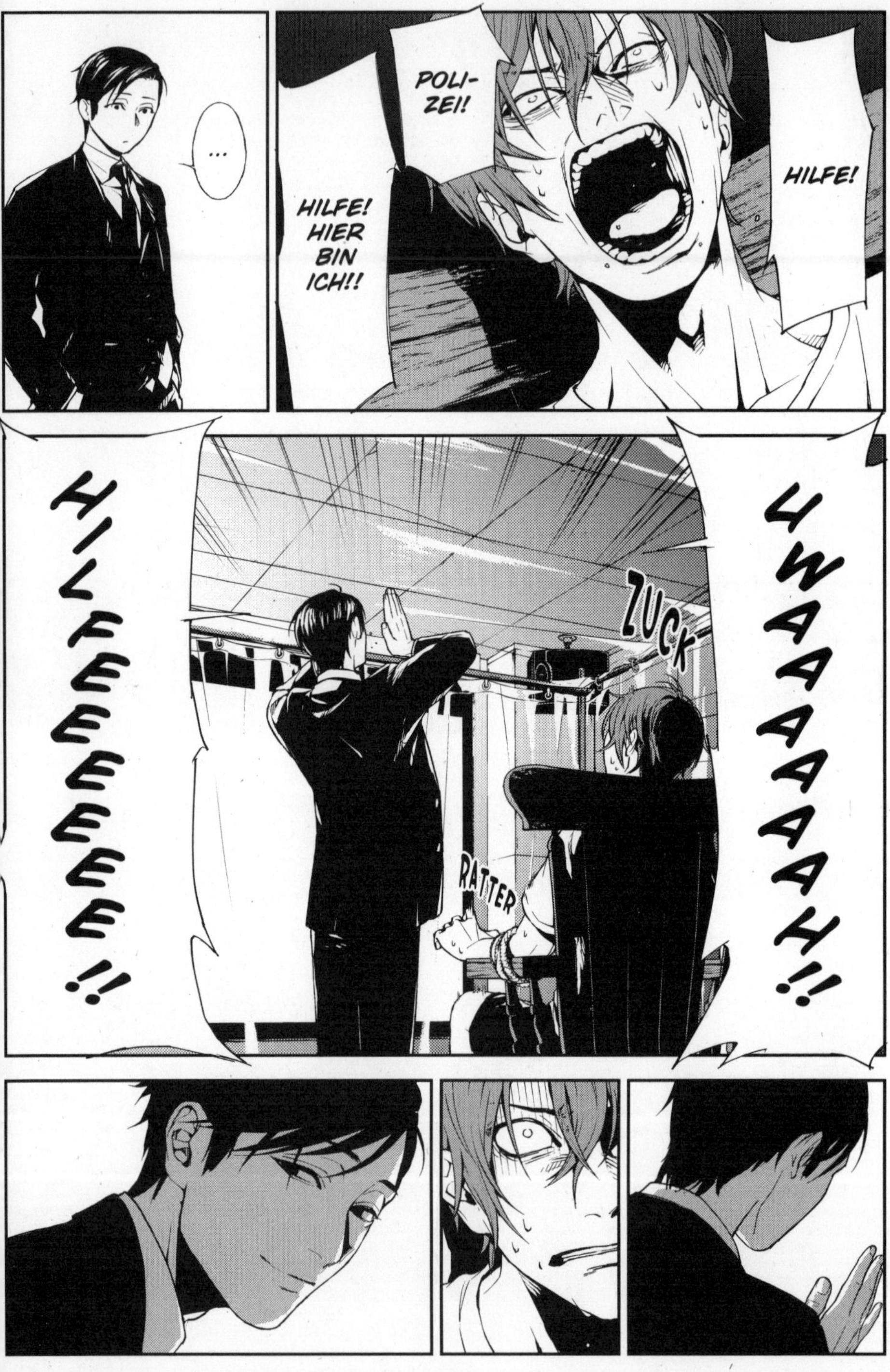
HILFE!
POLI-
ZEI!
HILFE!
HIER
BIN
ICH!!
...
UWAAAAAAAH!!
ZUCK
RATTER
HILFEEEEEEE!!

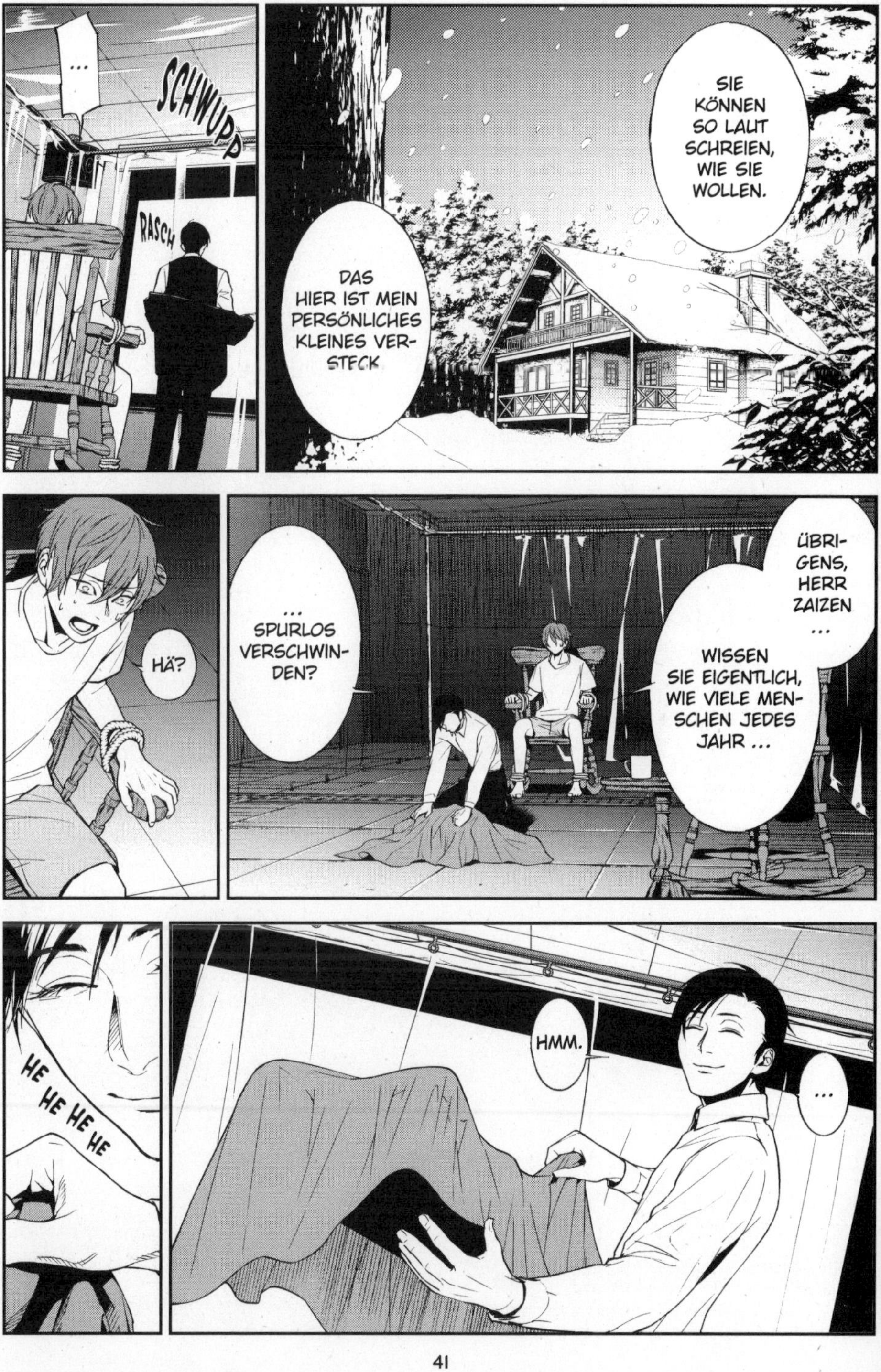
SIE KÖNNEN SO LAUT SCHREIEN, WIE SIE WOLLEN.
DAS HIER IST MEIN PERSÖNLICHES KLEINES VERSTECK.
...
SCHWUPP
RASCH
ÜBRIGENS, HERR ZAIZEN ...
WISSEN SIE EIGENTLICH, WIE VIELE MENSCHEN JEDES JAHR ...
... SPURLOS VERSCHWINDEN?
HÄ?
...
HMM.
HE HE HE HE

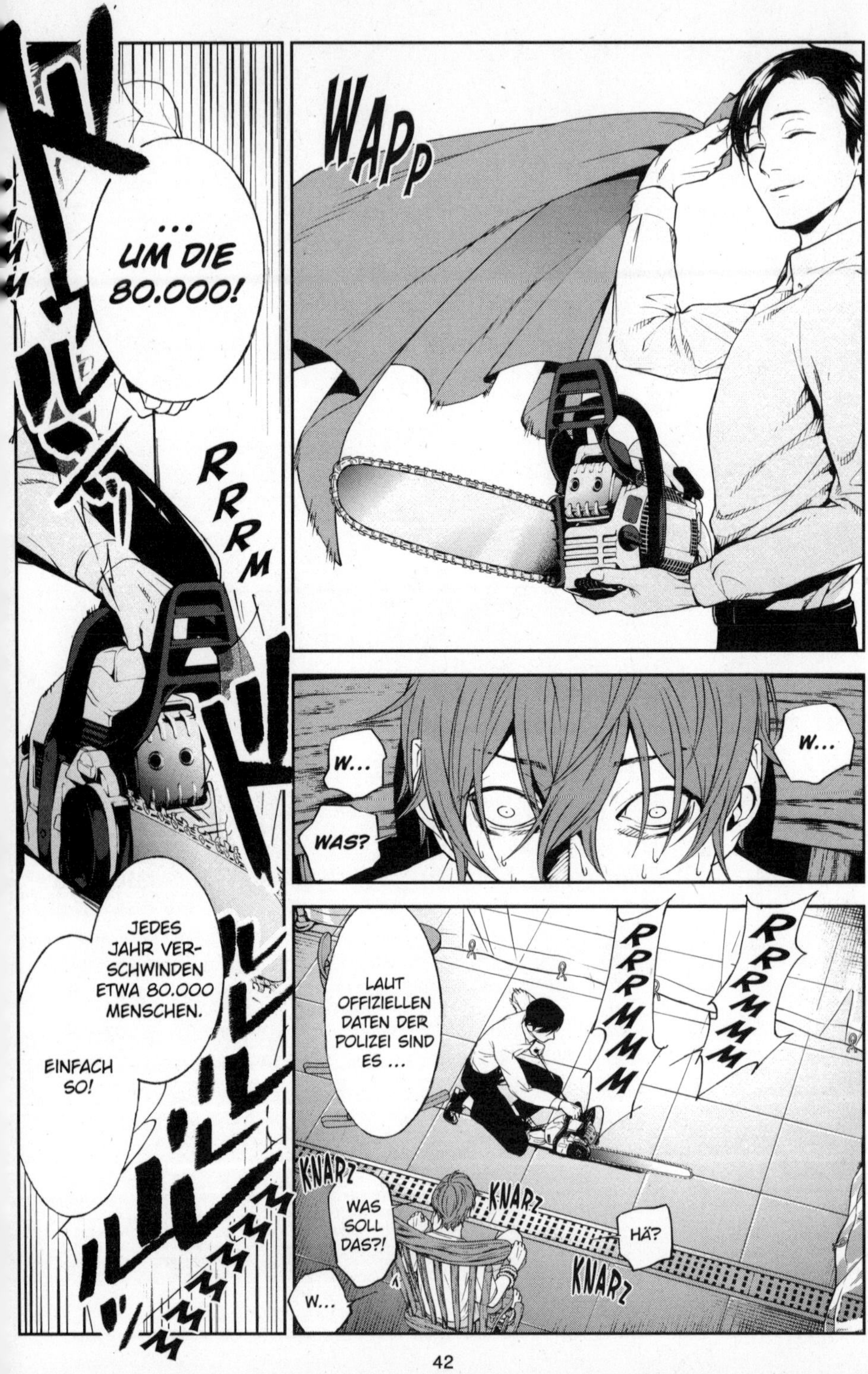
WAPP
W...
W...
WAS?
... UM DIE 80.000!
RRRM
RRRMMMM
RRRMMM
LAUT OFFIZIELLEN DATEN DER POLIZEI SIND ES ...
JEDES JAHR VERSCHWINDEN ETWA 80.000 MENSCHEN.
EINFACH SO!
KNARZ
KNARZ
KNARZ
HÄ?
WAS SOLL DAS?!
W...

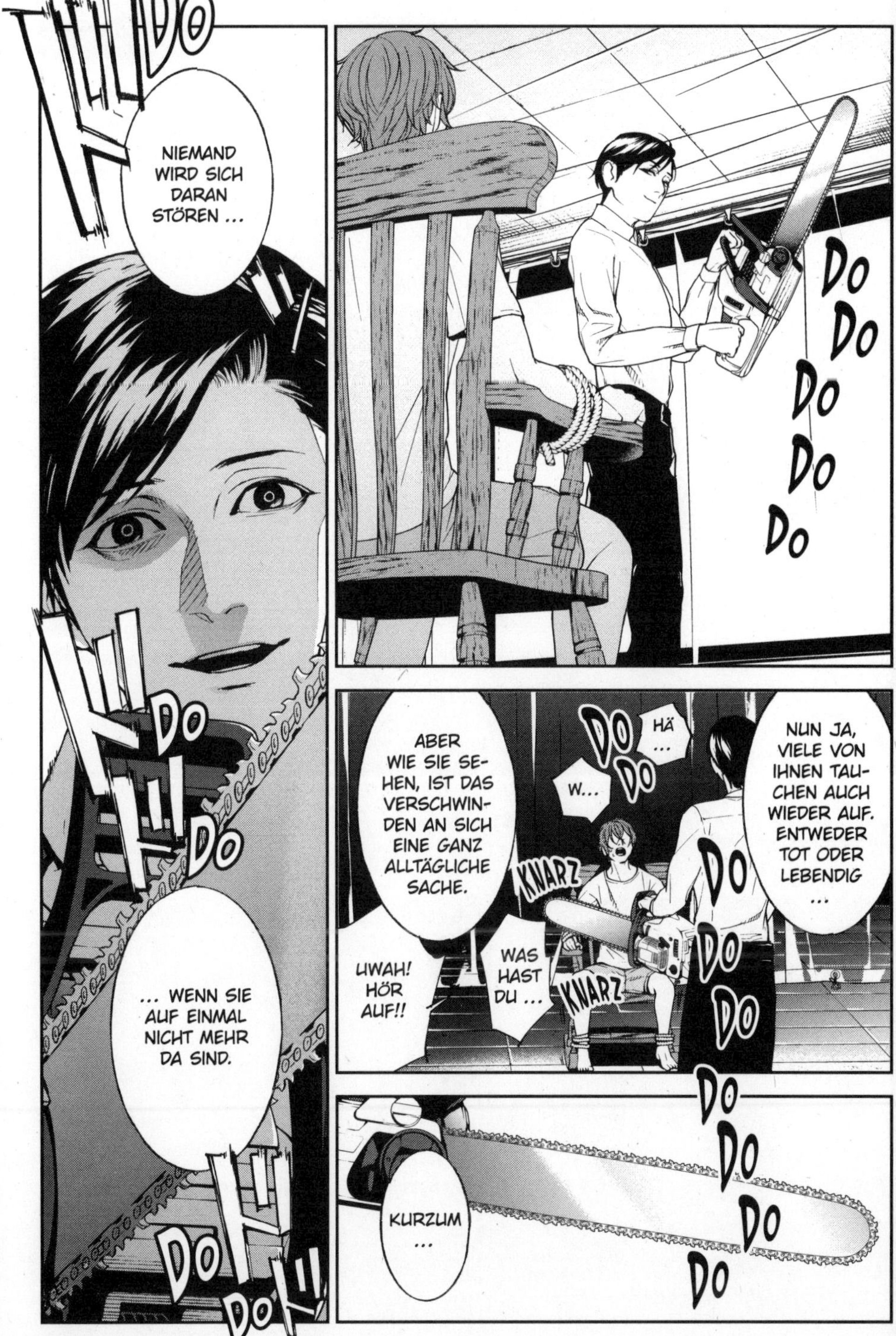
DO
DO
DO
DO
DO
NUN JA, VIELE VON IHNEN TAUCHEN AUCH WIEDER AUF. ENTWEDER TOT ODER LEBENDIG ...
HÄ ...
DO DO
W...
ABER WIE SIE SEHEN, IST DAS VERSCHWINDEN AN SICH EINE GANZ ALLTÄGLICHE SACHE.
KNARZ
KNARZ
WAS HAST DU ...
UWAH! HÖR AUF!!
DO DO DO DO DO DO DO
KURZUM ...
DO
NIEMAND WIRD SICH DARAN STÖREN ...
DO DO
... WENN SIE AUF EINMAL NICHT MEHR DA SIND.
DO DO

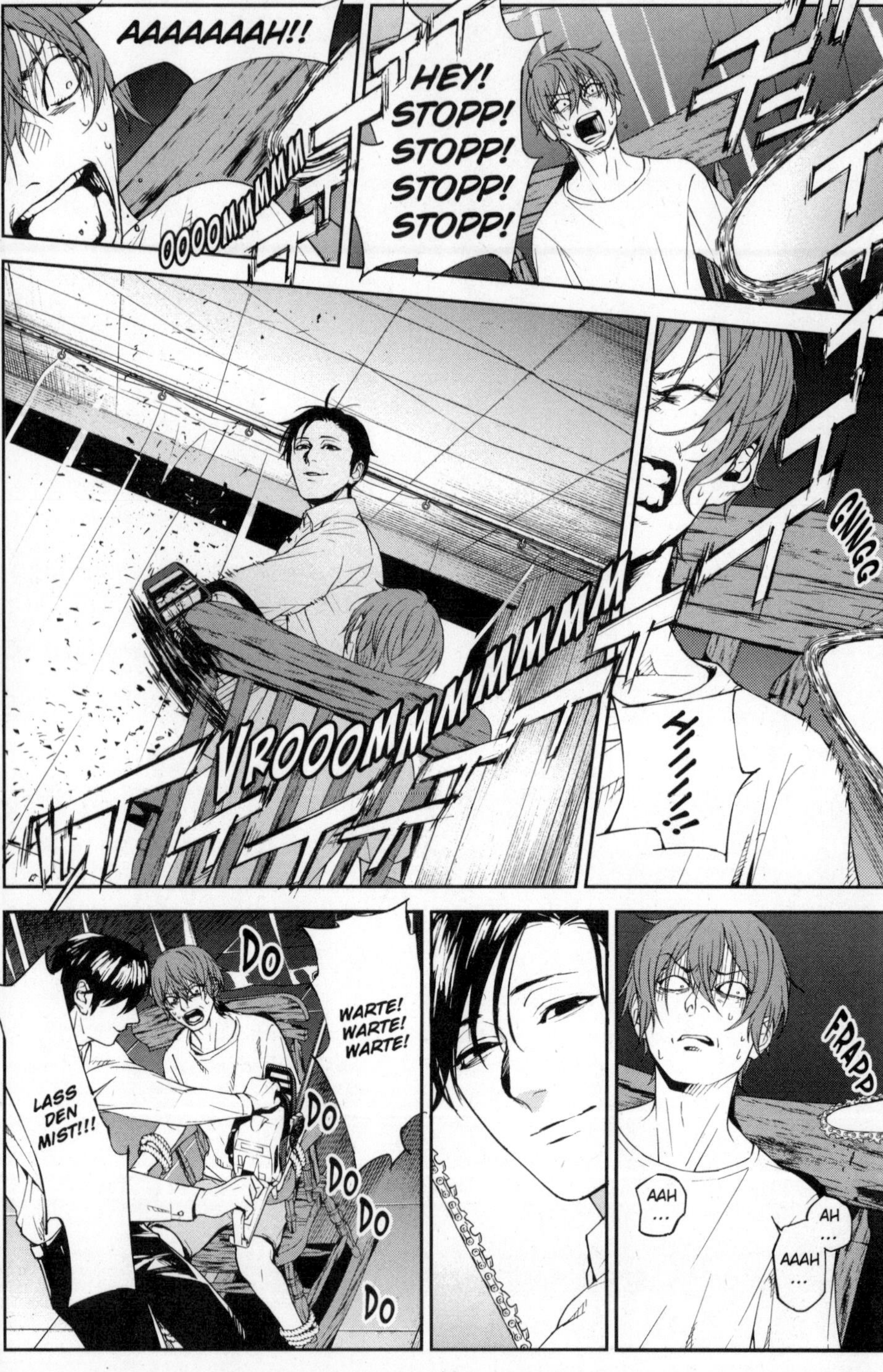

HEY!
STOPP!
STOPP!
STOPP!
STOPP!
AAAAAAAH!!
OOOOMMMMM
GNNGG
!!!!!!!!
VROOOMMMMMMMMM
FRAPP
AH ...
AAAH ...
AAH ...
WARTE! WARTE! WARTE!
DO
DO
DO
DO
DO
LASS DEN MIST!!!

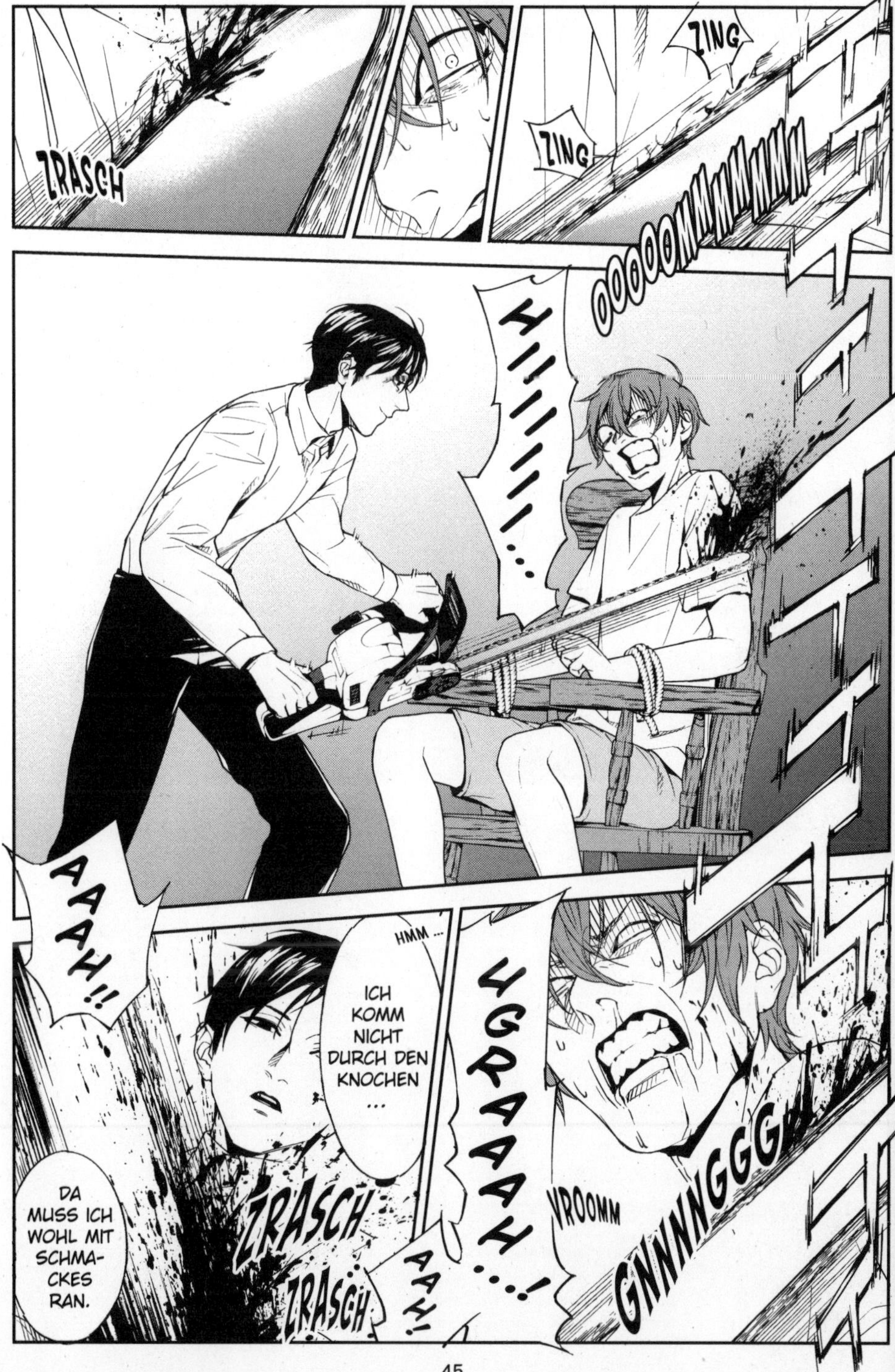
ZING
ZING
OOOOOMMMMMMMM
ZRASCH
HIIIIII...
AAAAH!!
HMM ...
ICH KOMM NICHT DURCH DEN KNOCHEN ...
DA MUSS ICH WOHL MIT SCHMA-CKES RAN.
UGRAAAAH...!
VROOMM
GNNNGGG
AAH!
ZRASCH
ZRASCH

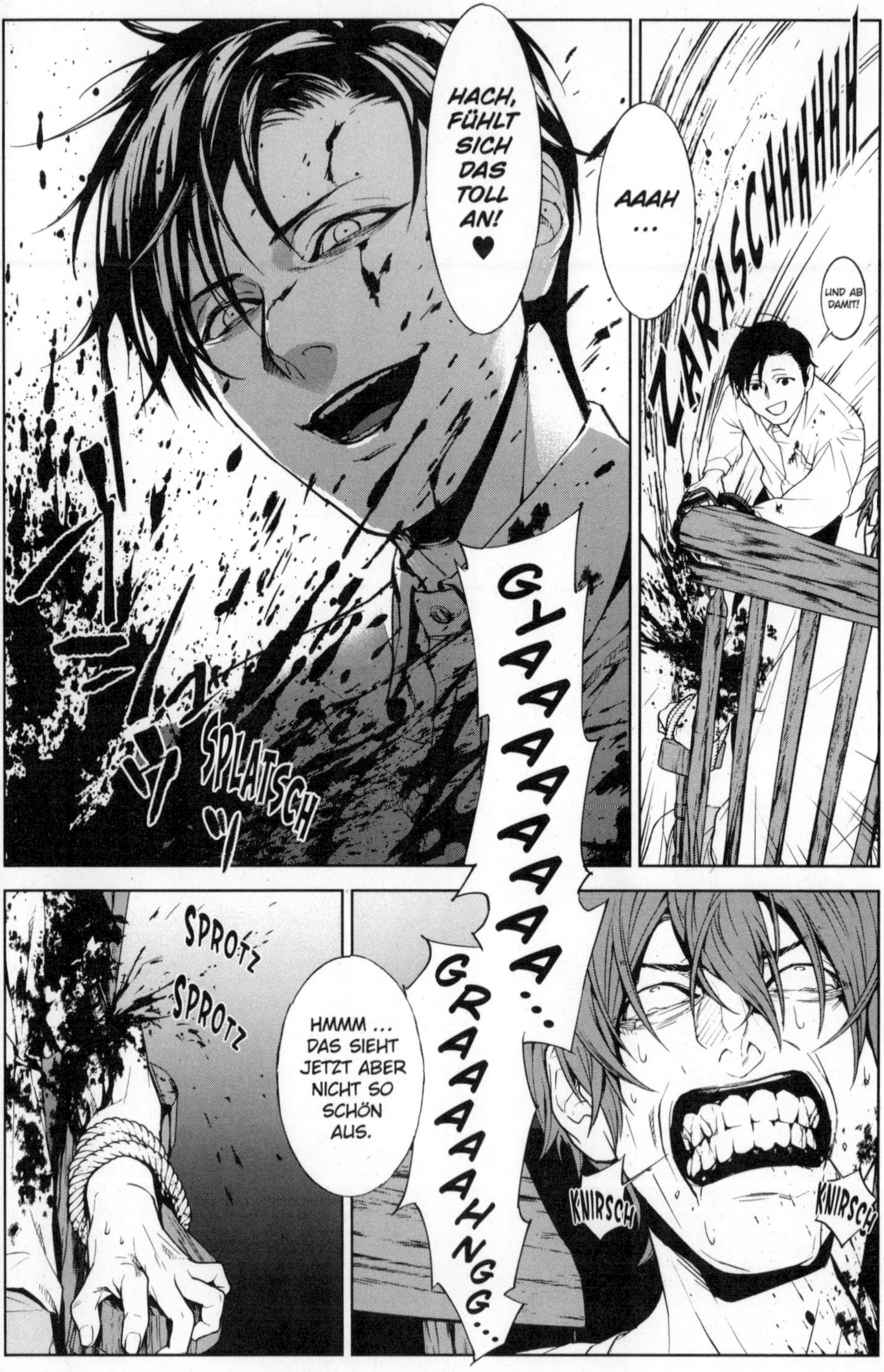
ZARASCHHHHHH
UND AB DAMIT!
AAAH …
HACH, FÜHLT SICH DAS TOLL AN! ♥
SPLATSCH
GYAAAAAAAAAA…
GRAAAAAAAHNGG…
KNIRSCH
KNIRSCH
HMMM … DAS SIEHT JETZT ABER NICHT SO SCHÖN AUS.
SPROTZ
SPROTZ

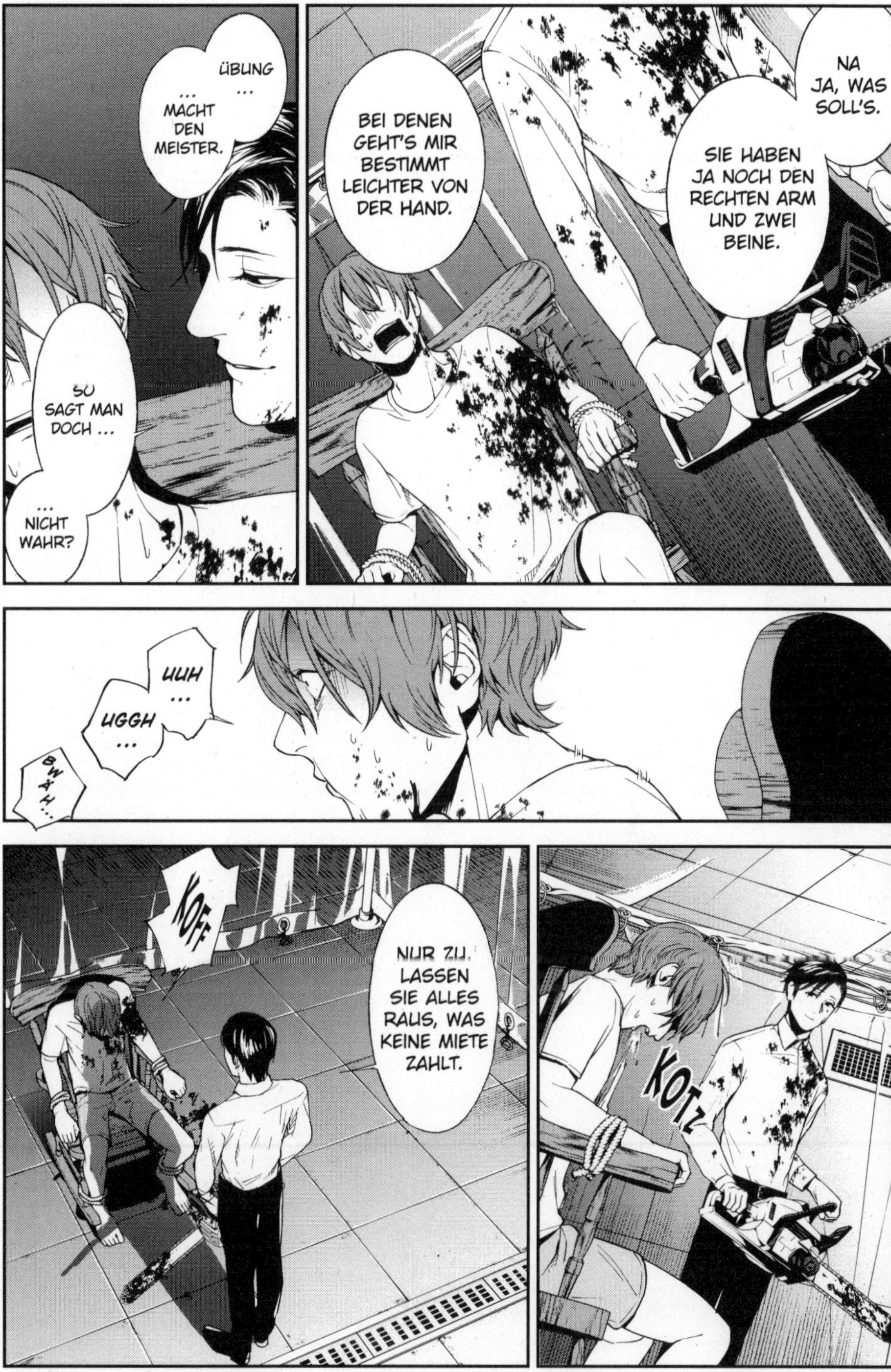
NA JA, WAS SOLL'S.
SIE HABEN JA NOCH DEN RECHTEN ARM UND ZWEI BEINE.
BEI DENEN GEHT'S MIR BESTIMMT LEICHTER VON DER HAND.
ÜBUNG ...
... MACHT DEN MEISTER.
SO SAGT MAN DOCH ...
... NICHT WAHR?
UUH ...
UGGH ...
BWÄH ...
KOTZ
NUR ZU. LASSEN SIE ALLES RAUS, WAS KEINE MIETE ZAHLT.
KOFF

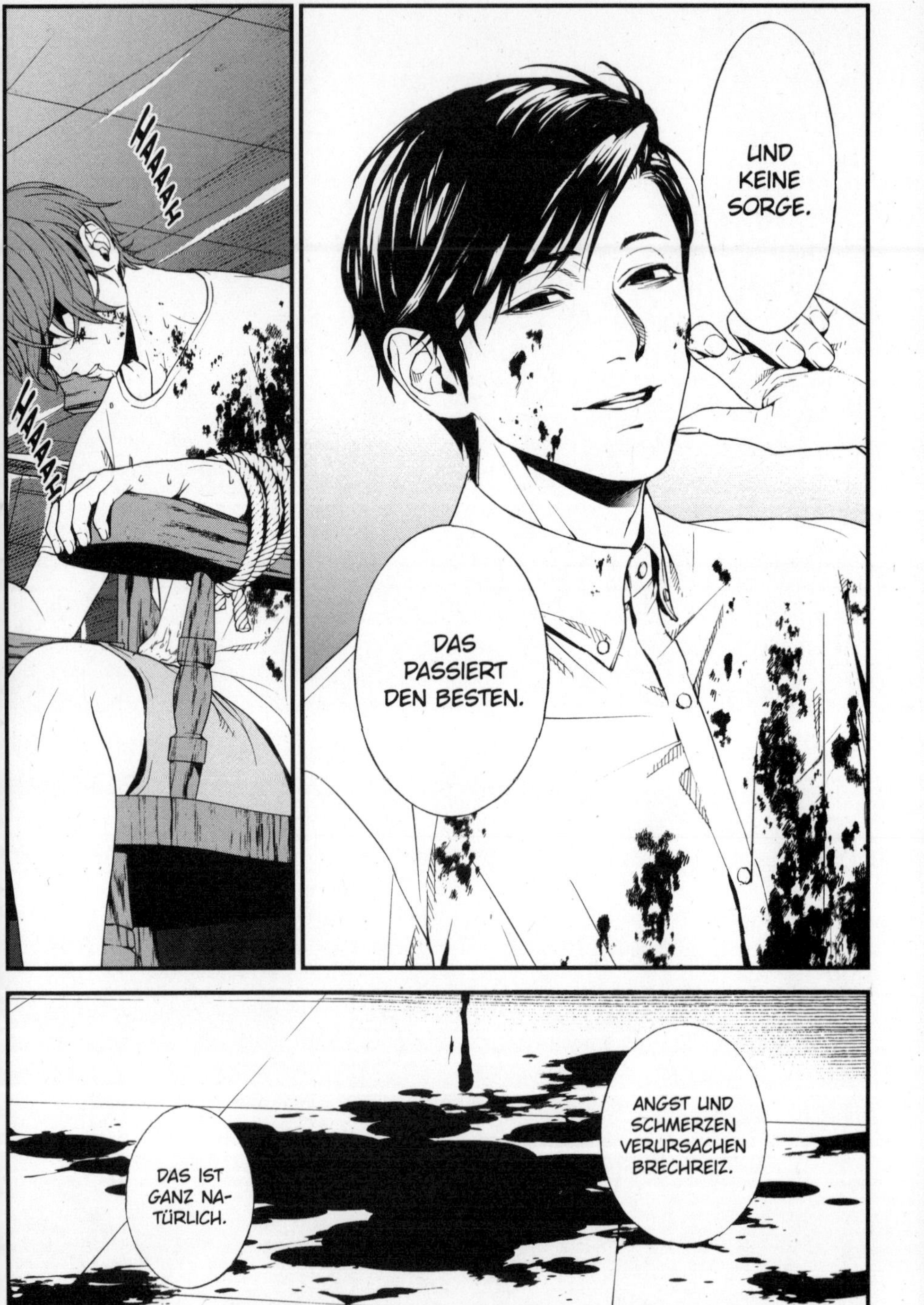
UND KEINE SORGE.
DAS PASSIERT DEN BESTEN.
HAAAAH
HAAAAH
ANGST UND SCHMERZEN VERURSACHEN BRECHREIZ.
DAS IST GANZ NATÜRLICH.

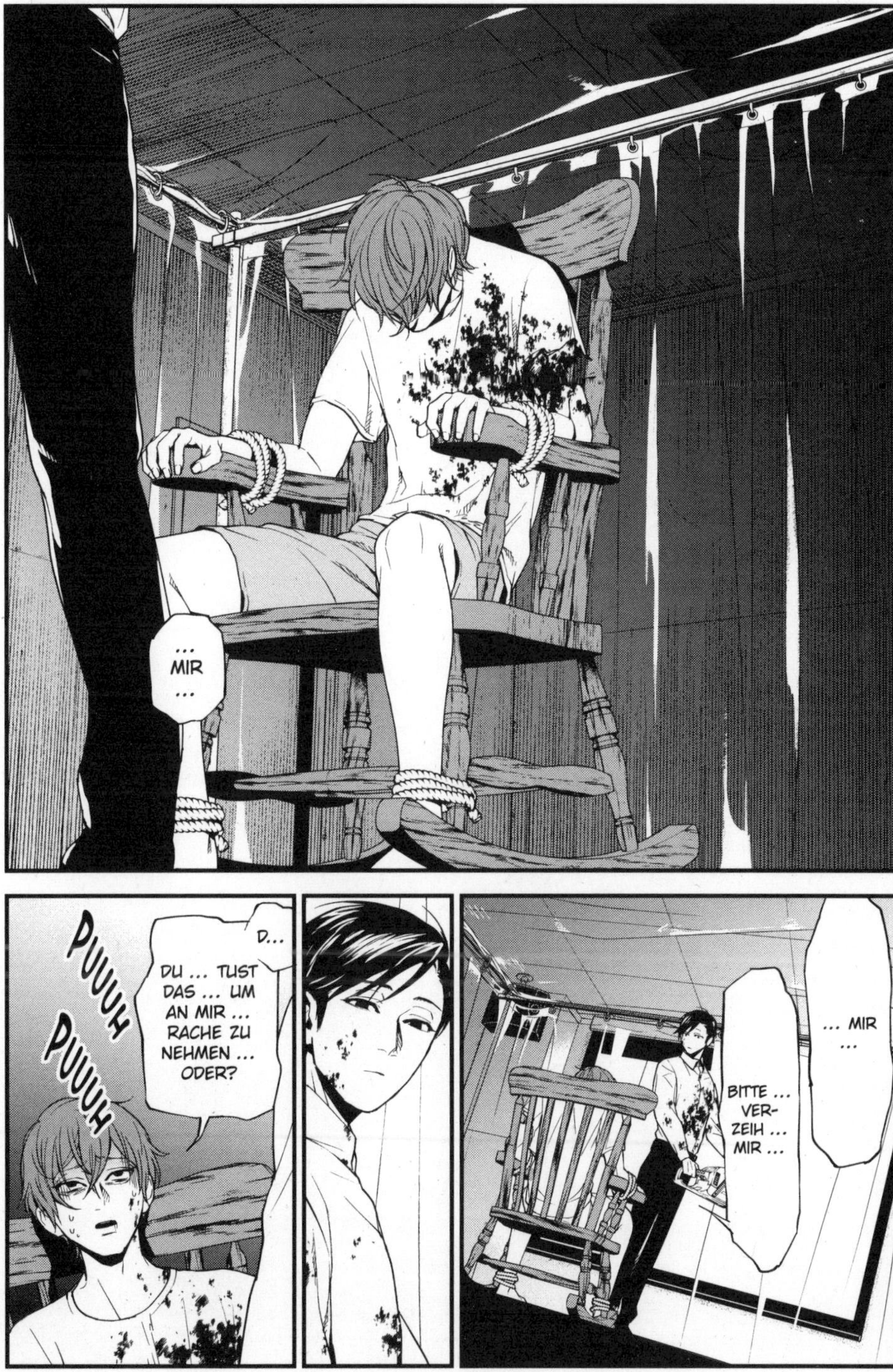
... MIR ...
... MIR ...
BITTE ... VERZEIH ... MIR ...
D...
DU ... TUST DAS ... UM AN MIR ... RACHE ZU NEHMEN ... ODER?
PUUUH
PUUUH

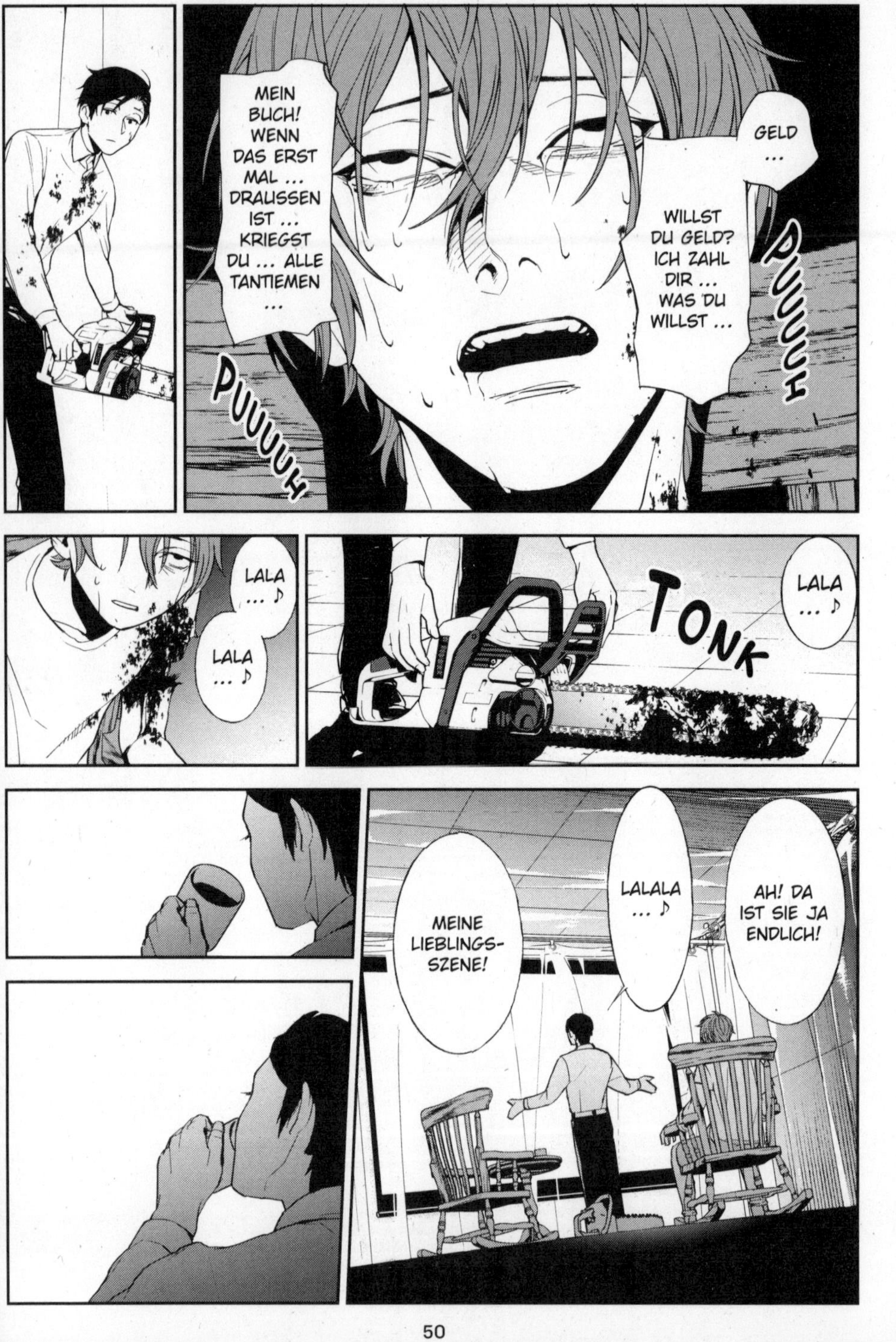
GELD ...
WILLST DU GELD? ICH ZAHL DIR ... WAS DU WILLST ...
PUUUUH
MEIN BUCH! WENN DAS ERST MAL ... DRAUSSEN IST ... KRIEGST DU ... ALLE TANTIEMEN ...
PUUUUH
LALA ... ♪
TONK
LALA ... ♪
LALA ... ♪
AH! DA IST SIE JA ENDLICH!
LALALA ... ♪
MEINE LIEBLINGS-SZENE!

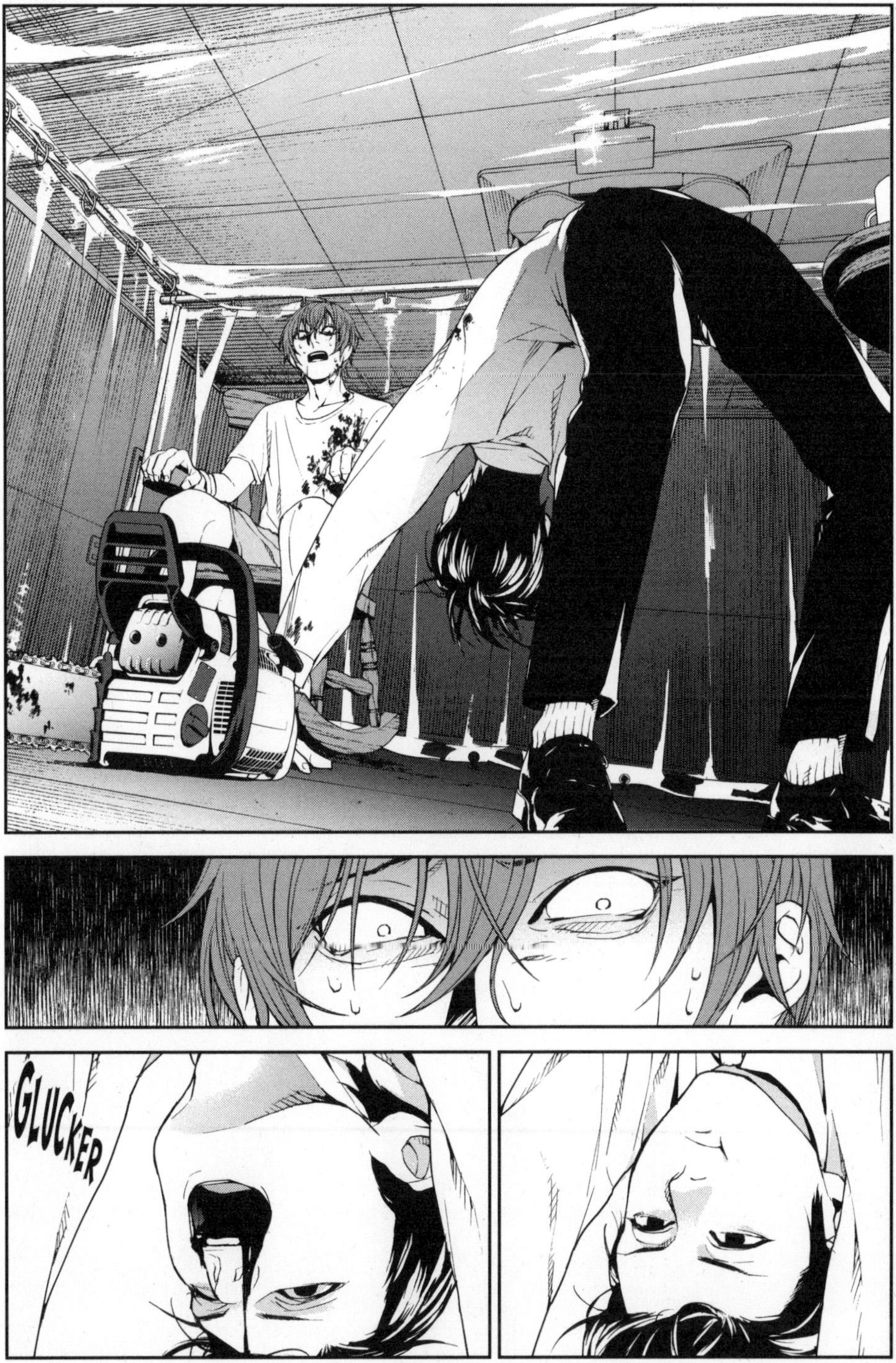
GLUCKER

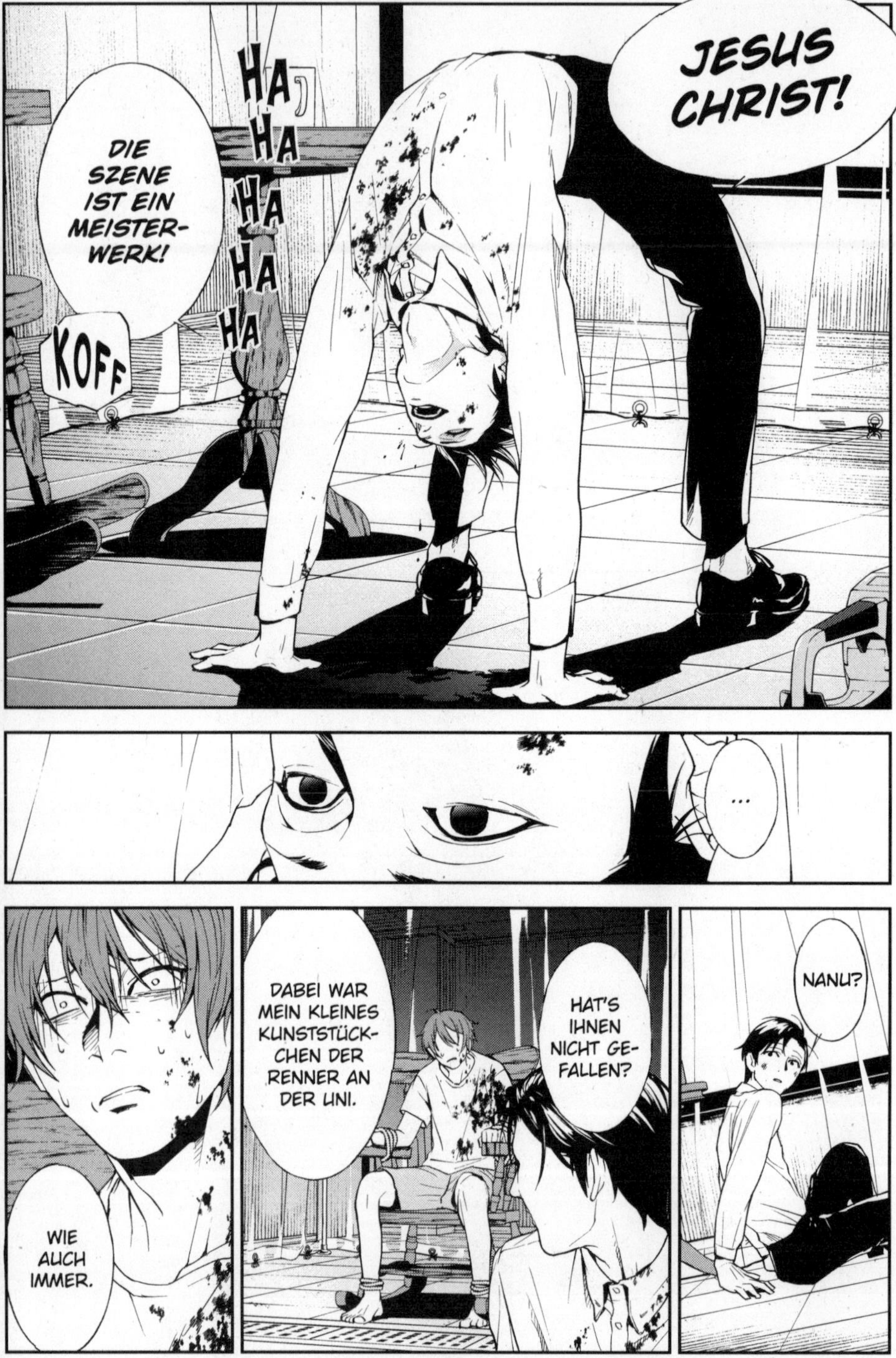
JESUS CHRIST!
DIE SZENE IST EIN MEISTER-WERK!
HA HA HA HA HA HA
KOFF
...
NANU?
HAT'S IHNEN NICHT GE-FALLEN?
DABEI WAR MEIN KLEINES KUNSTSTÜCK-CHEN DER RENNER AN DER UNI.
WIE AUCH IMMER.

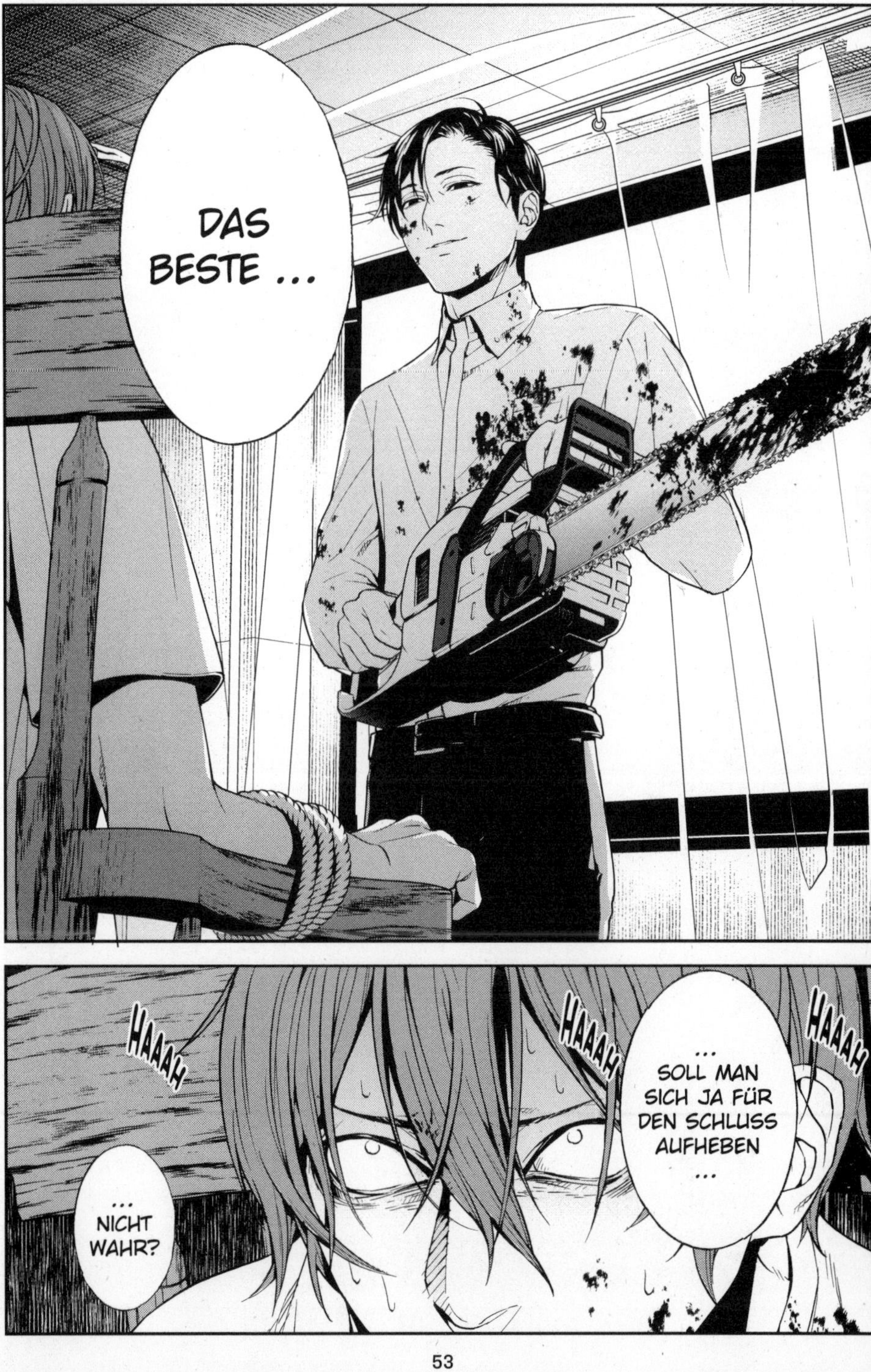
DAS BESTE ...
HAAAH
HAAAH
... SOLL MAN SICH JA FÜR DEN SCHLUSS AUFHEBEN ...
HAAAH
... NICHT WAHR?

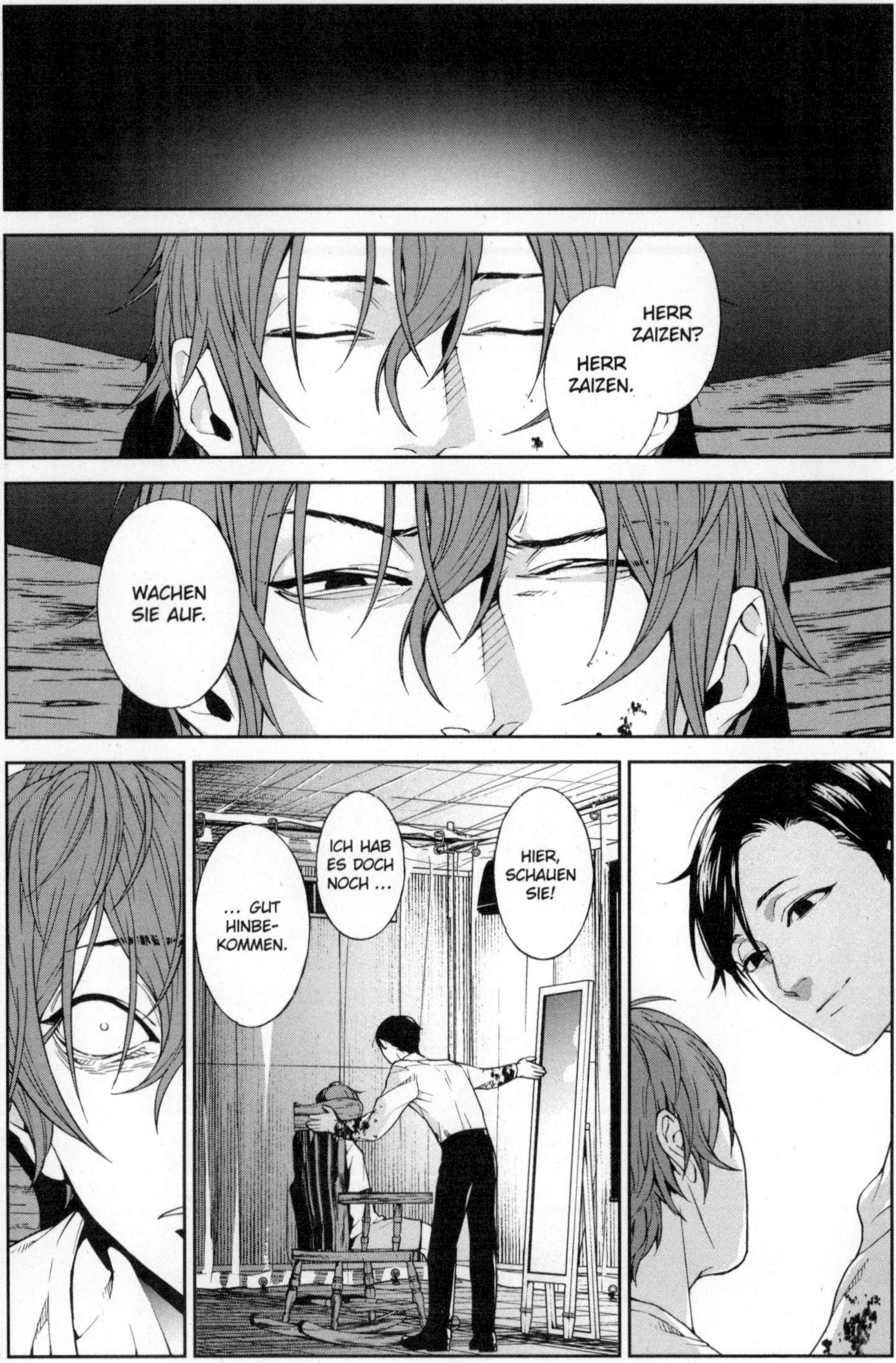
HERR ZAIZEN?
HERR ZAIZEN.
WACHEN SIE AUF.
HIER, SCHAUEN SIE!
ICH HAB ES DOCH NOCH …
… GUT HINBE-KOMMEN.

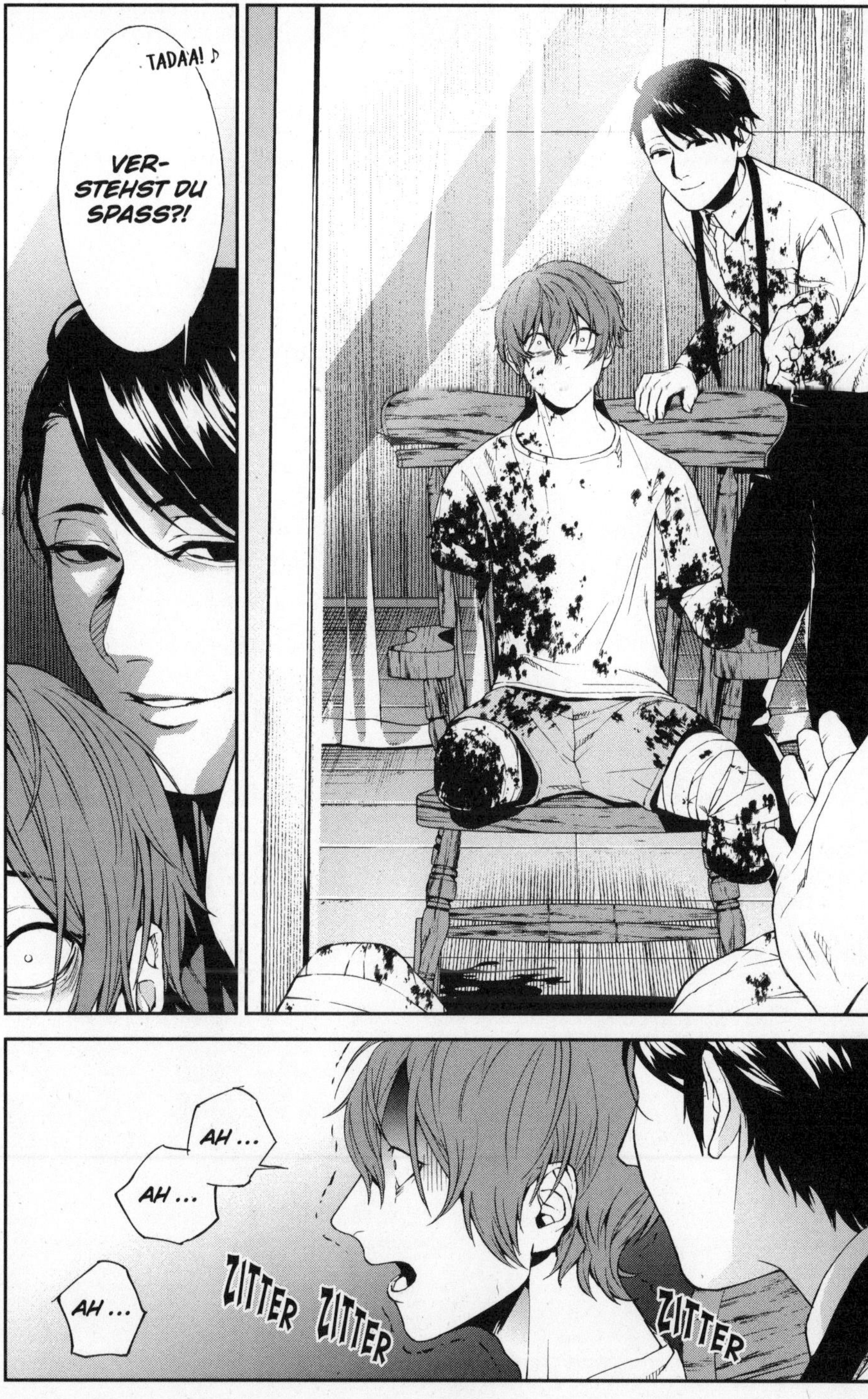
TADAA! ♪
VER-
STEHST DU
SPASS?!
AH …
AH …
AH …
ZITTER ZITTER
ZITTER

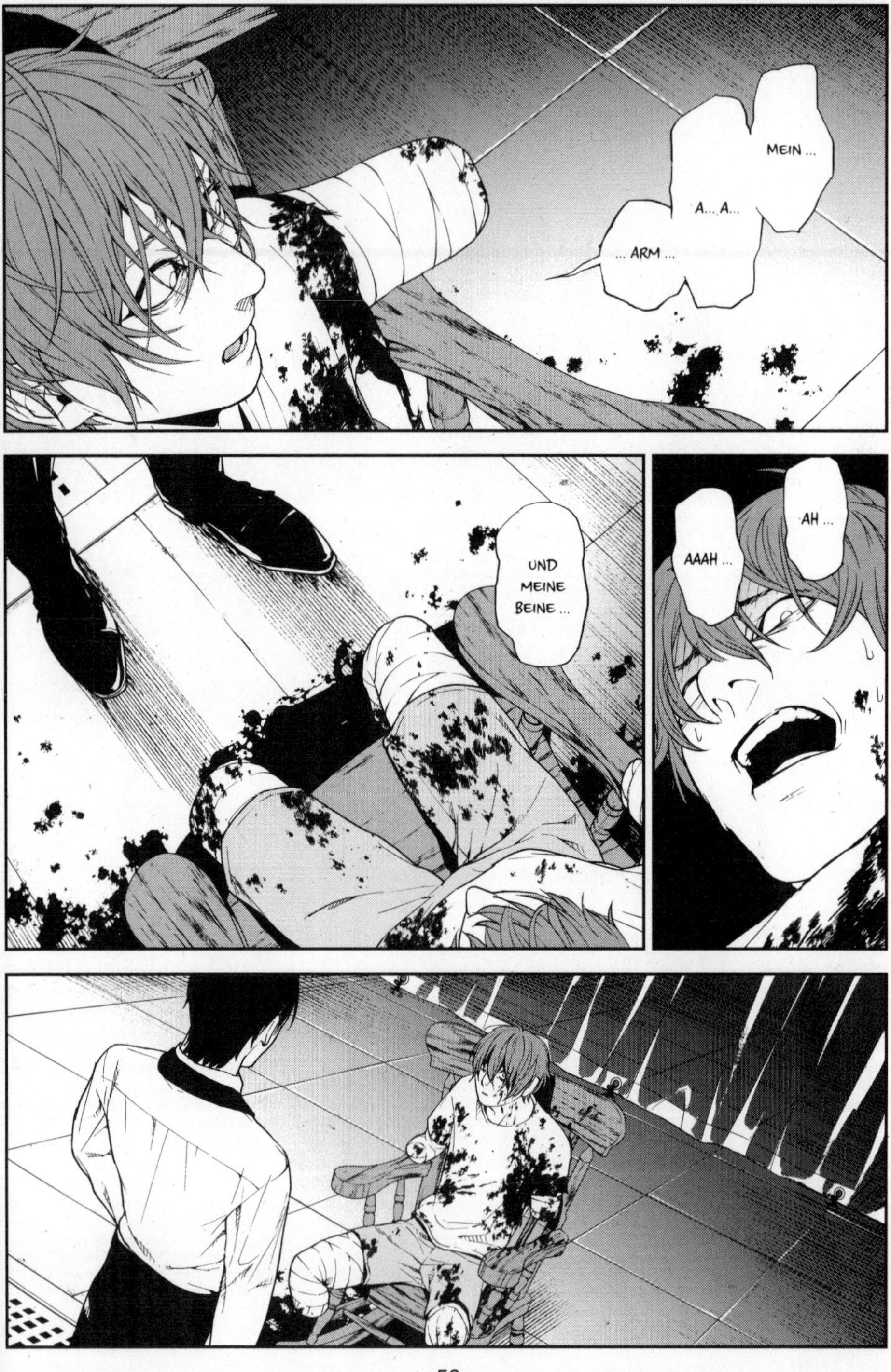
MEIN ...
A... A...
... ARM ...
AH ...
AAAH ...
UND MEINE BEINE ...

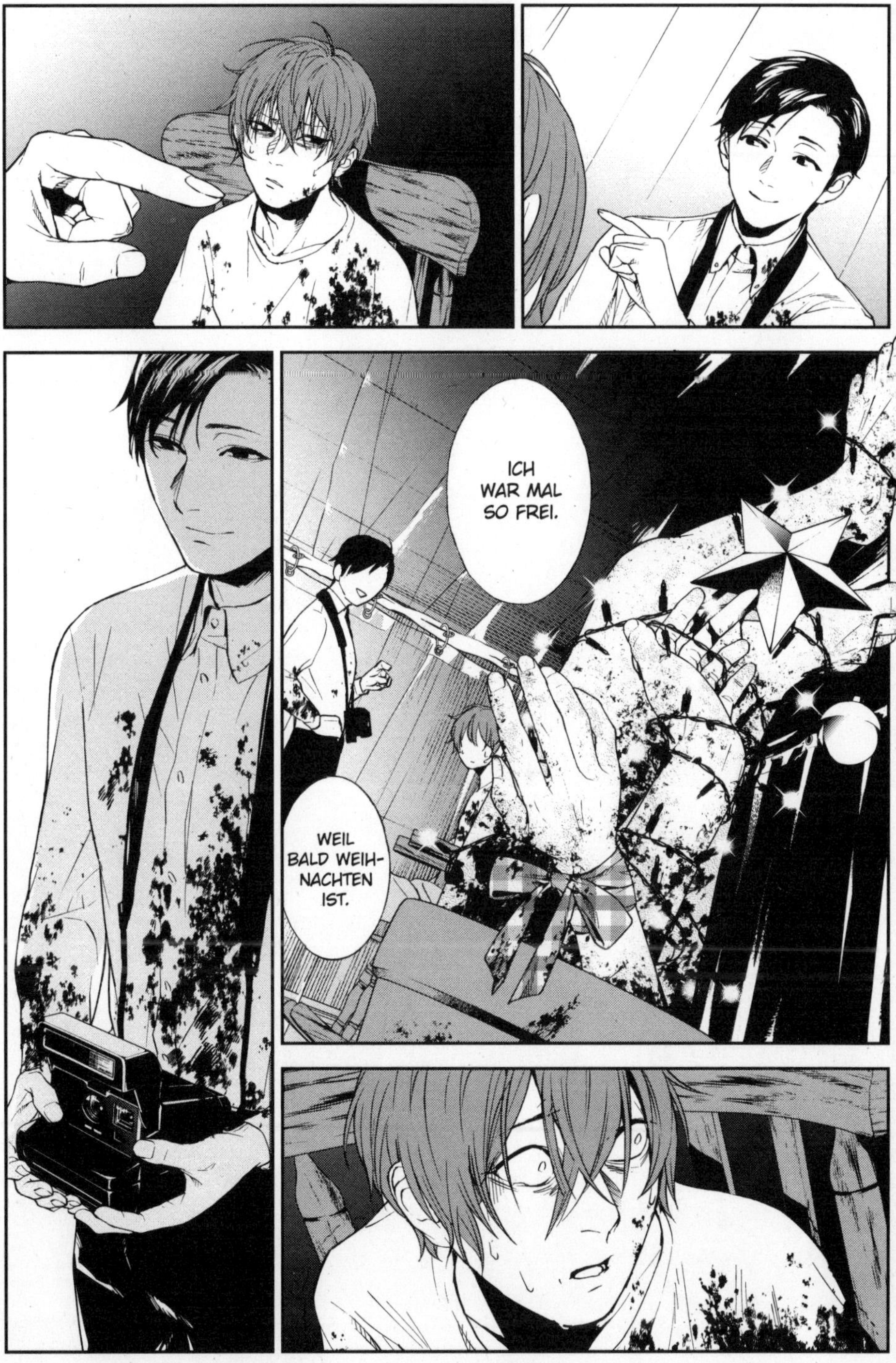
ICH WAR MAL SO FREI.
WEIL BALD WEIHNACHTEN IST.

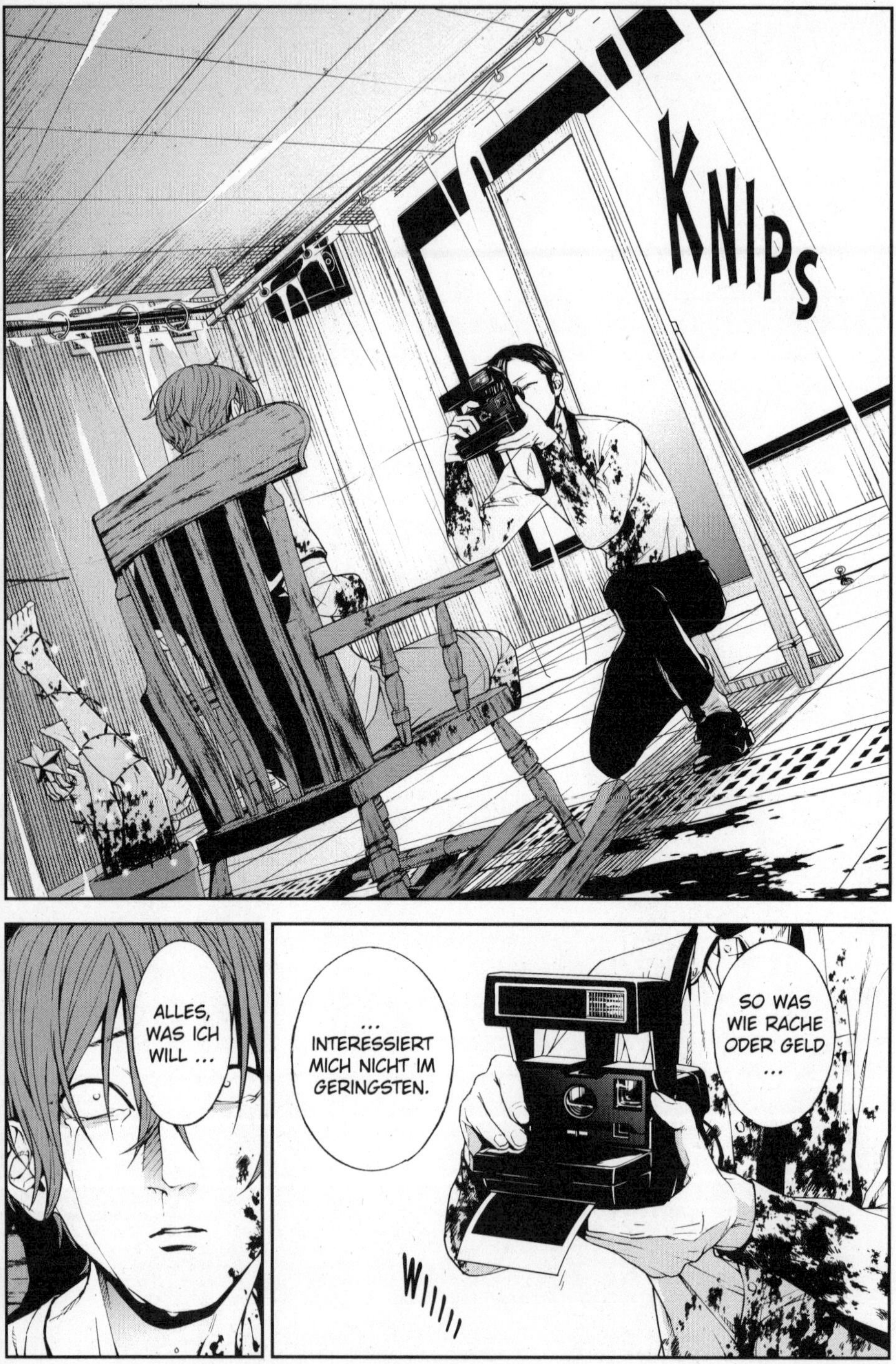
KNIPS
SO WAS WIE RACHE ODER GELD ...
... INTERESSIERT MICH NICHT IM GERINGSTEN.
WIIIIII
ALLES, WAS ICH WILL ...

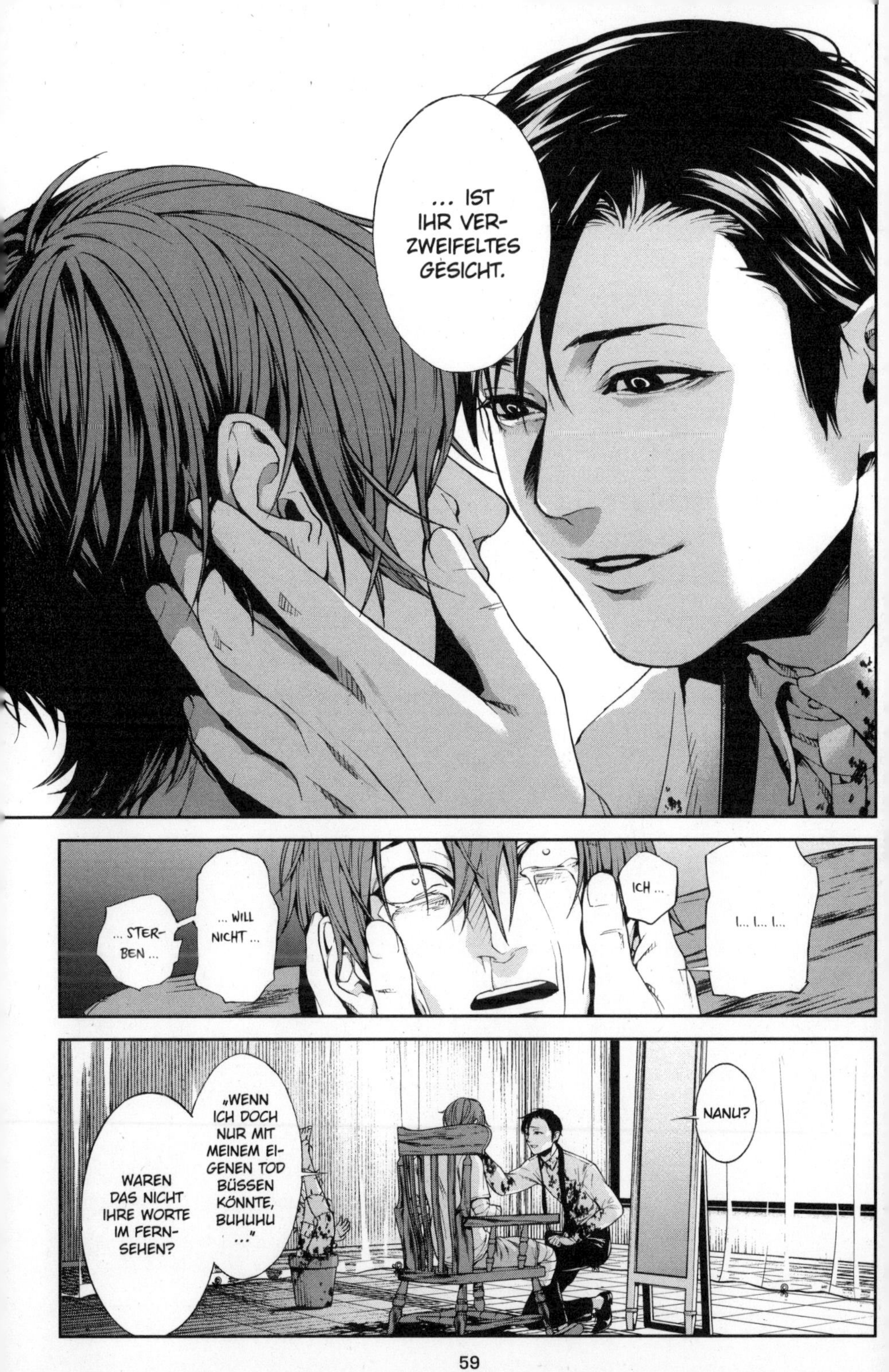
... IST IHR VERZWEIFELTES GESICHT.
I... I... I...
ICH ...
... WILL NICHT ...
... STERBEN ...
NANU?
„WENN ICH DOCH NUR MIT MEINEM EIGENEN TOD BÜSSEN KÖNNTE, BUHUHU ...“
WAREN DAS NICHT IHRE WORTE IM FERNSEHEN?

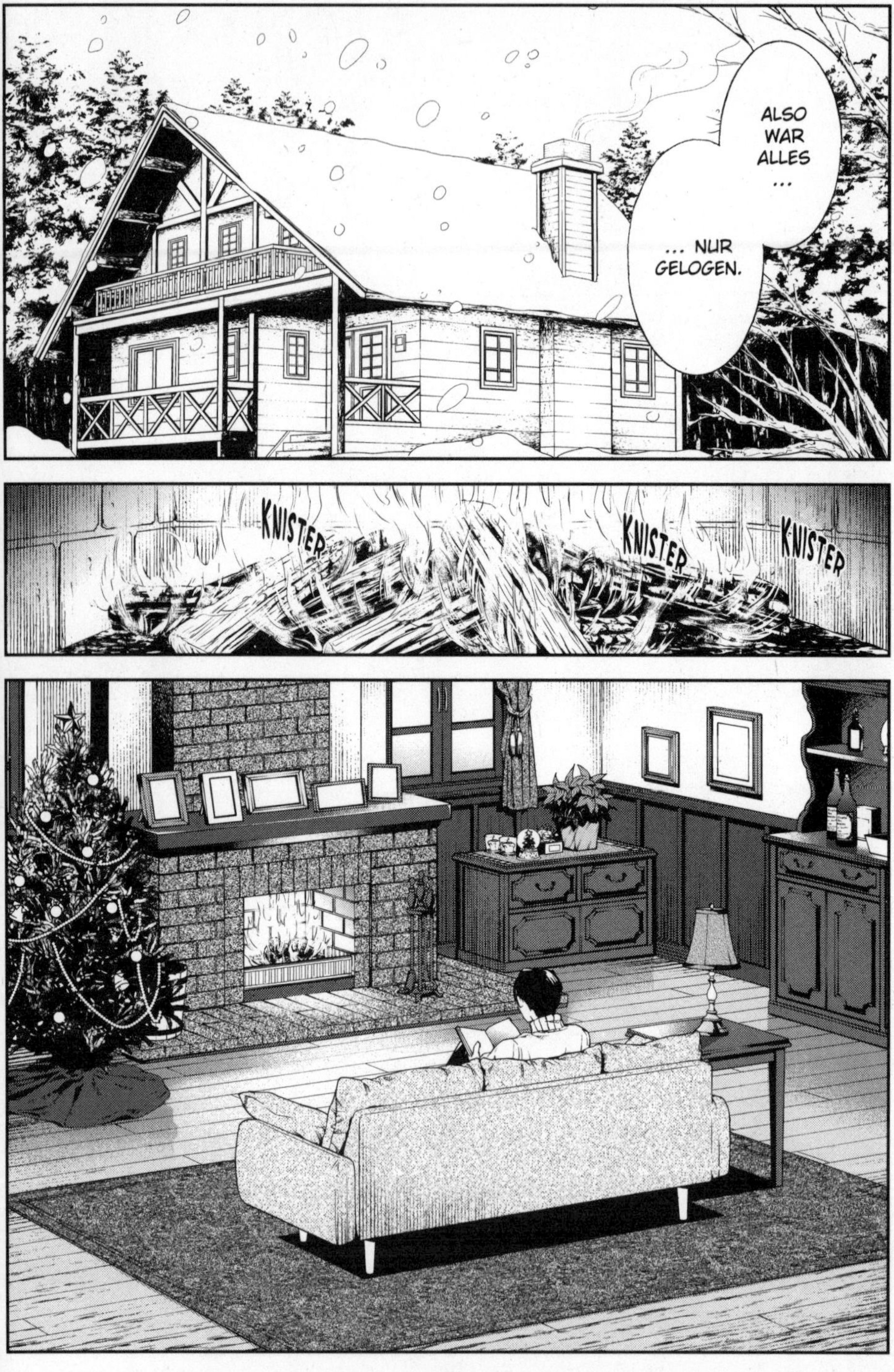
ALSO WAR ALLES ...
... NUR GELOGEN.
KNISTER
KNISTER
KNISTER

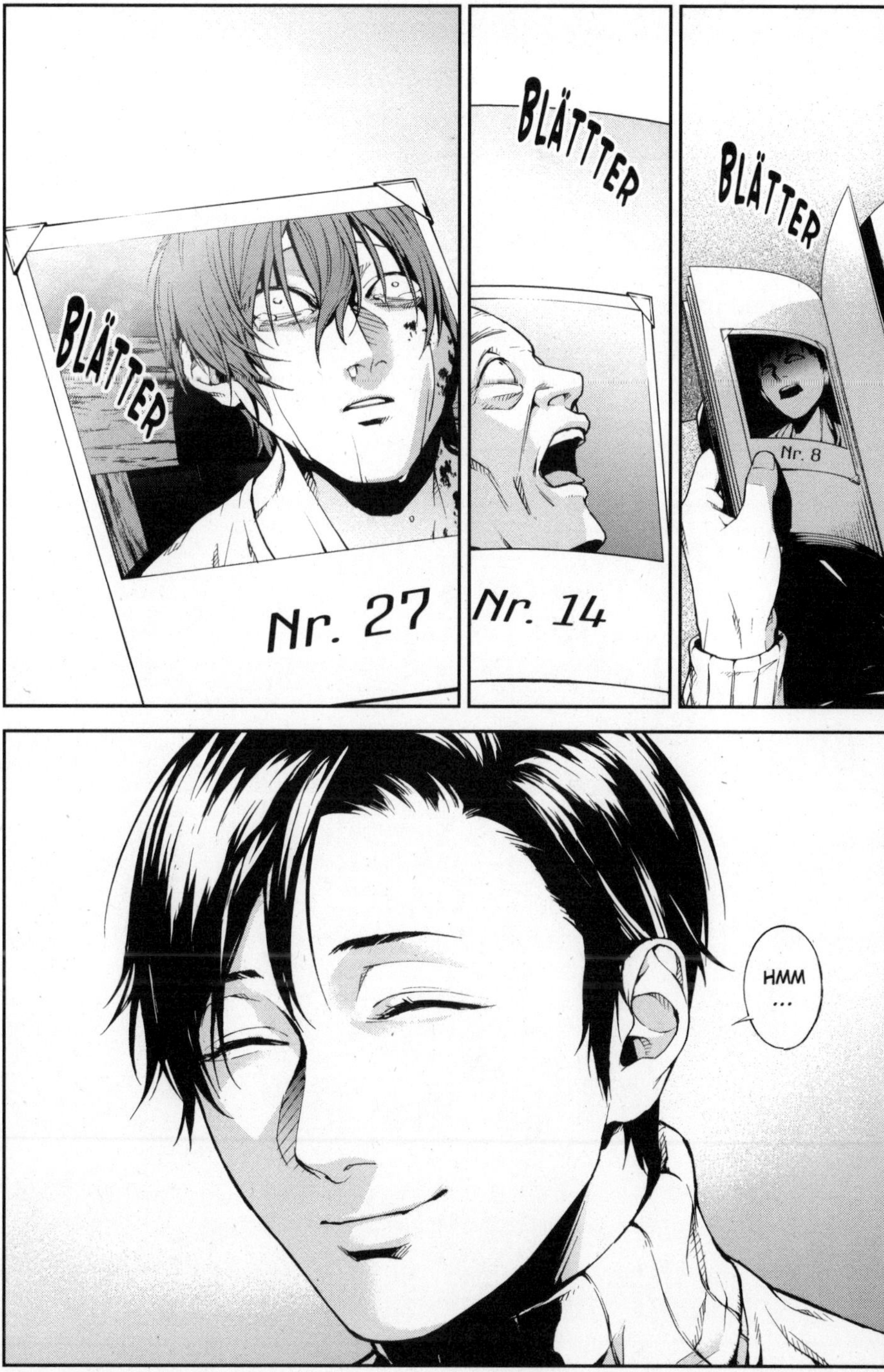
BLÄTTER
Nr. 8
BLÄTTTER
Nr. 14
BLÄTTER
Nr. 27
HMM
...

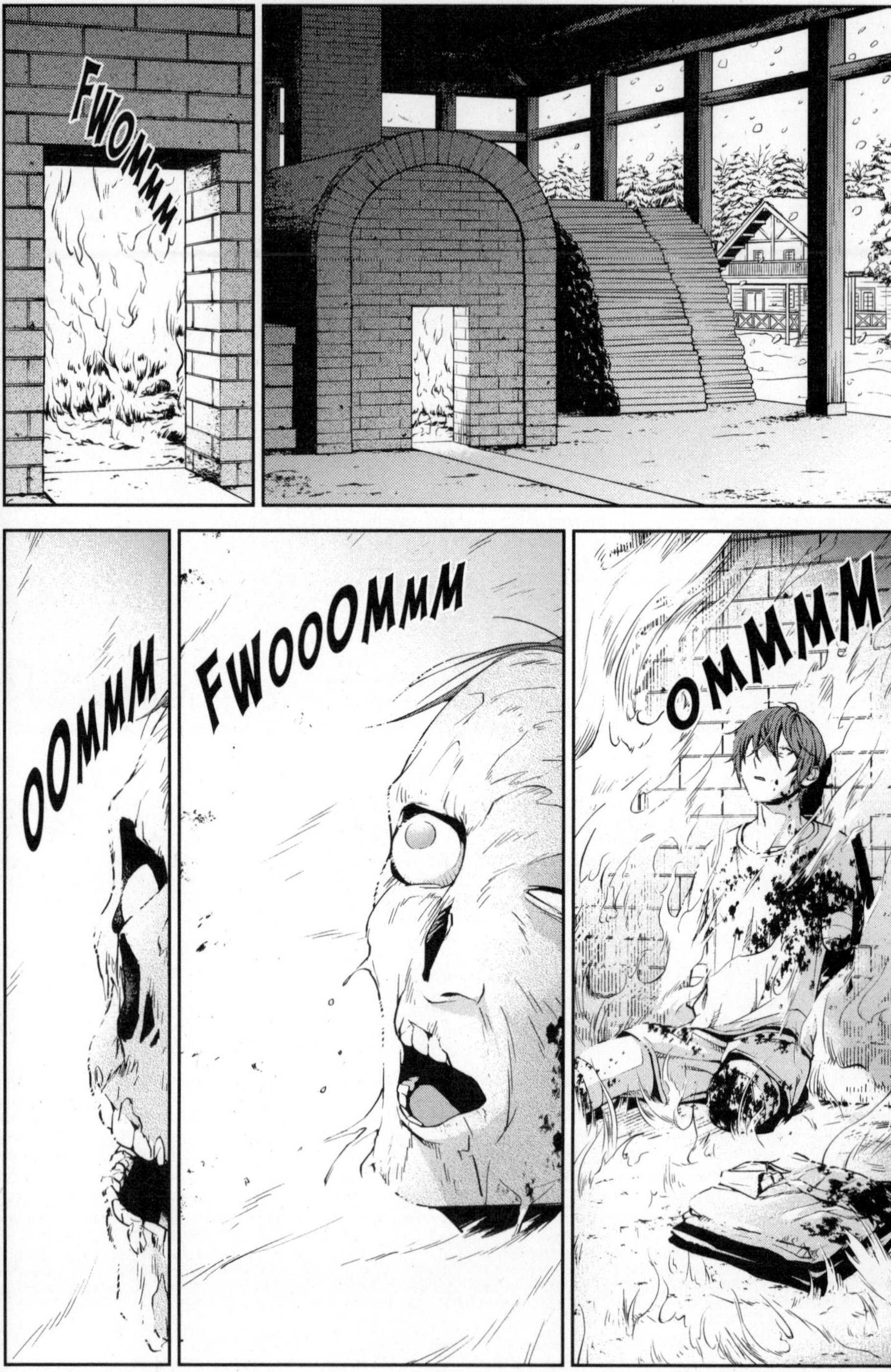
FWOMMM
OMMMM
FWOOOMMM
OOMMM

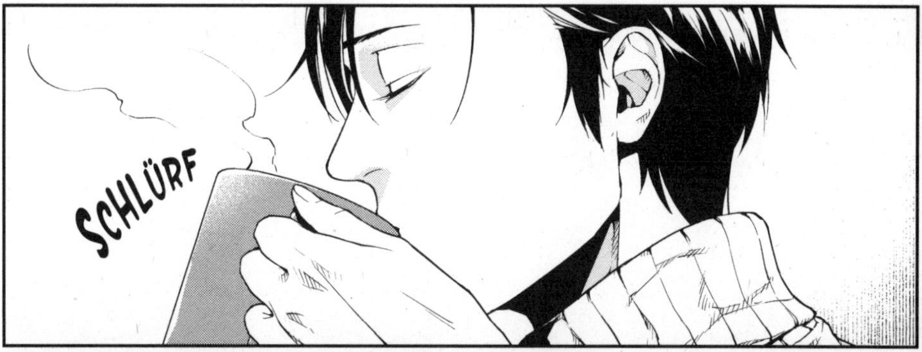
SCHLÜRF

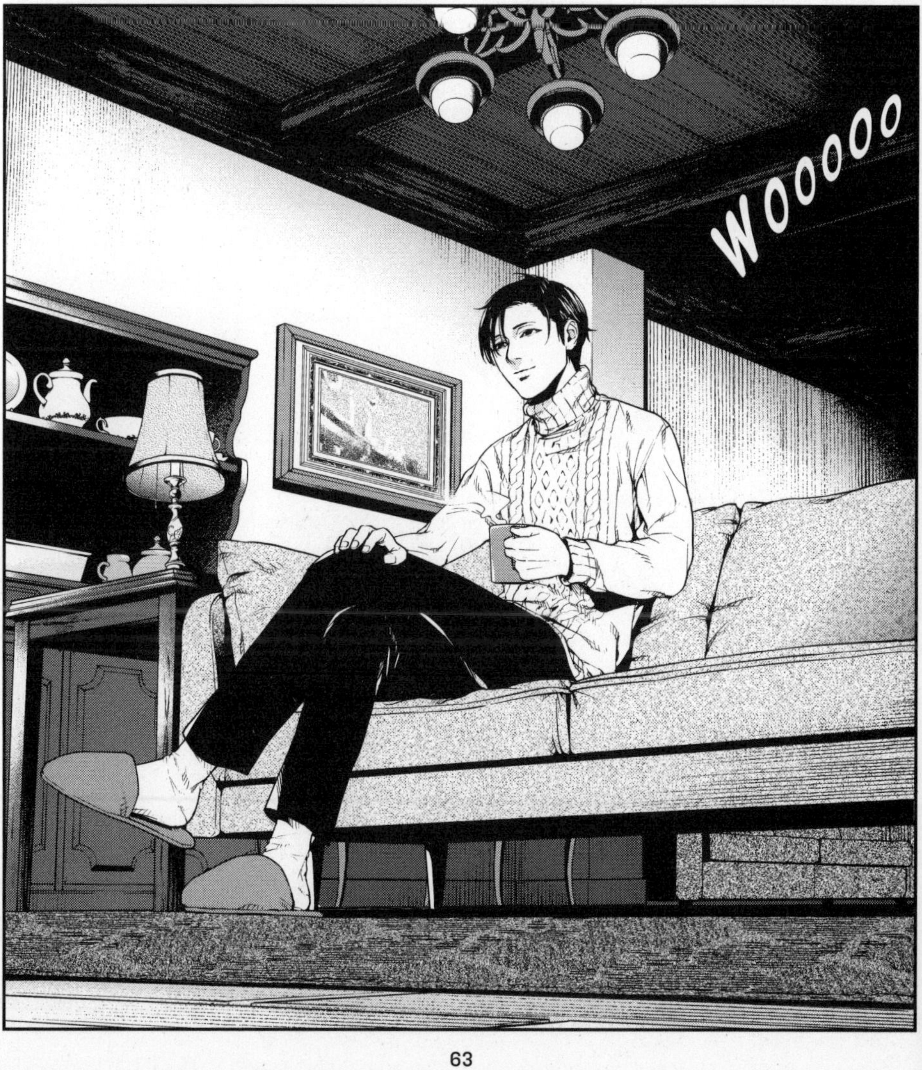
WOOOOO

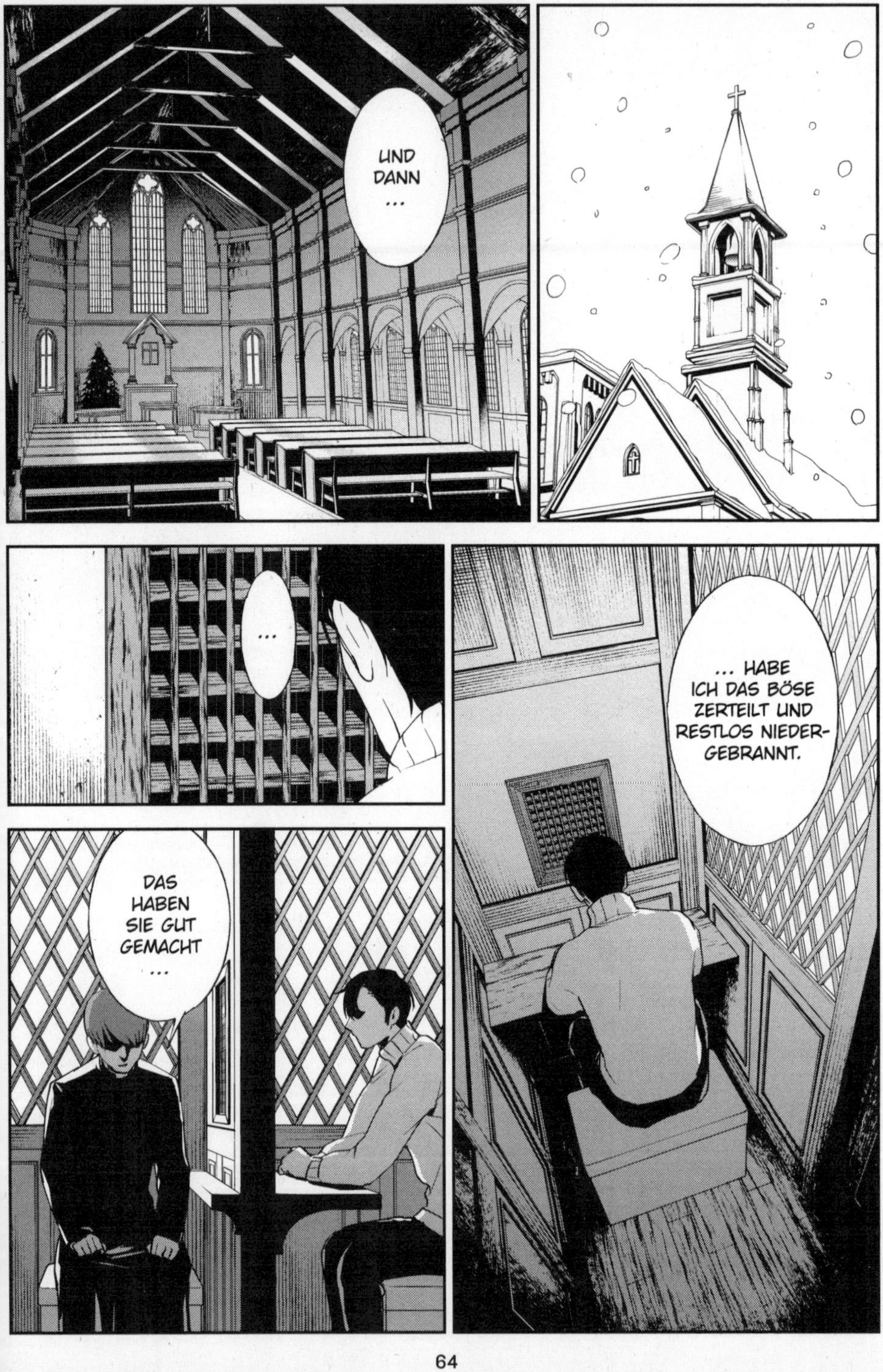
UND DANN ...
... HABE ICH DAS BÖSE ZERTEILT UND RESTLOS NIEDER-GEBRANNT.
...
DAS HABEN SIE GUT GEMACHT ...

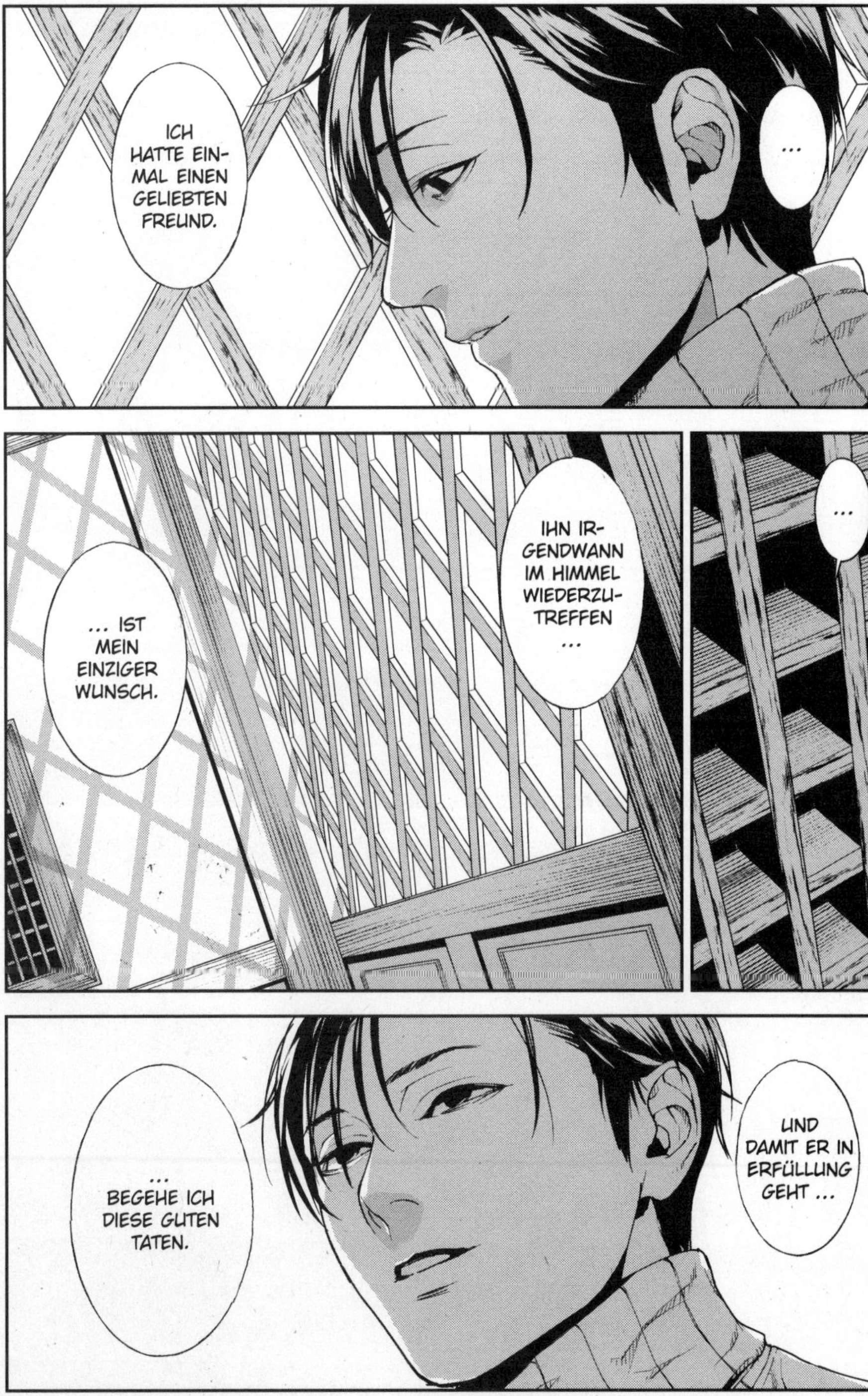
...
ICH HATTE EIN-MAL EINEN GELIEBTEN FREUND.
...
IHN IR-GENDWANN IM HIMMEL WIEDERZU-TREFFEN ...
... IST MEIN EINZIGER WUNSCH.
UND DAMIT ER IN ERFÜLLUNG GEHT ...
... BEGEHE ICH DIESE GUTEN TATEN.

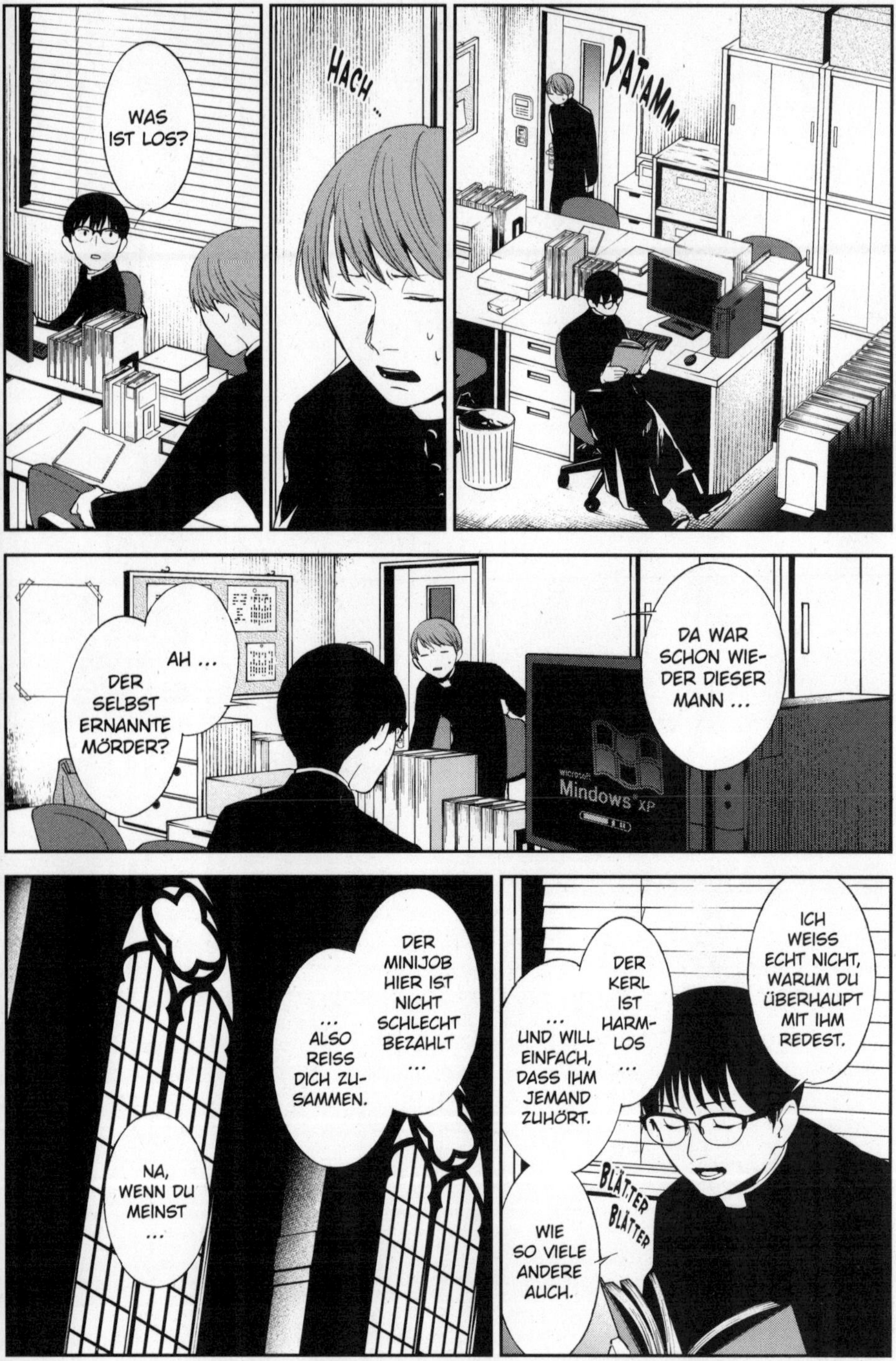
DATAMM
HACH ...
WAS IST LOS?
DA WAR SCHON WIEDER DIESER MANN ...
AH ... DER SELBST ERNANNTE MÖRDER?
ICH WEISS ECHT NICHT, WARUM DU ÜBERHAUPT MIT IHM REDEST.
DER KERL IST HARMLOS ...
... UND WILL EINFACH, DASS IHM JEMAND ZUHÖRT.
BLÄTTER BLÄTTER
WIE SO VIELE ANDERE AUCH.
DER MINIJOB HIER IST NICHT SCHLECHT BEZAHLT ...
... ALSO REISS DICH ZUSAMMEN.
NA, WENN DU MEINST ...

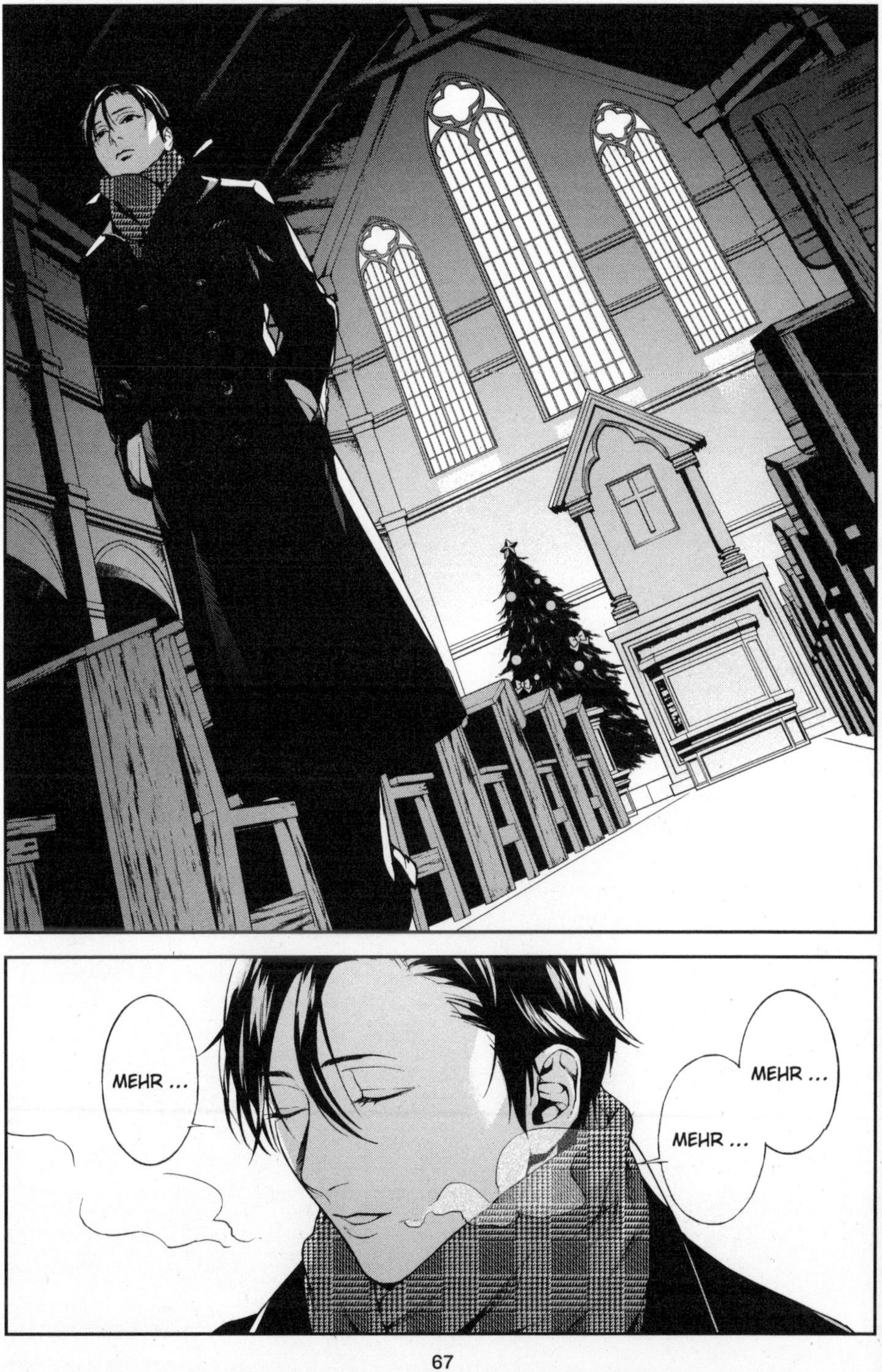
MEHR …
MEHR …
MEHR …

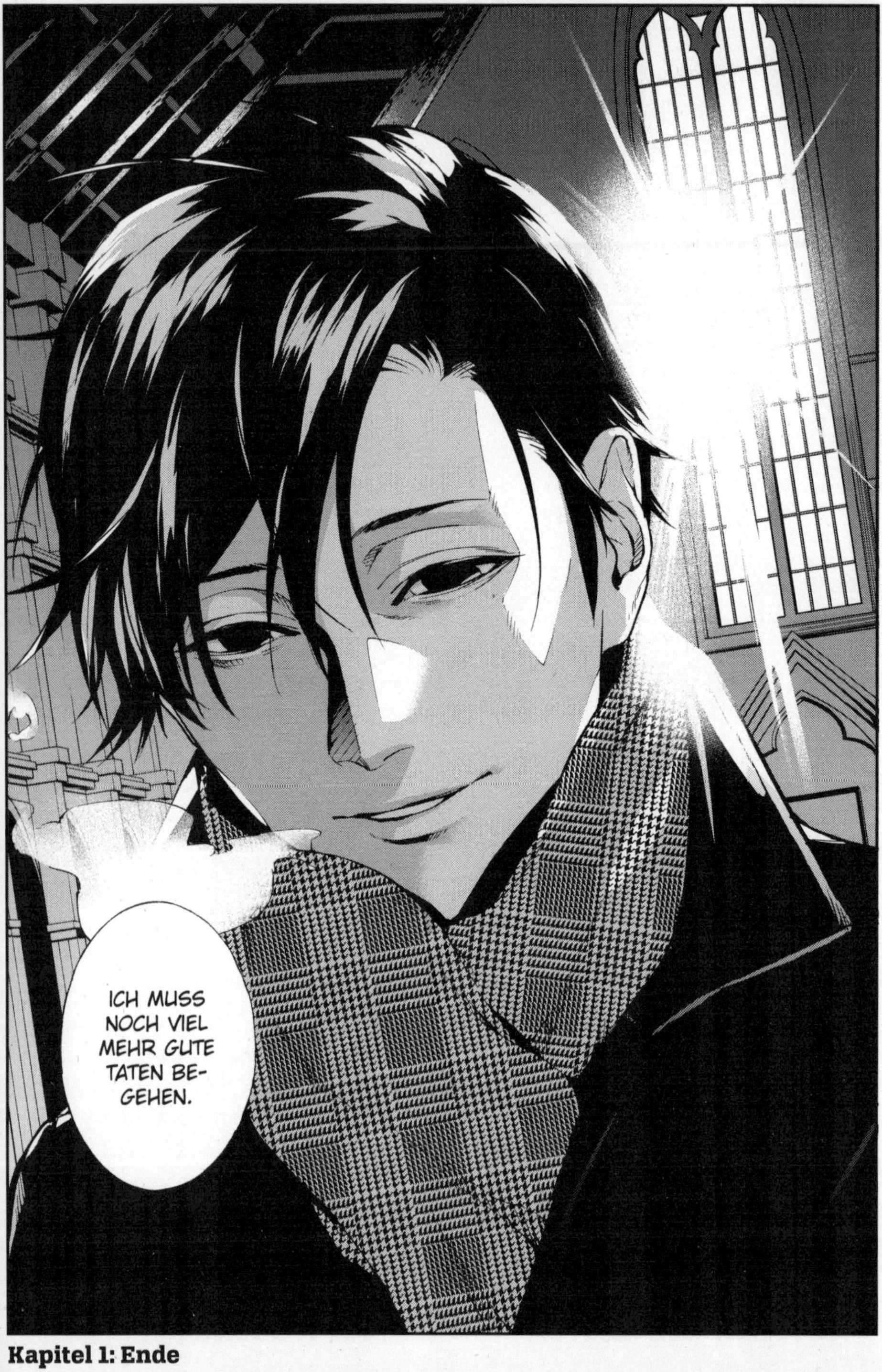

Kapitel 1: Ende

B R U T A L

BRUTAL

Bekenntnisse eines Mordermittlers

Die Kapitel 2 bis 4 enthalten Szenen sexualisierter Gewalt, die verstörend und retraumatisierend wirken können. Informationen und Hilfsangebote findest du unter www.nina-info.de oder unter www.weisser-ring.de.

Kapitel 2: Erzwungenes Einvernehmen

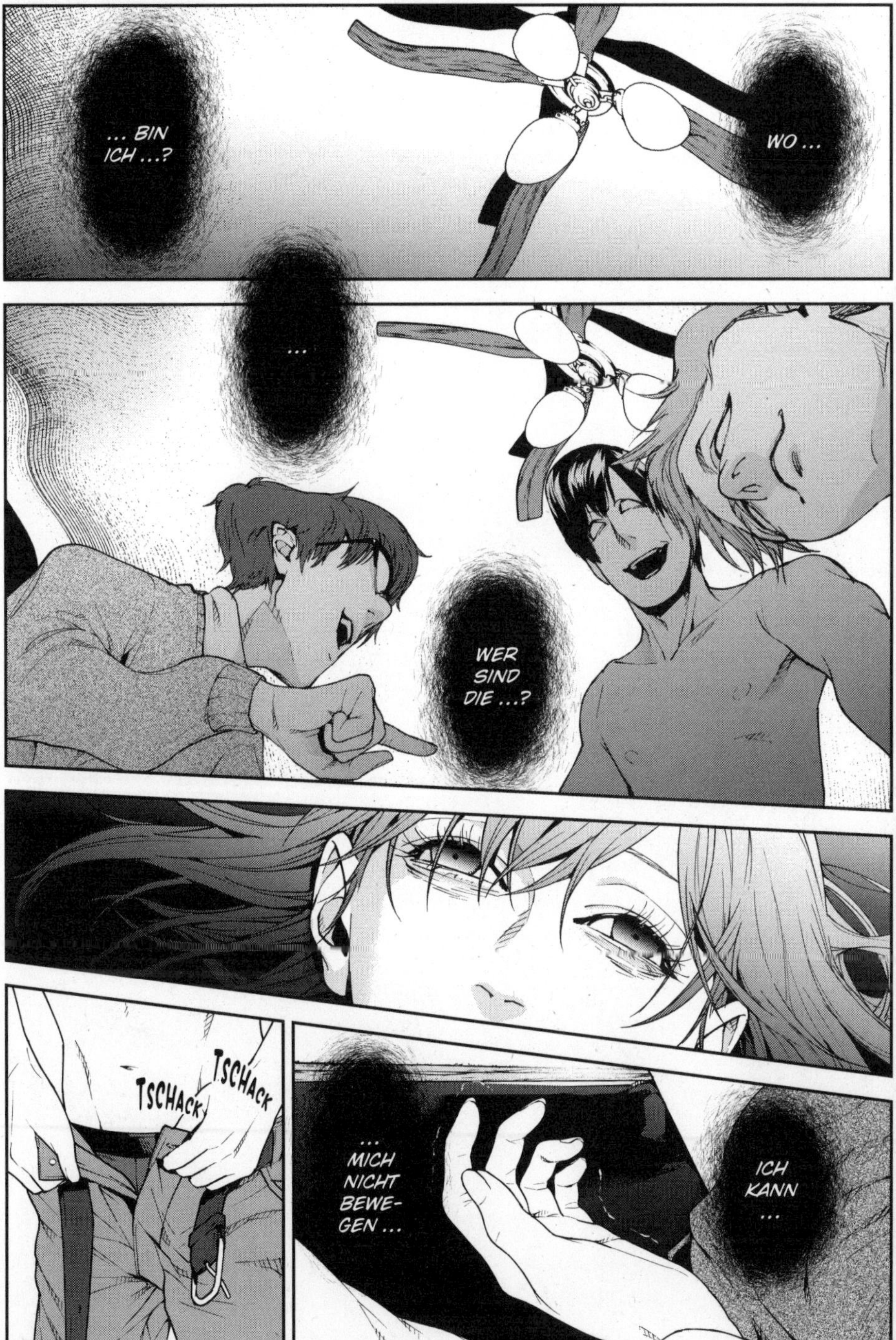

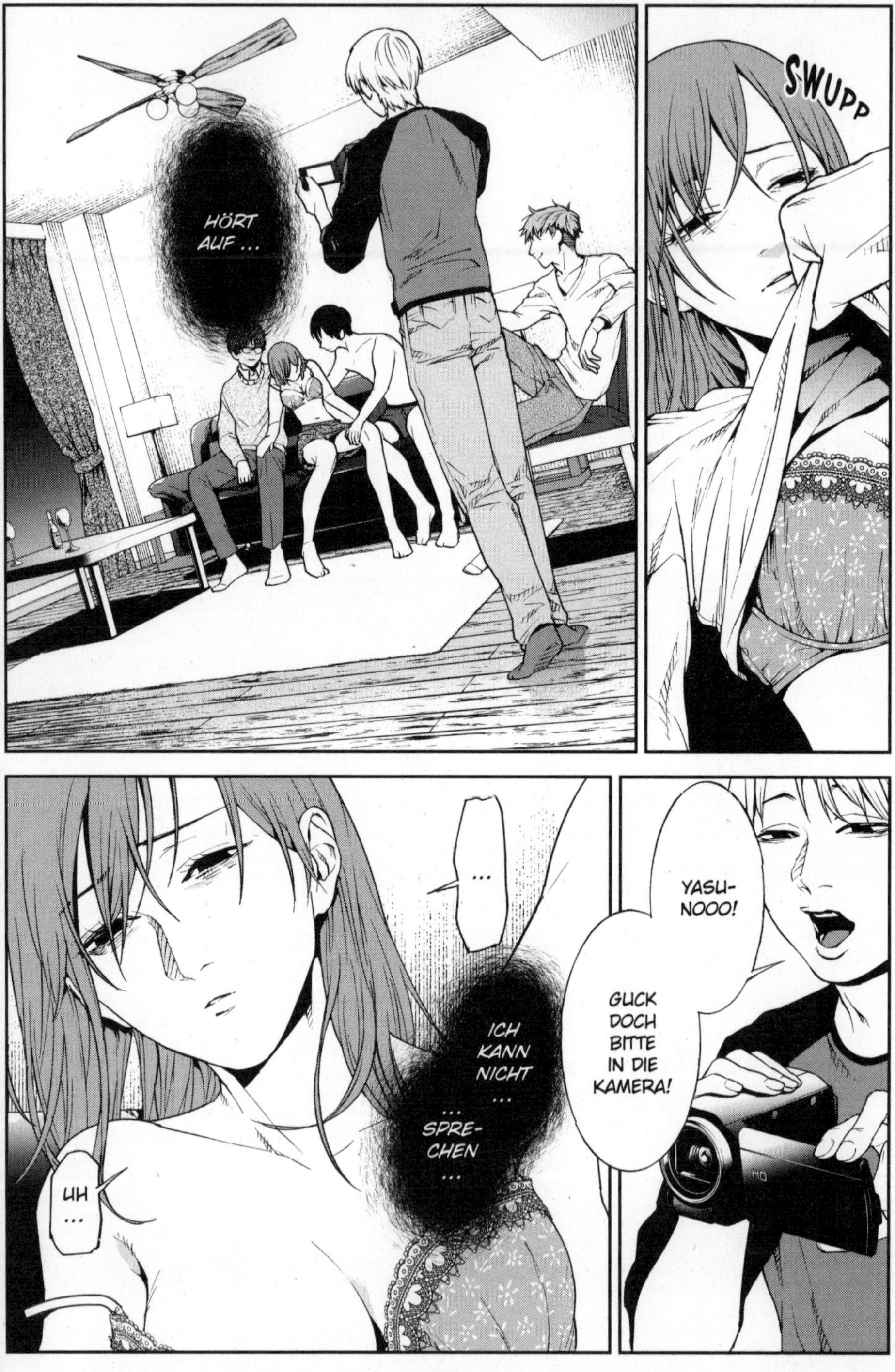
SWUPP
HÖRT AUF ...
YASU- NOOO!
GUCK DOCH BITTE IN DIE KAMERA!
...
ICH KANN NICHT ... ... SPRE- CHEN ...
UH ...

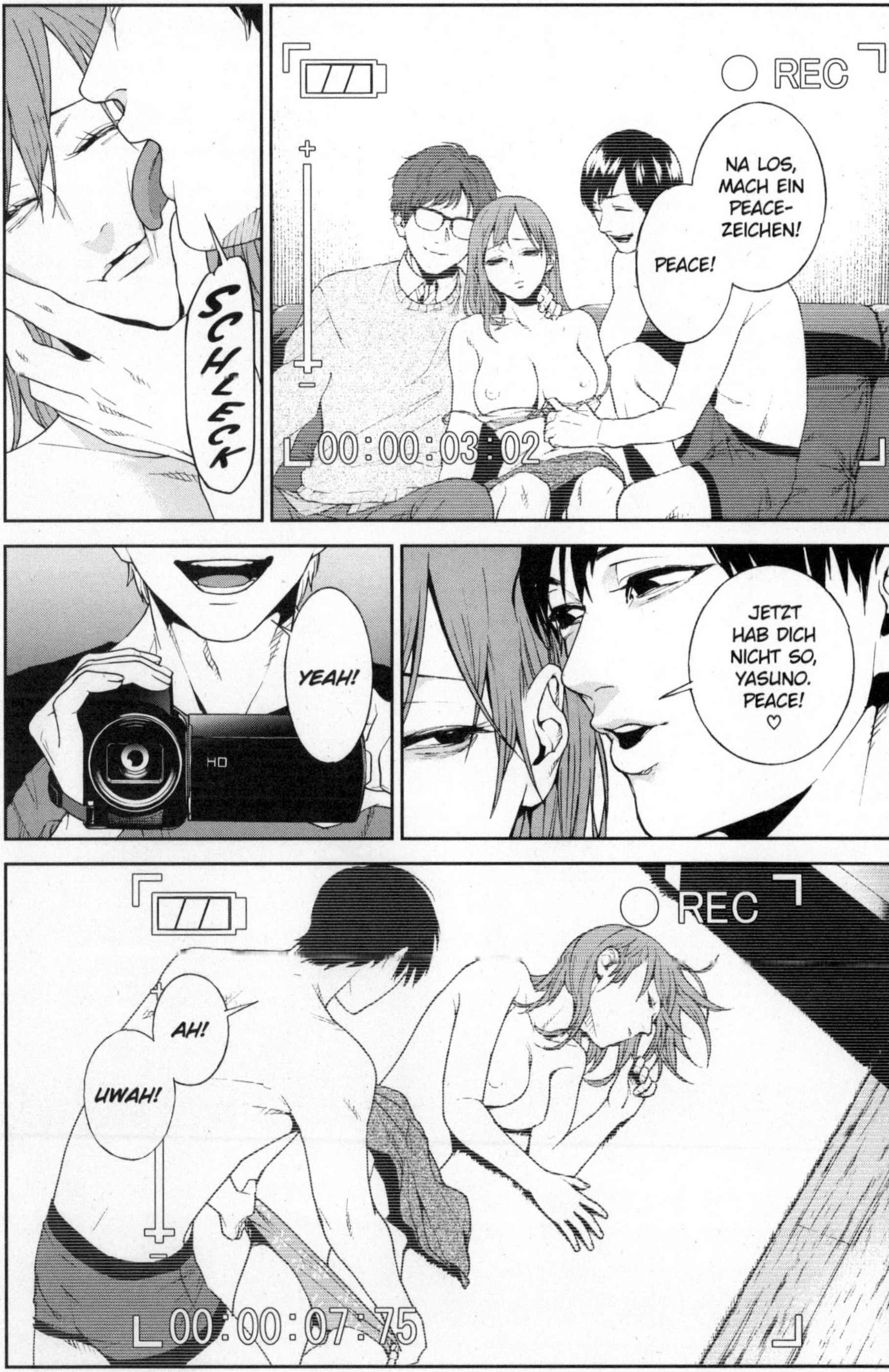
REC
NA LOS, MACH EIN PEACE-ZEICHEN!
PEACE!
00:00:03:02
SCHLECK
JETZT HAB DICH NICHT SO, YASUNO. PEACE! ♡
YEAH!
HD
REC
AH!
UWAH!
00:00:07:75

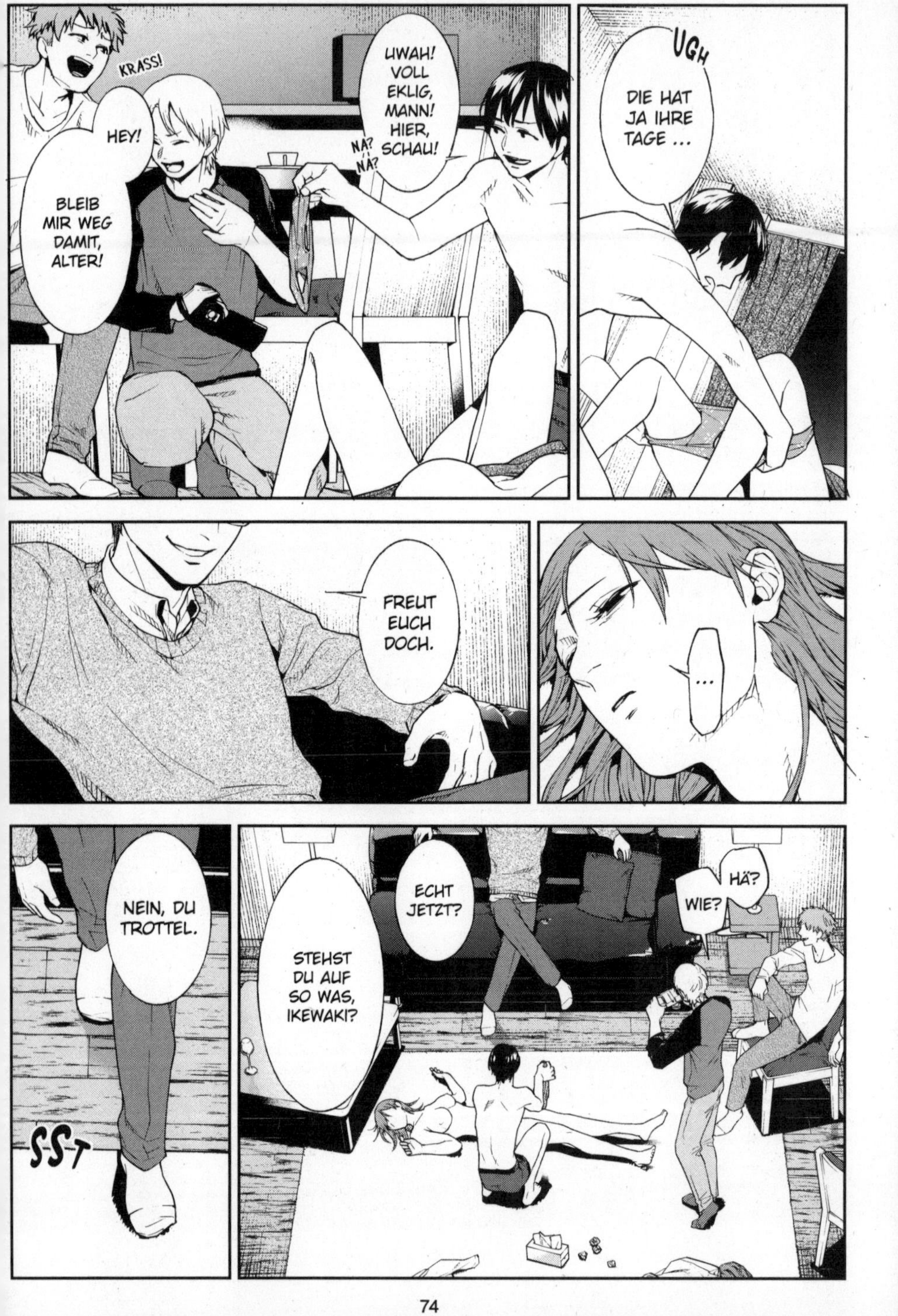
UGH
DIE HAT JA IHRE TAGE …
UWAH! VOLL EKLIG, MANN! HIER, SCHAU!
NA? NA?
HEY!
BLEIB MIR WEG DAMIT, ALTER!
KRASS!
…
FREUT EUCH DOCH.
HÄ?
WIE?
ECHT JETZT?
STEHST DU AUF SO WAS, IKEWAKI?
NEIN, DU TROTTEL.
S-S-T

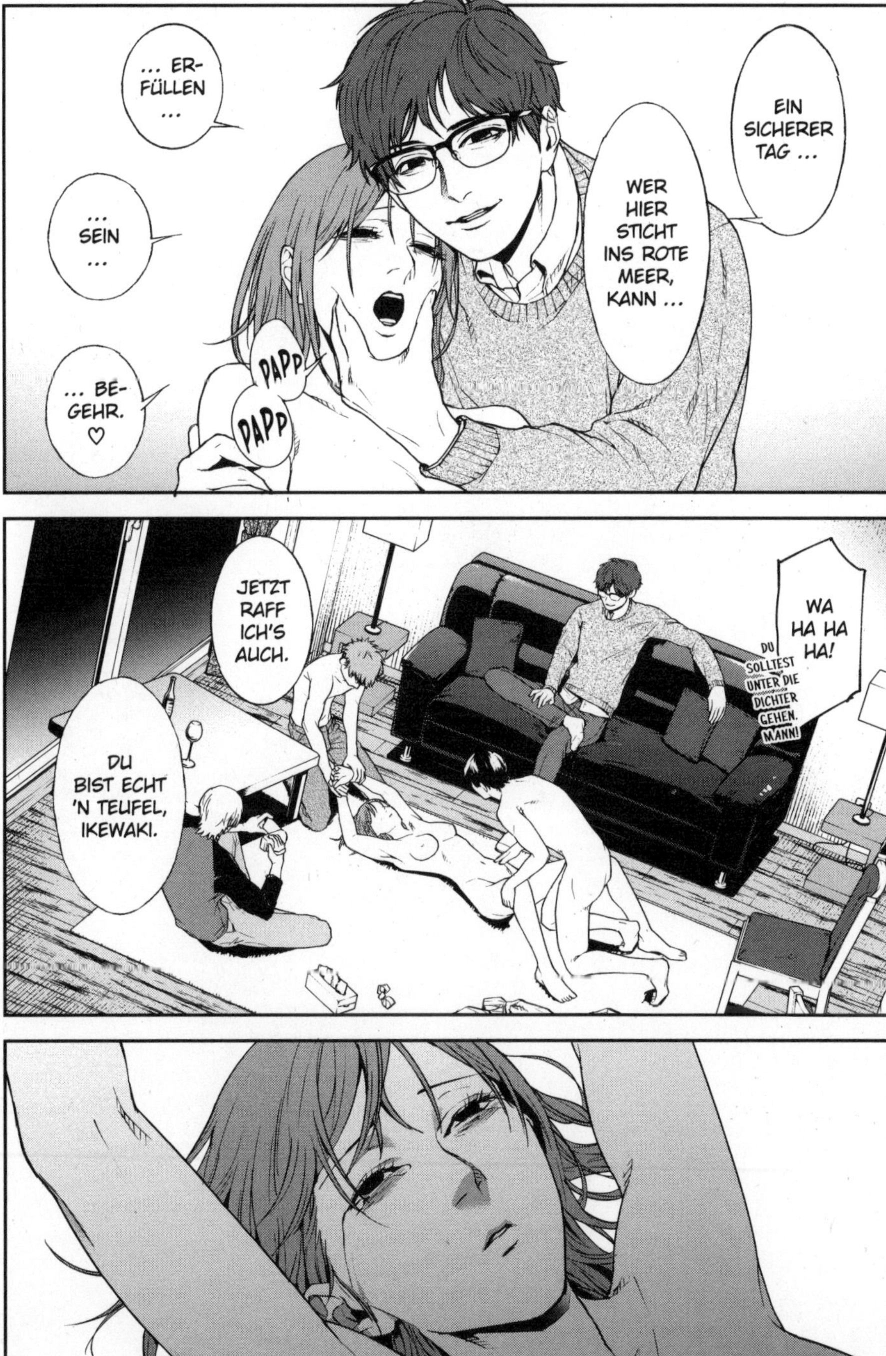
EIN SICHERER TAG …
WER HIER STICHT INS ROTE MEER, KANN …
… ER-FÜLLEN …
… SEIN …
PAPP
PAPP
… BE-GEHR. ♡
WA HA HA HA!
DU SOLLTEST UNTER DIE DICHTER GEHEN, MANN!
JETZT RAFF ICH'S AUCH.
DU BIST ECHT 'N TEUFEL, IKEWAKI.

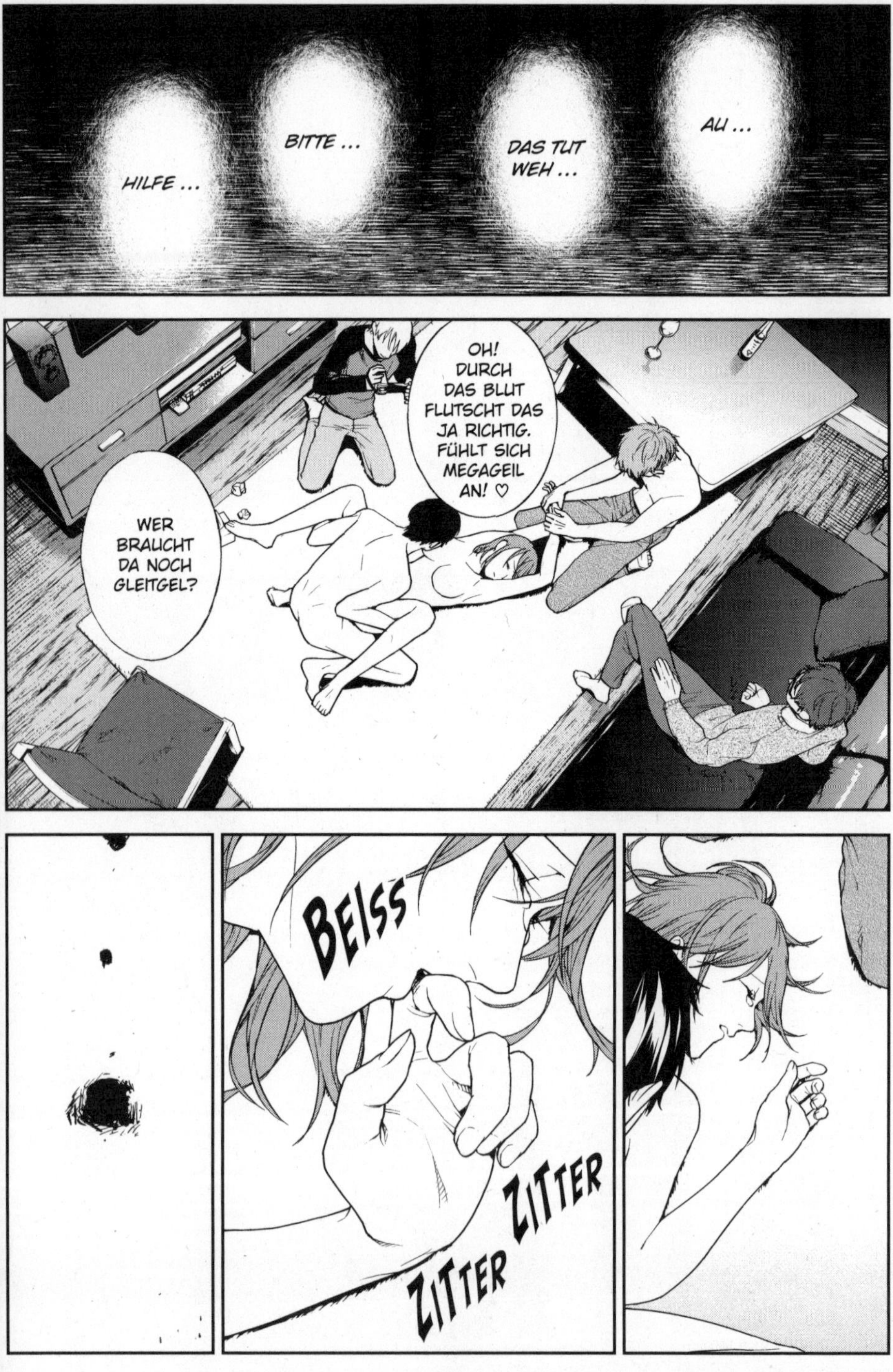
AU …
DAS TUT WEH …
BITTE …
HILFE …
OH! DURCH DAS BLUT FLUTSCHT DAS JA RICHTIG. FÜHLT SICH MEGAGEIL AN! ♡
WER BRAUCHT DA NOCH GLEITGEL?
BEISS
ZITTER ZITTER

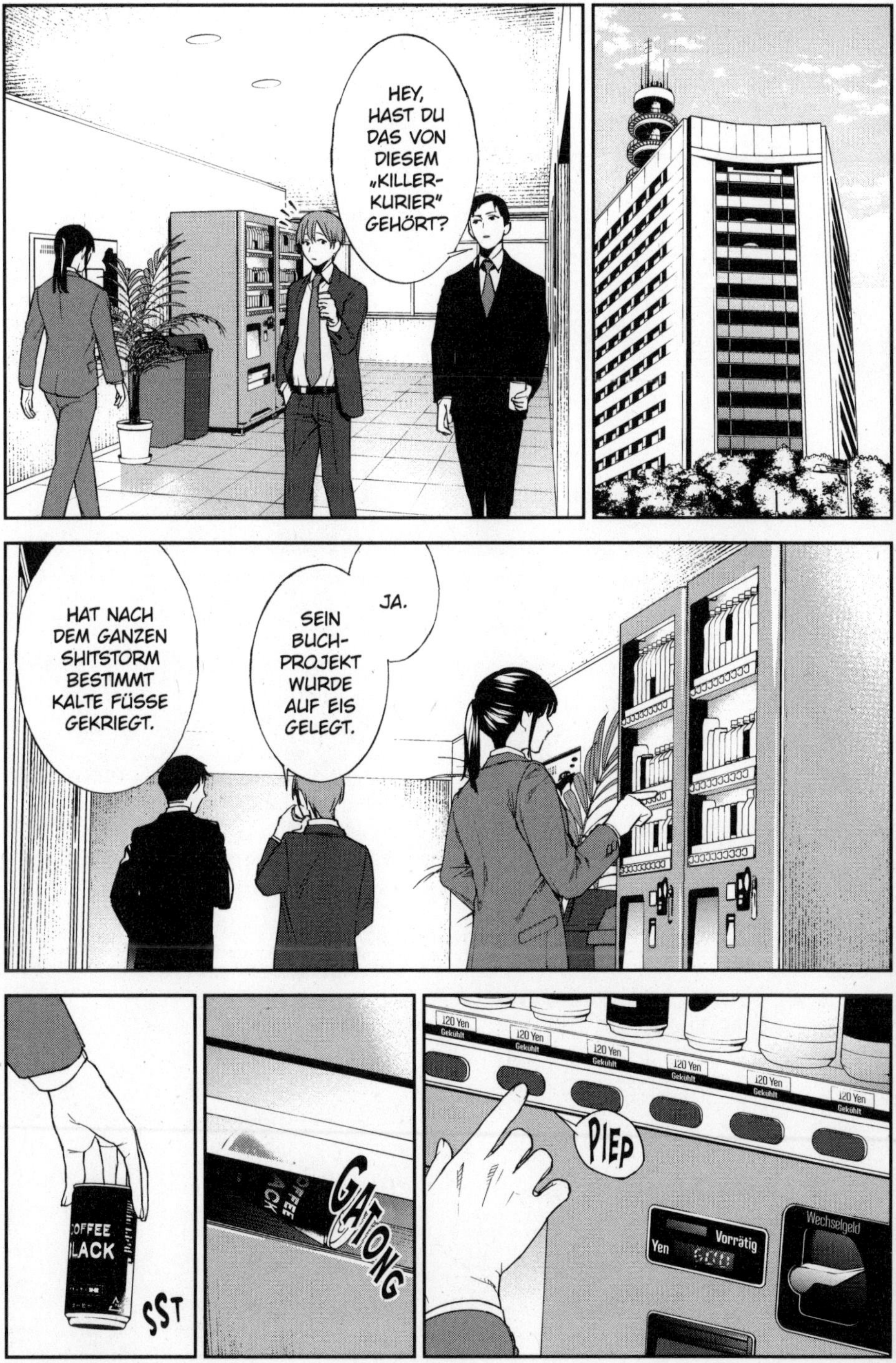
HEY, HAST DU DAS VON DIESEM „KILLER-KURIER" GEHÖRT?
JA.
SEIN BUCH-PROJEKT WURDE AUF EIS GELEGT.
HAT NACH DEM GANZEN SHITSTORM BESTIMMT KALTE FÜSSE GEKRIEGT.
120 Yen Gekühlt
Wechselgeld
Vorrätig
Yen
PIEP
COFFEE
GATONG
COFFEE
SST

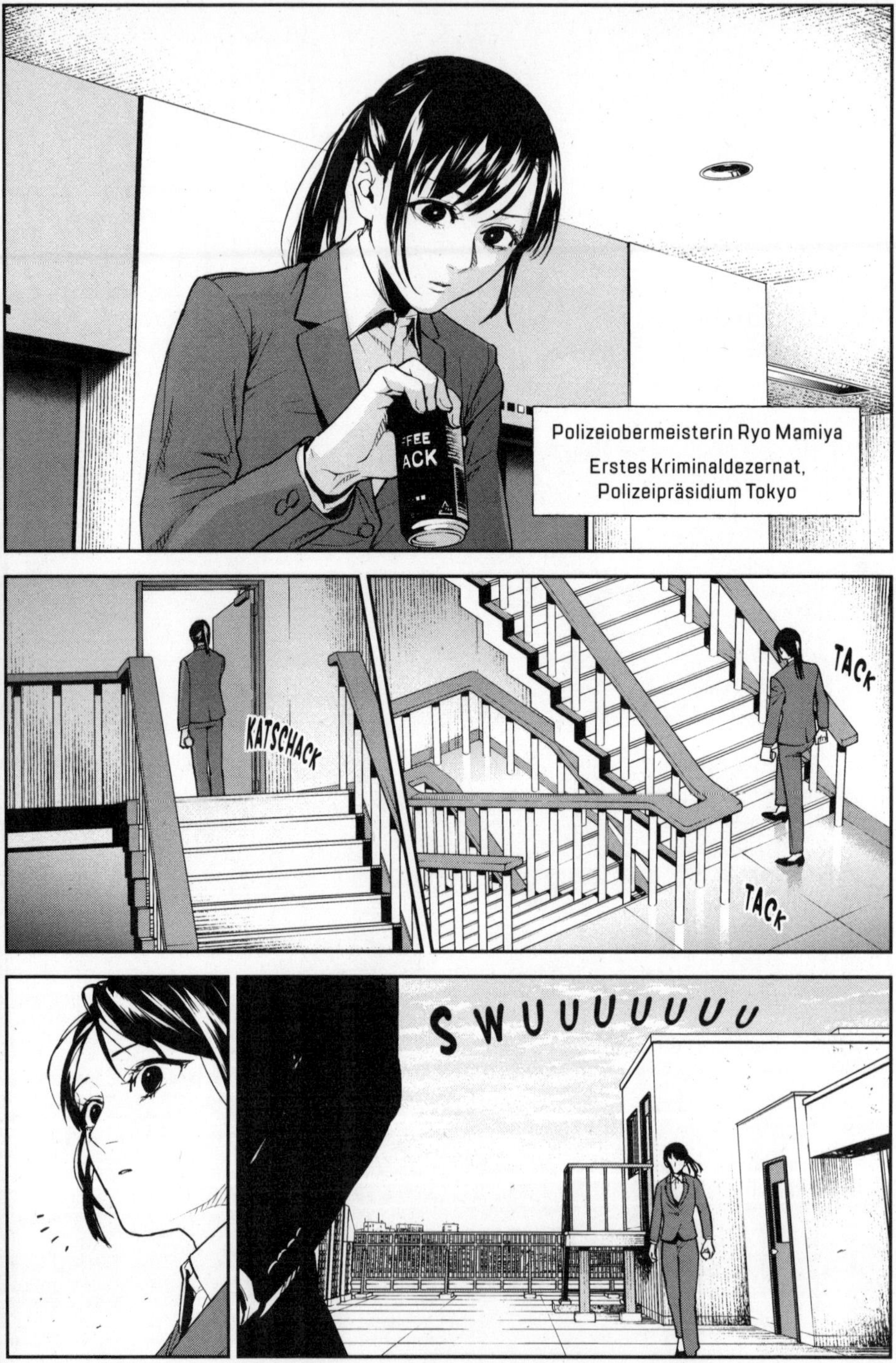
FFEE
ACK
Polizeiobermeisterin Ryo Mamiya
Erstes Kriminaldezernat, Polizeipräsidium Tokyo
TACK
TACK
KATSCHACK
SWUUUUUUU
...

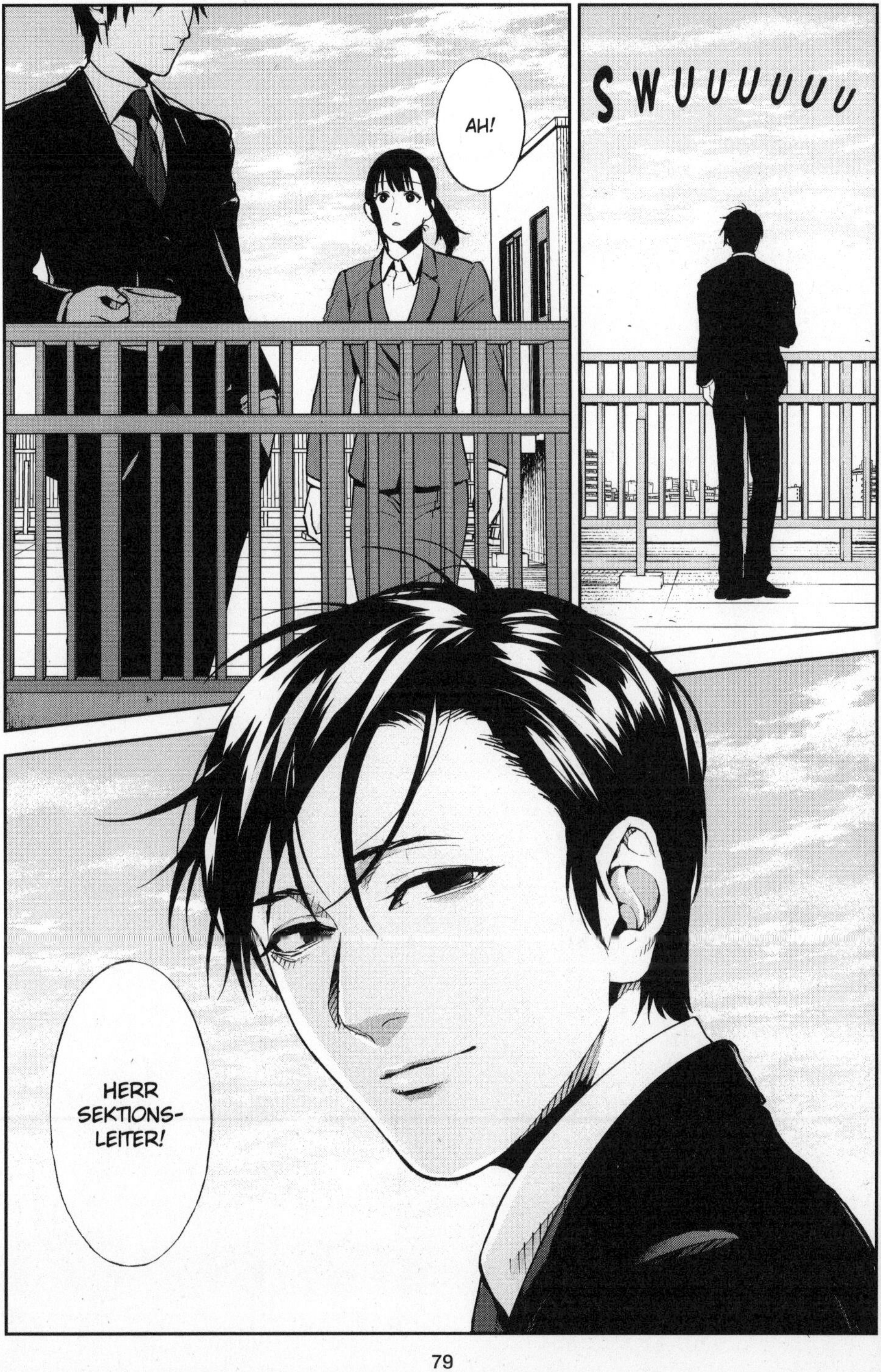
SWUUUUUU
AH!
HERR SEKTIONS-LEITER!

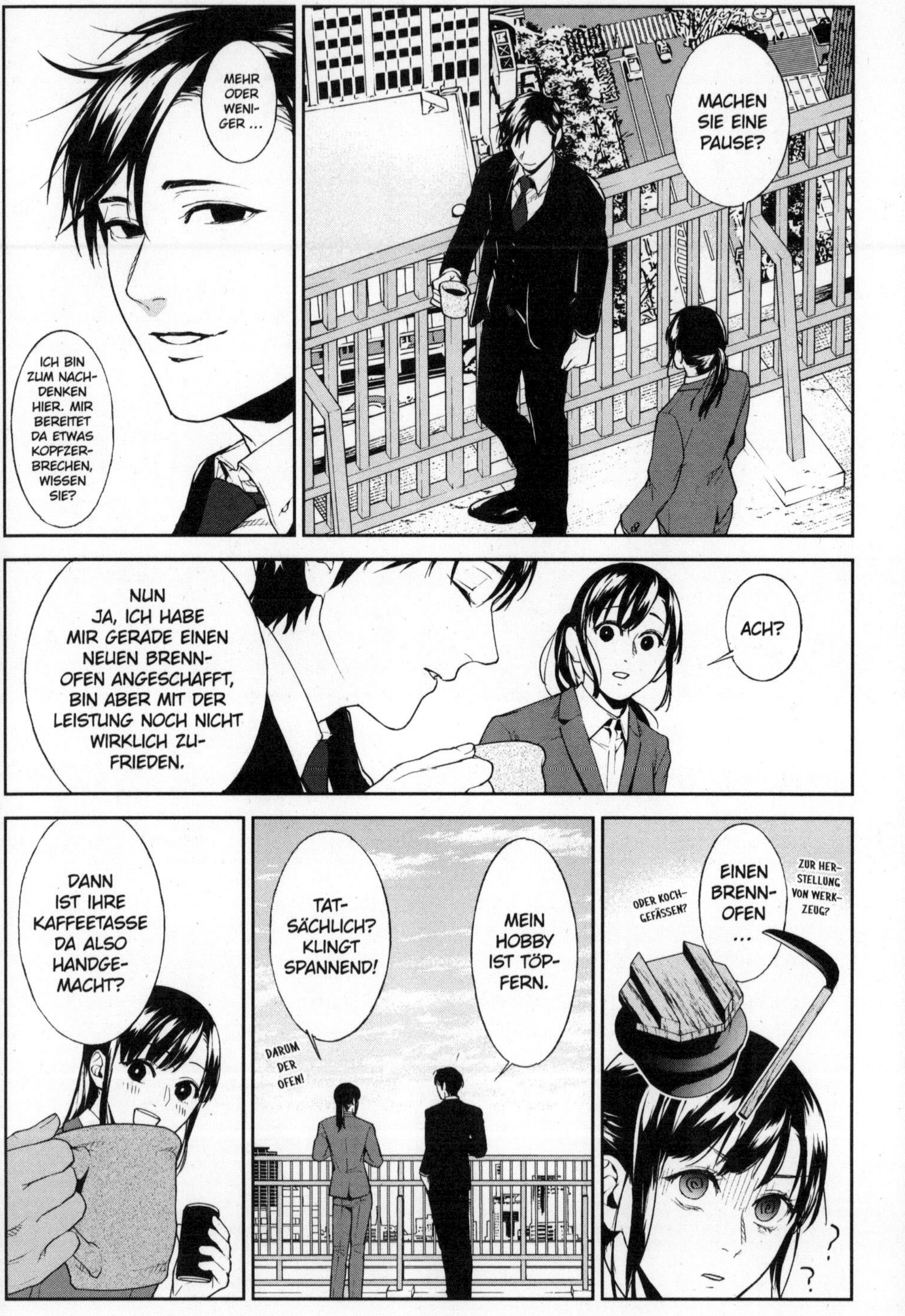
MACHEN SIE EINE PAUSE?
MEHR ODER WENIGER ...
ICH BIN ZUM NACHDENKEN HIER. MIR BEREITET DA ETWAS KOPFZERBRECHEN, WISSEN SIE?
ACH?
NUN JA, ICH HABE MIR GERADE EINEN NEUEN BRENNOFEN ANGESCHAFFT, BIN ABER MIT DER LEISTUNG NOCH NICHT WIRKLICH ZUFRIEDEN.
EINEN BRENNOFEN ...
ZUR HERSTELLUNG VON WERKZEUG?
ODER KOCHGEFÄSSEN?
MEIN HOBBY IST TÖPFERN.
TATSÄCHLICH? KLINGT SPANNEND!
DARUM DER OFEN!
DANN IST IHRE KAFFEETASSE DA ALSO HANDGEMACHT?

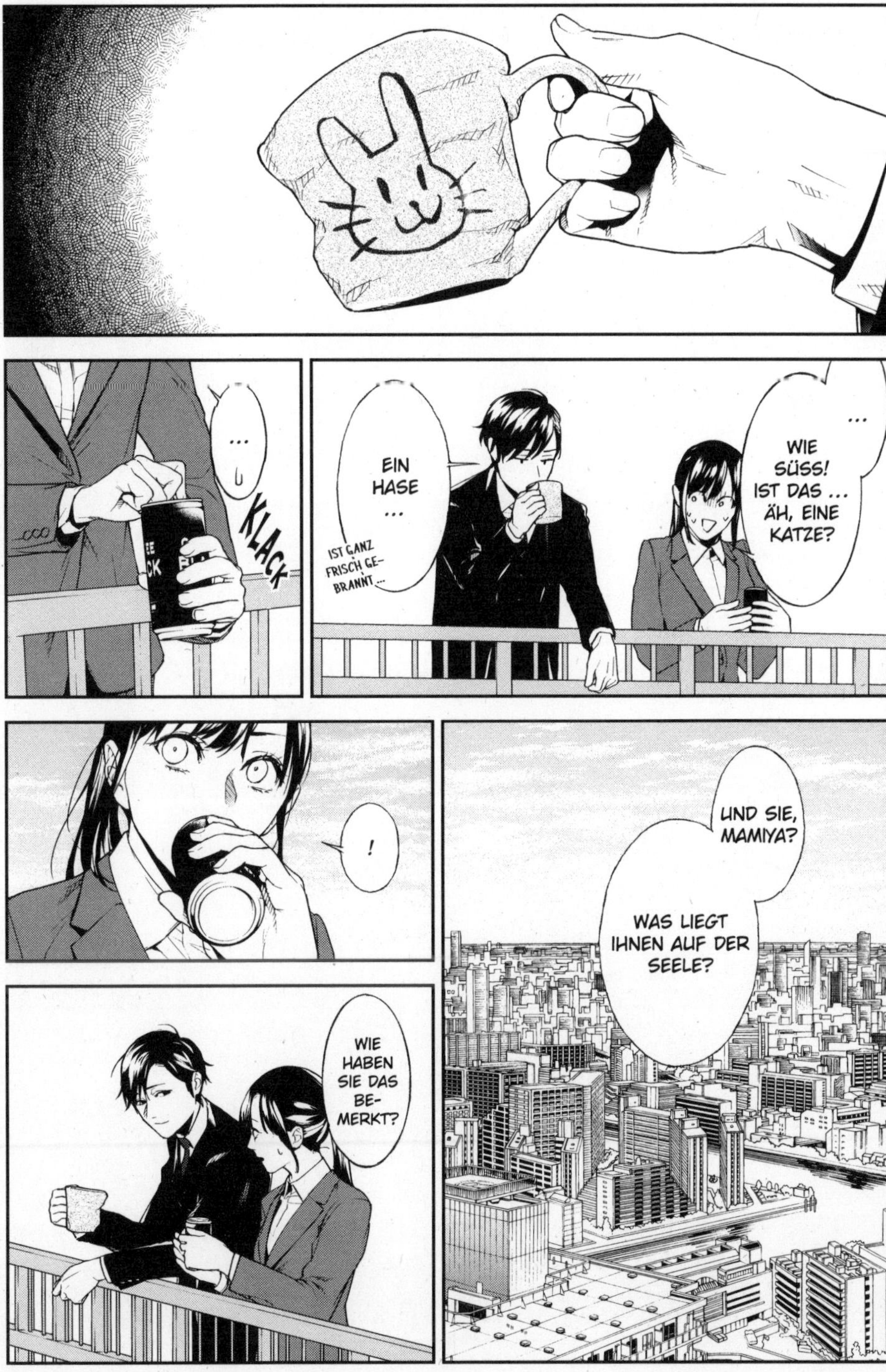
...
WIE SÜSS! IST DAS ... ÄH, EINE KATZE?
EIN HASE ...
IST GANZ FRISCH GE-BRANNT ...
...
KLACK
UND SIE, MAMIYA?
WAS LIEGT IHNEN AUF DER SEELE?
!
WIE HABEN SIE DAS BE-MERKT?

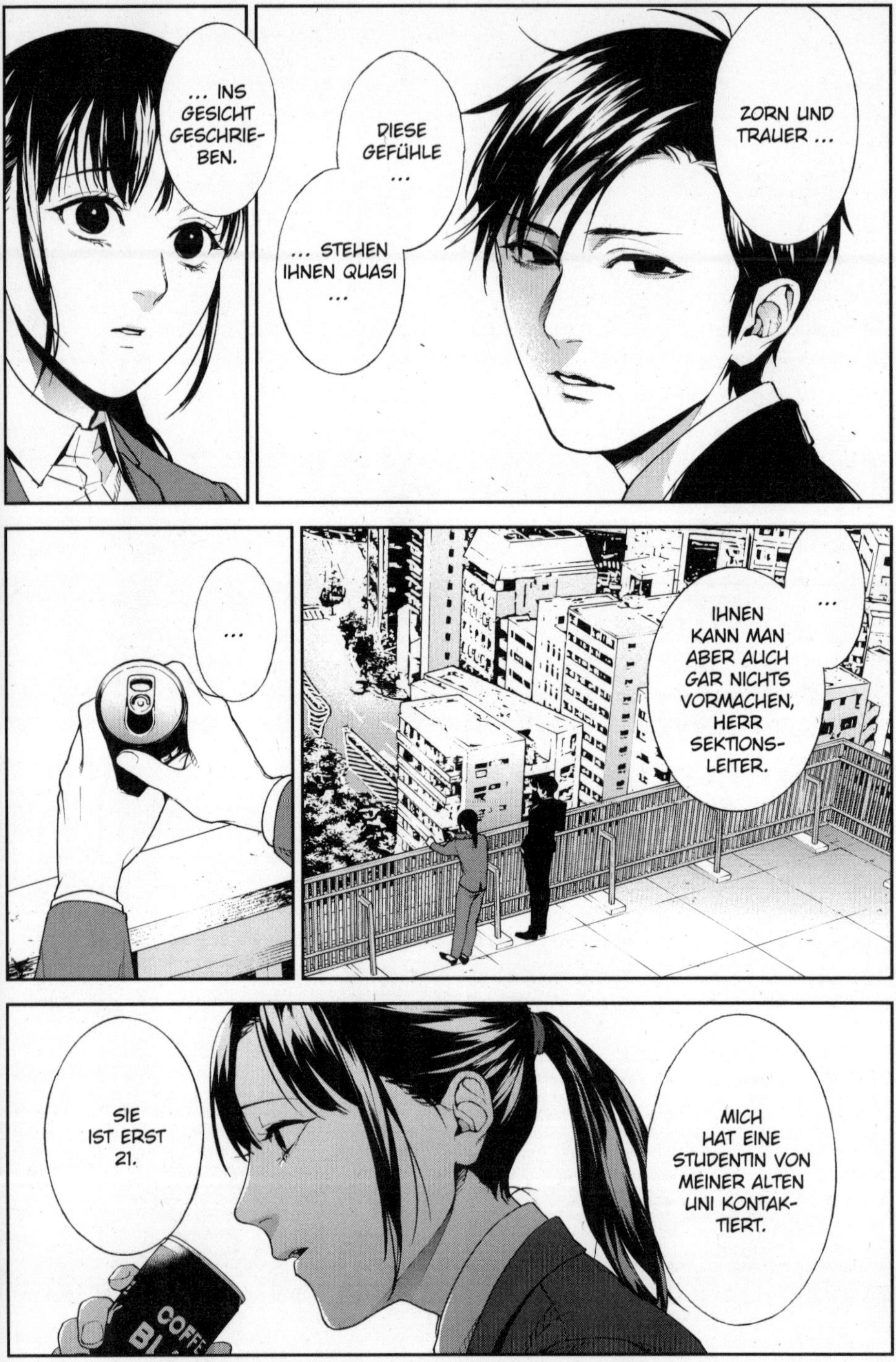
ZORN UND TRAUER ...
DIESE GEFÜHLE ...
... STEHEN IHNEN QUASI ...
... INS GESICHT GESCHRIEBEN.
...
IHNEN KANN MAN ABER AUCH GAR NICHTS VORMACHEN, HERR SEKTIONSLEITER.
...
MICH HAT EINE STUDENTIN VON MEINER ALTEN UNI KONTAKTIERT.
SIE IST ERST 21.

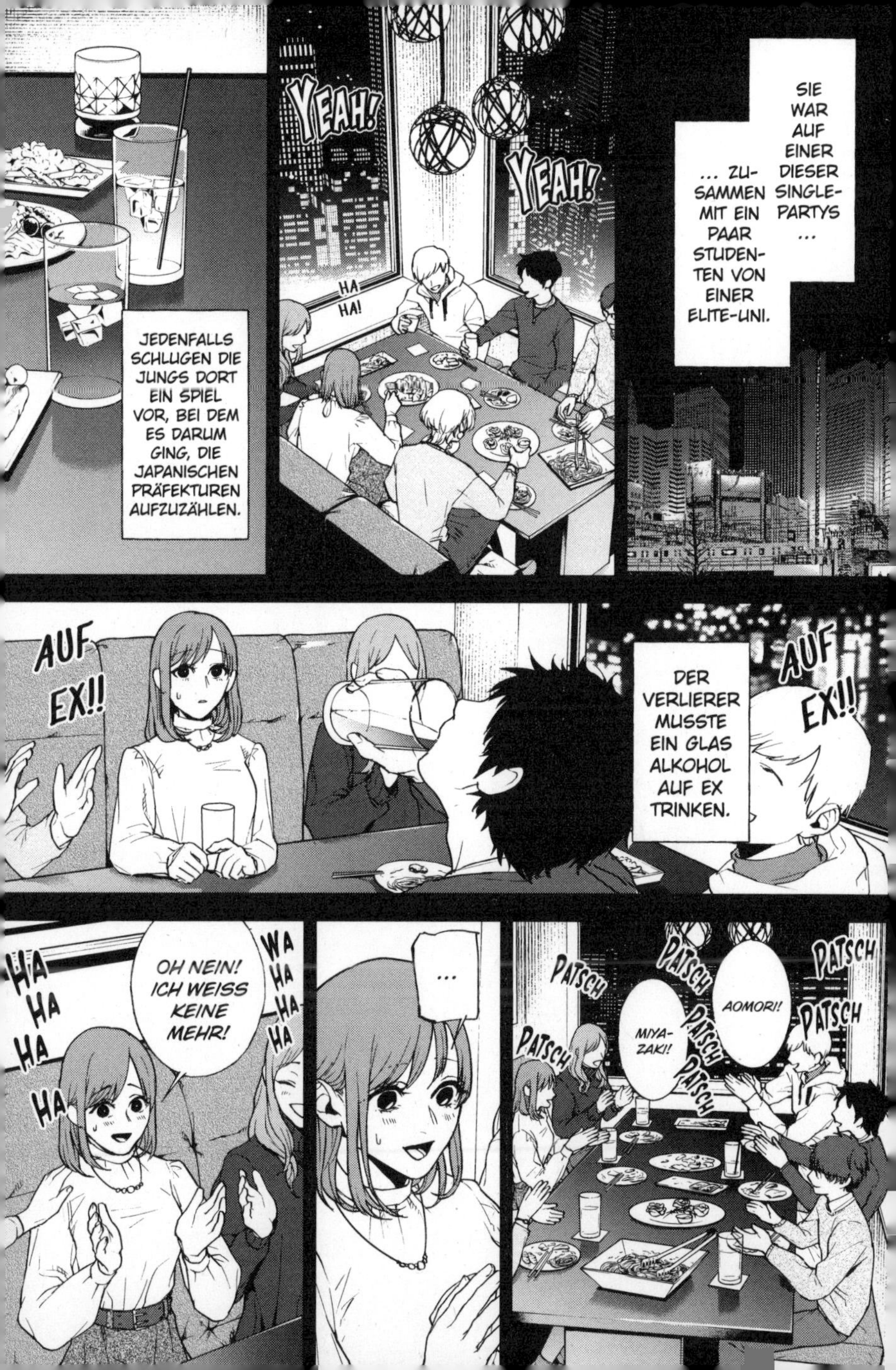

SIE WAR AUF EINER DIESER SINGLE-PARTYS …
… ZUSAMMEN MIT EIN PAAR STUDENTEN VON EINER ELITE-UNI.
YEAH!
YEAH!
HA HA!
JEDENFALLS SCHLUGEN DIE JUNGS DORT EIN SPIEL VOR, BEI DEM ES DARUM GING, DIE JAPANISCHEN PRÄFEKTUREN AUFZUZÄHLEN.
AUF EX!!
DER VERLIERER MUSSTE EIN GLAS ALKOHOL AUF EX TRINKEN.
AUF EX!!
PATSCH
PATSCH
AOMORI!
PATSCH
PATSCH
MIYAZAKI!
PATSCH
PATSCH
PATSCH
…
WA HA HA HA
OH NEIN! ICH WEISS KEINE MEHR!
HA HA HA HA

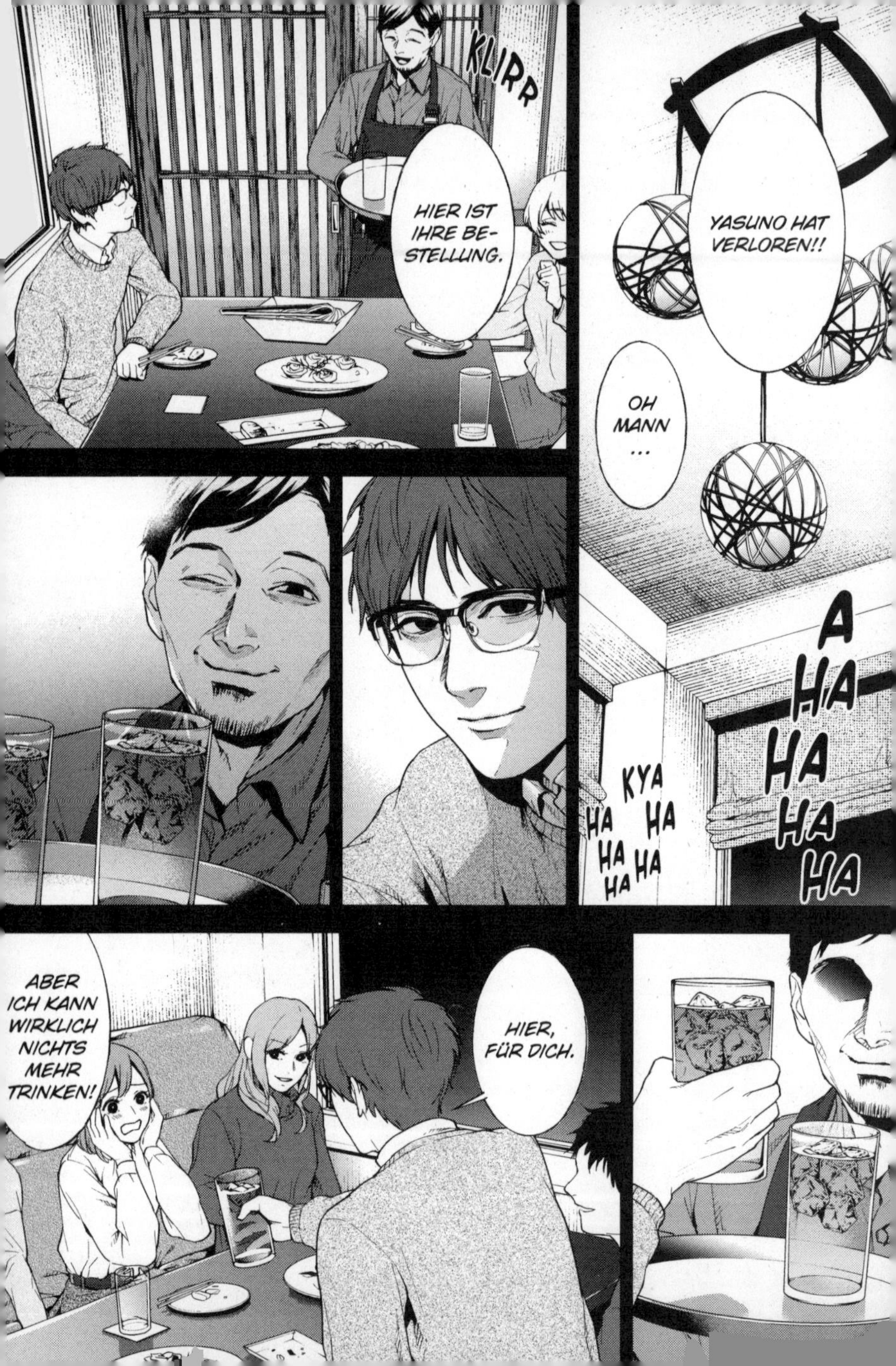

YASUNO HAT VERLOREN!!
OH MANN ...
A HA HA HA HA HA
KYA HA HA HA HA HA
KLIRR
HIER IST IHRE BESTELLUNG.
HIER, FÜR DICH.
ABER ICH KANN WIRKLICH NICHTS MEHR TRINKEN!

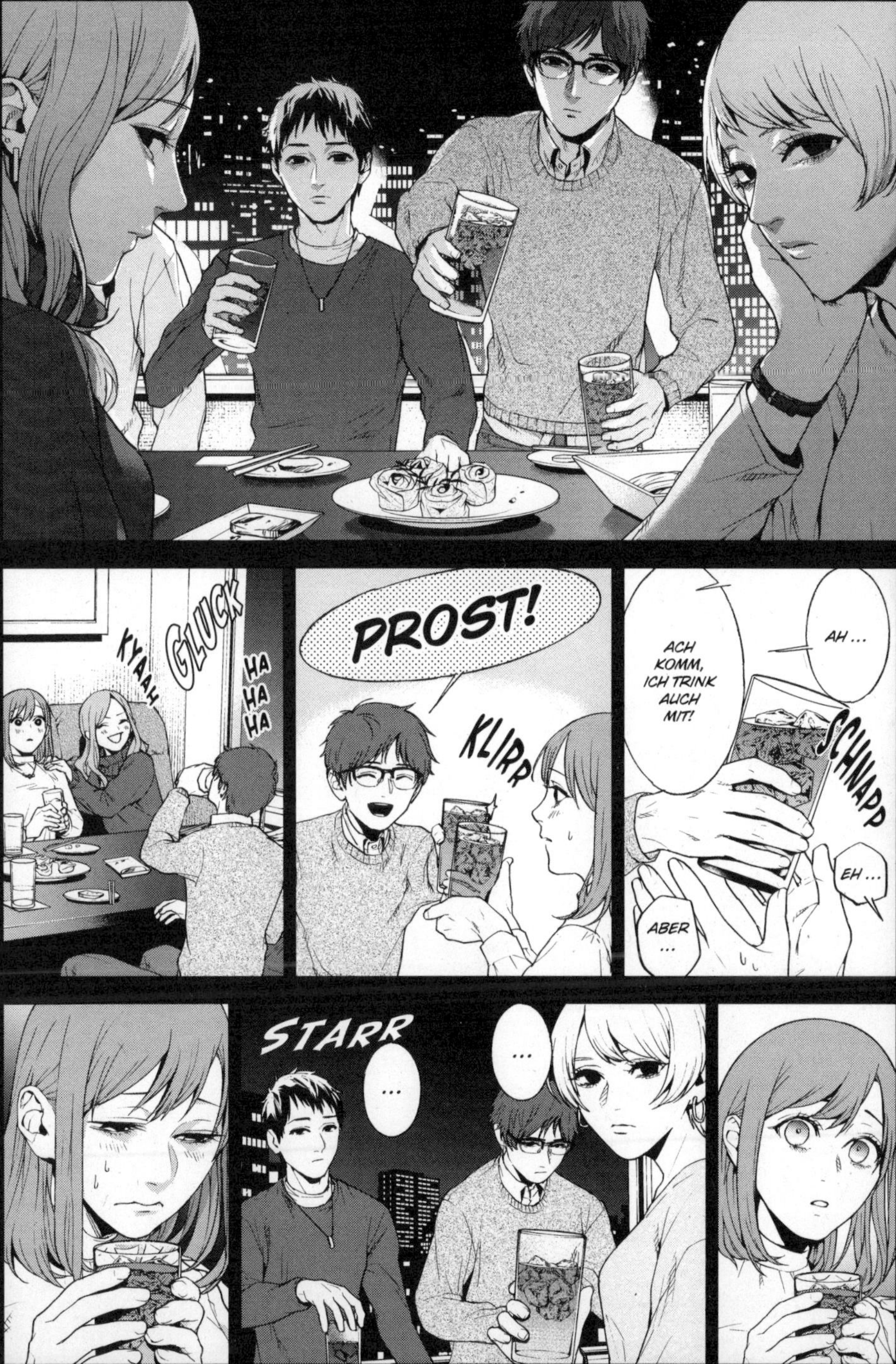
AH …
ACH KOMM, ICH TRINK AUCH MIT!
SCHNAPP
EH …
ABER …
PROST!
KLIRR
HA HA HA HA
GLUCK
KYAAH
…
…
STARR

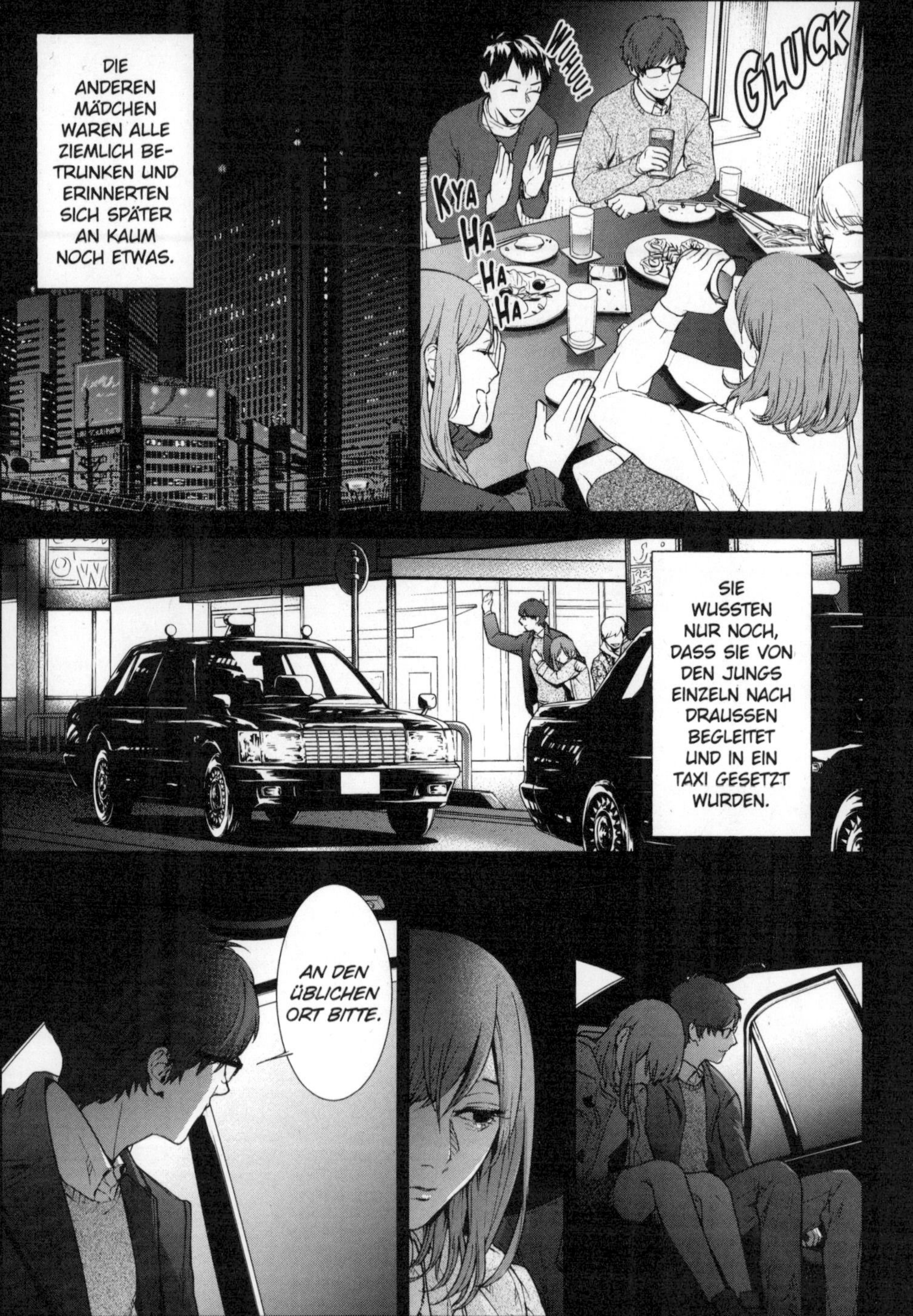
DIE ANDEREN MÄDCHEN WAREN ALLE ZIEMLICH BE-TRUNKEN UND ERINNERTEN SICH SPÄTER AN KAUM NOCH ETWAS.
GLUCK
WUHUU!
KYA HA HA HA
SIE WUSSTEN NUR NOCH, DASS SIE VON DEN JUNGS EINZELN NACH DRAUSSEN BEGLEITET UND IN EIN TAXI GESETZT WURDEN.
AN DEN ÜBLICHEN ORT BITTE.

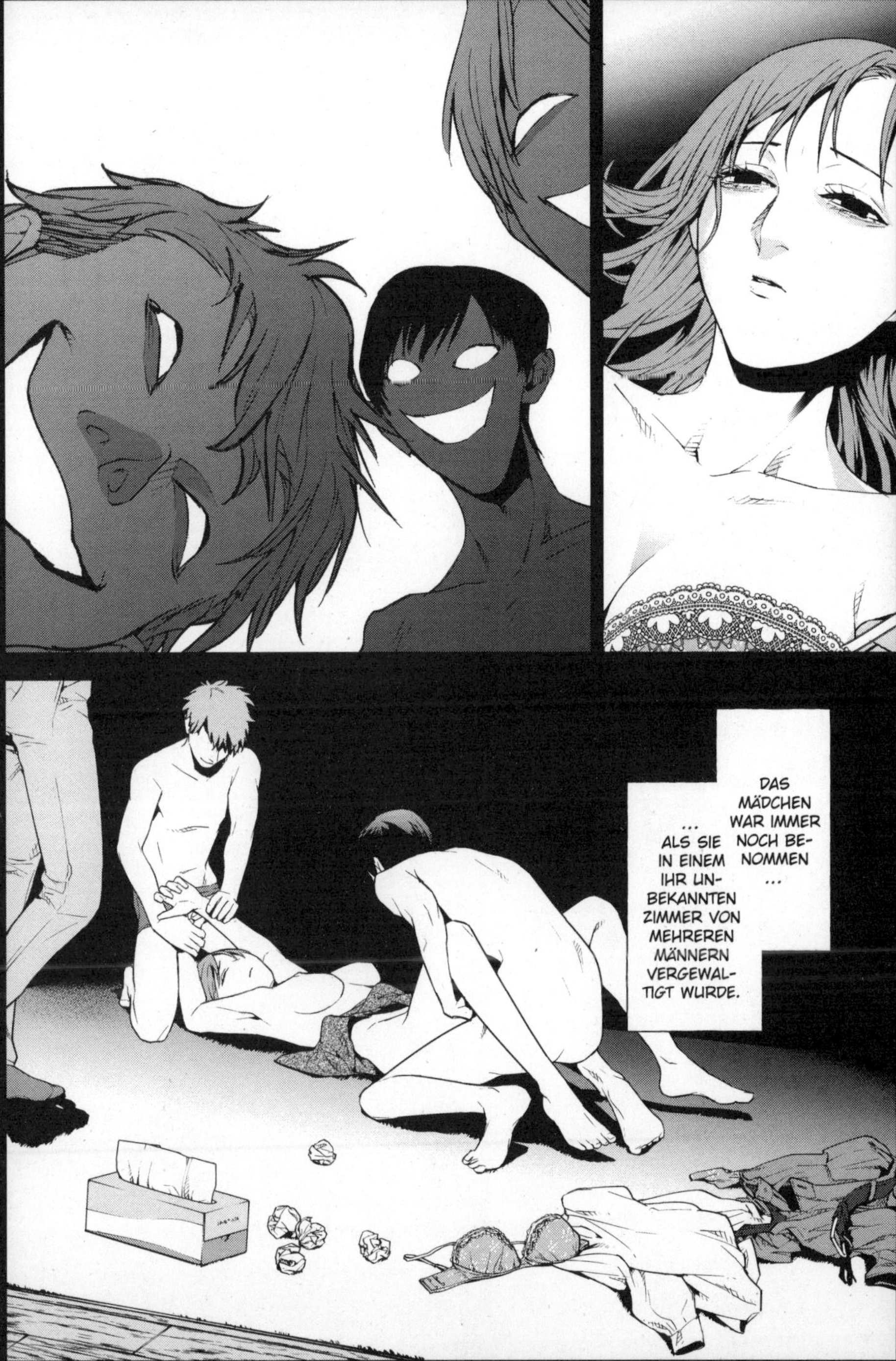
DAS MÄDCHEN WAR IMMER NOCH BE- NOMMEN ...
... ALS SIE IN EINEM IHR UN- BEKANNTEN ZIMMER VON MEHREREN MÄNNERN VERGEWAL- TIGT WURDE.

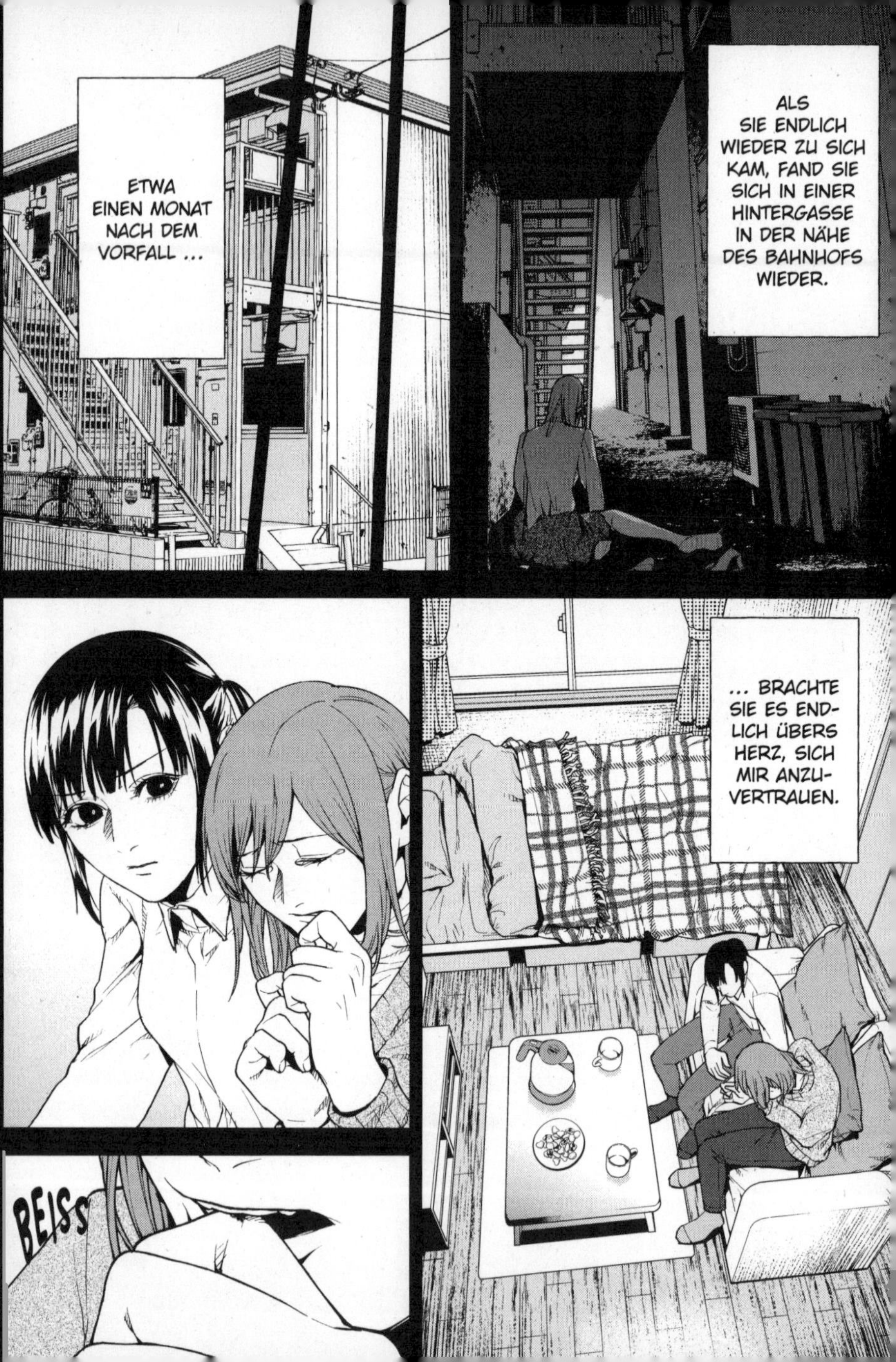
ETWA EINEN MONAT NACH DEM VORFALL ...
ALS SIE ENDLICH WIEDER ZU SICH KAM, FAND SIE SICH IN EINER HINTERGASSE IN DER NÄHE DES BAHNHOFS WIEDER.
... BRACHTE SIE ES ENDLICH ÜBERS HERZ, SICH MIR ANZUVERTRAUEN.
BEISS

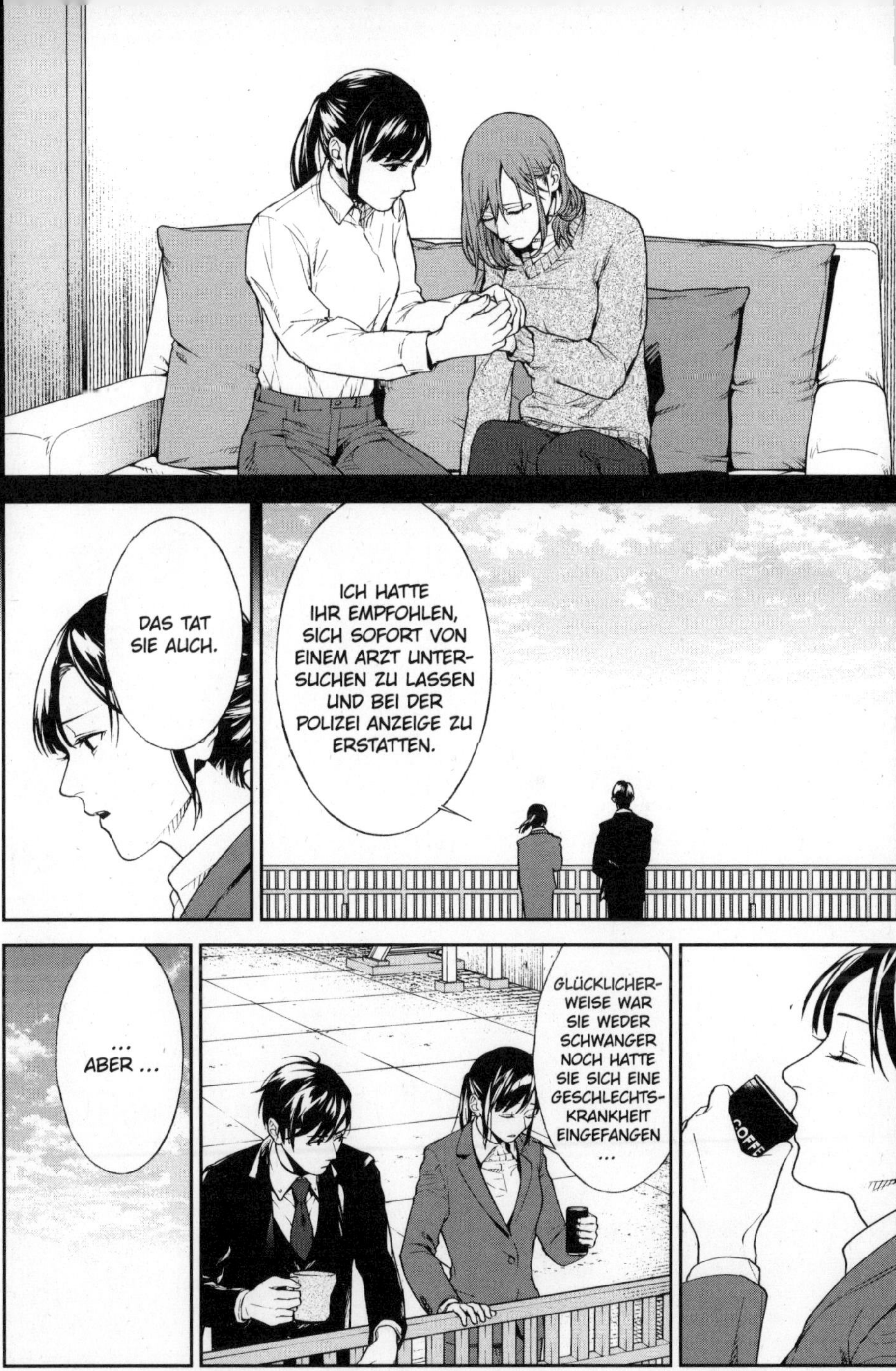
ICH HATTE IHR EMPFOHLEN, SICH SOFORT VON EINEM ARZT UNTER-SUCHEN ZU LASSEN UND BEI DER POLIZEI ANZEIGE ZU ERSTATTEN.
DAS TAT SIE AUCH.
GLÜCKLICHER-WEISE WAR SIE WEDER SCHWANGER NOCH HATTE SIE SICH EINE GESCHLECHTS-KRANKHEIT EINGEFANGEN ...
... ABER ...

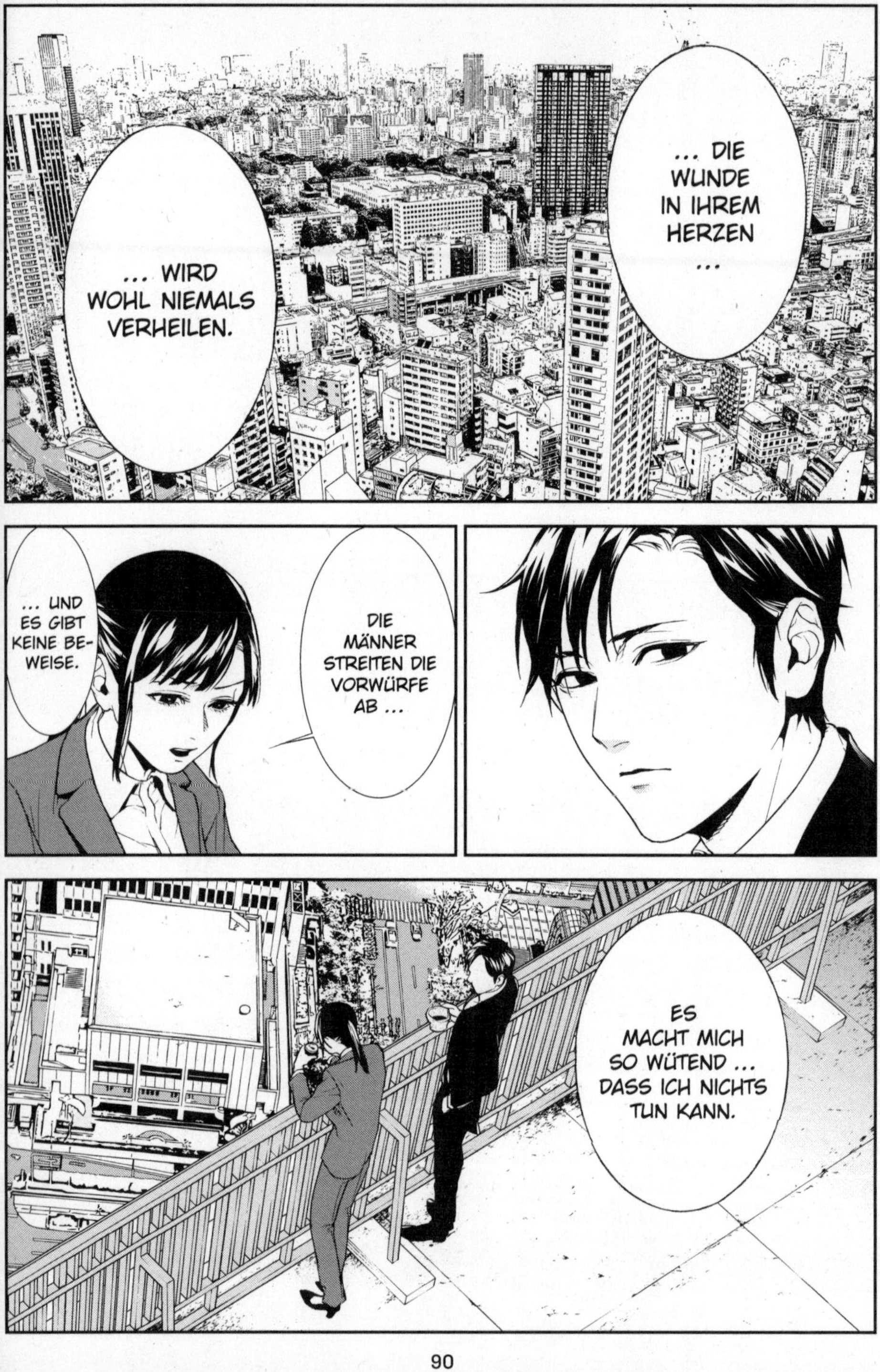
... DIE WUNDE IN IHREM HERZEN ...
... WIRD WOHL NIEMALS VERHEILEN.
DIE MÄNNER STREITEN DIE VORWÜRFE AB ...
... UND ES GIBT KEINE BE-WEISE.
ES MACHT MICH SO WÜTEND ... DASS ICH NICHTS TUN KANN.

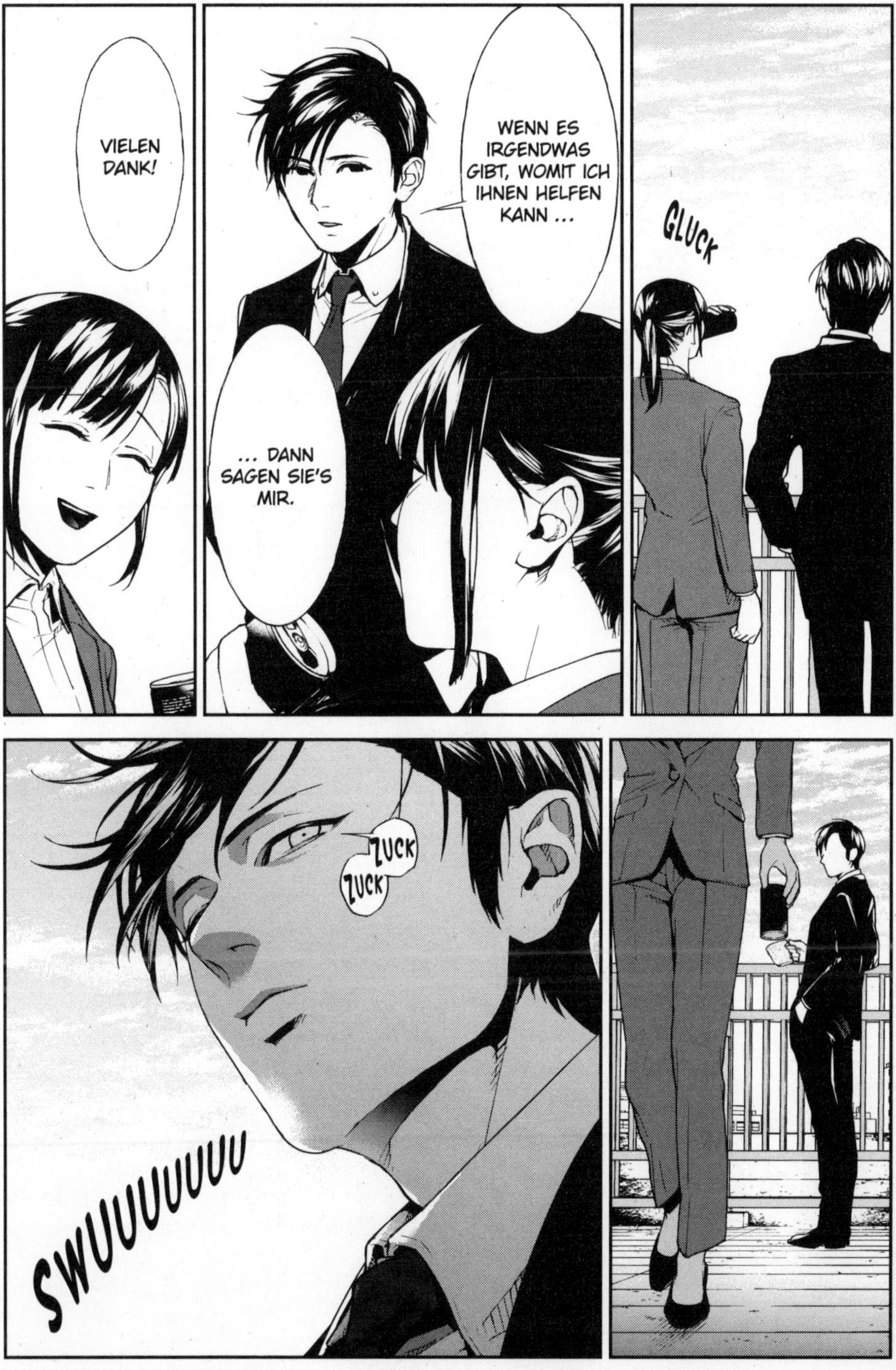
GLUCK
WENN ES IRGENDWAS GIBT, WOMIT ICH IHNEN HELFEN KANN …
… DANN SAGEN SIE'S MIR.
VIELEN DANK!
ZUCK ZUCK
SWUUUUUUU

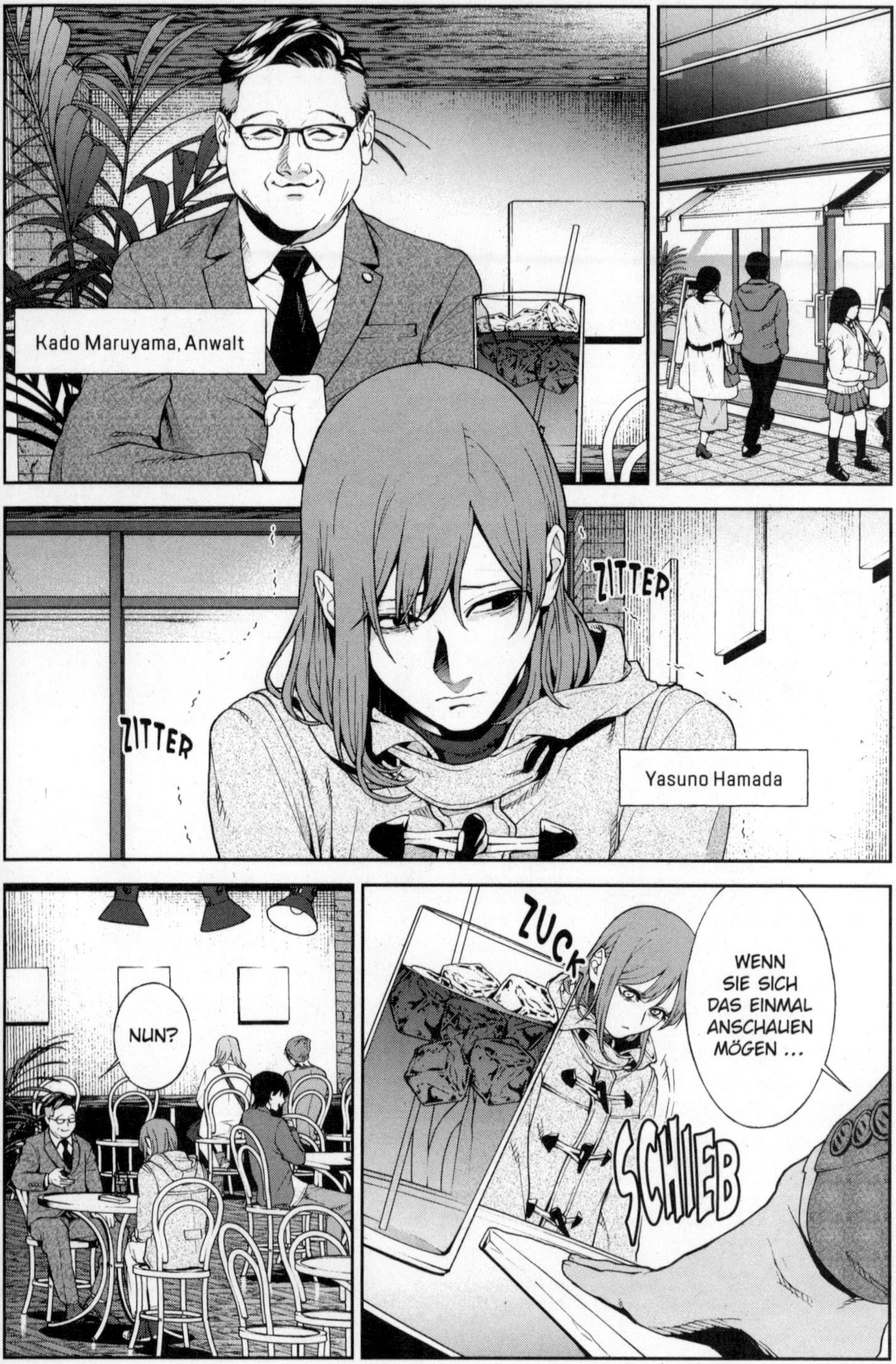
Kado Maruyama, Anwalt
ZITTER
ZITTER
Yasuno Hamada
ZUCK
WENN SIE SICH DAS EINMAL ANSCHAUEN MÖGEN …
SCHIEB
NUN?

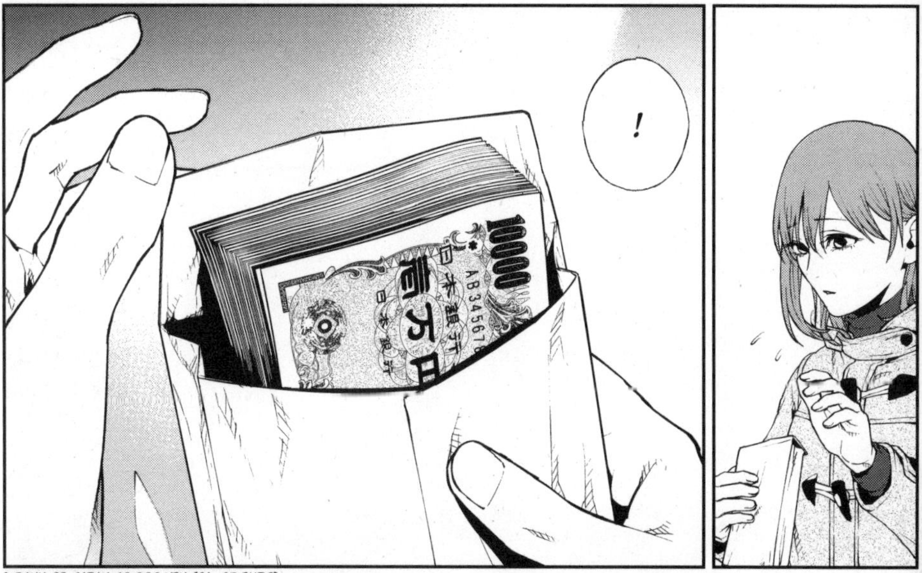

* BANK OF JAPAN, 10.000 YEN (CA. 65 EURO)

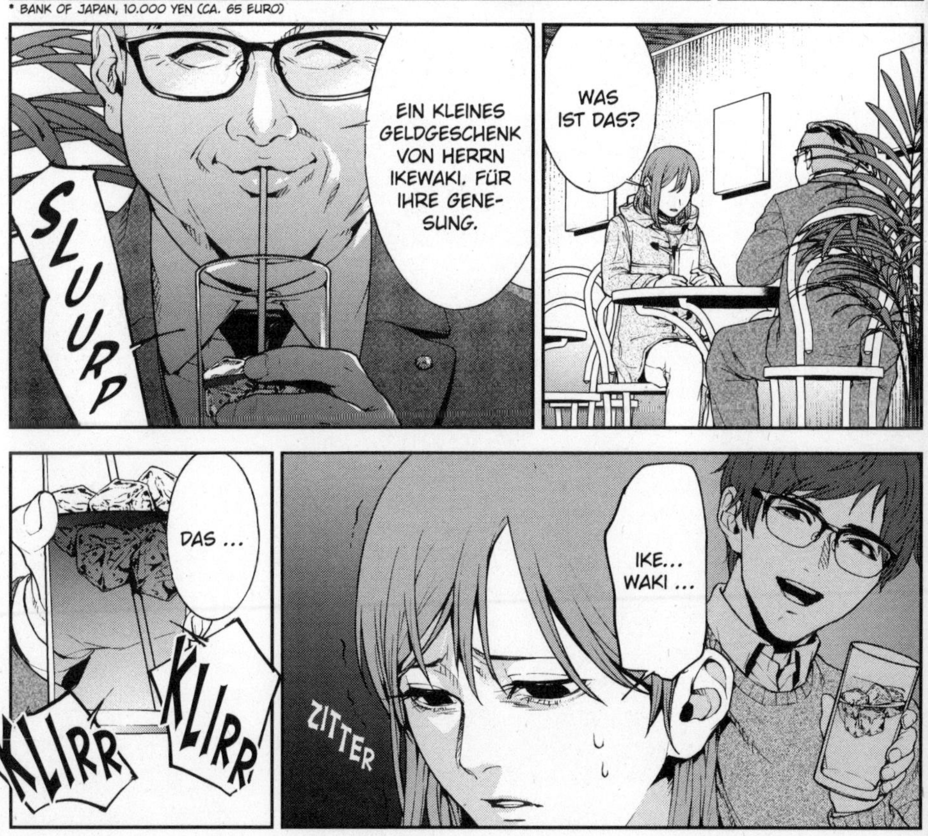

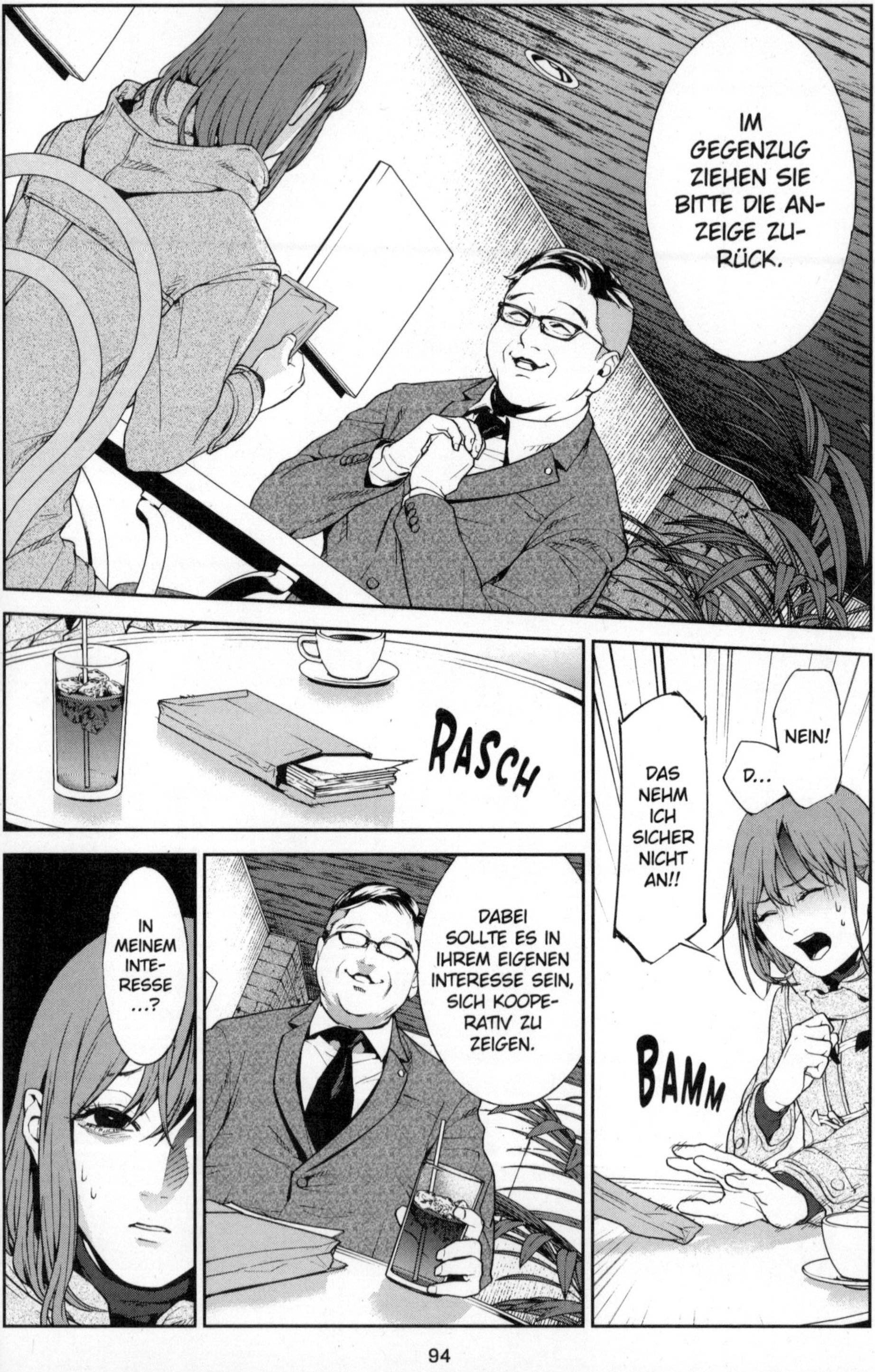
IM GEGENZUG ZIEHEN SIE BITTE DIE AN-ZEIGE ZU-RÜCK.
NEIN!
D...
DAS NEHM ICH SICHER NICHT AN!!
BAMM
RASCH
DABEI SOLLTE ES IN IHREM EIGENEN INTERESSE SEIN, SICH KOOPE-RATIV ZU ZEIGEN.
IN MEINEM INTE-RESSE ...?

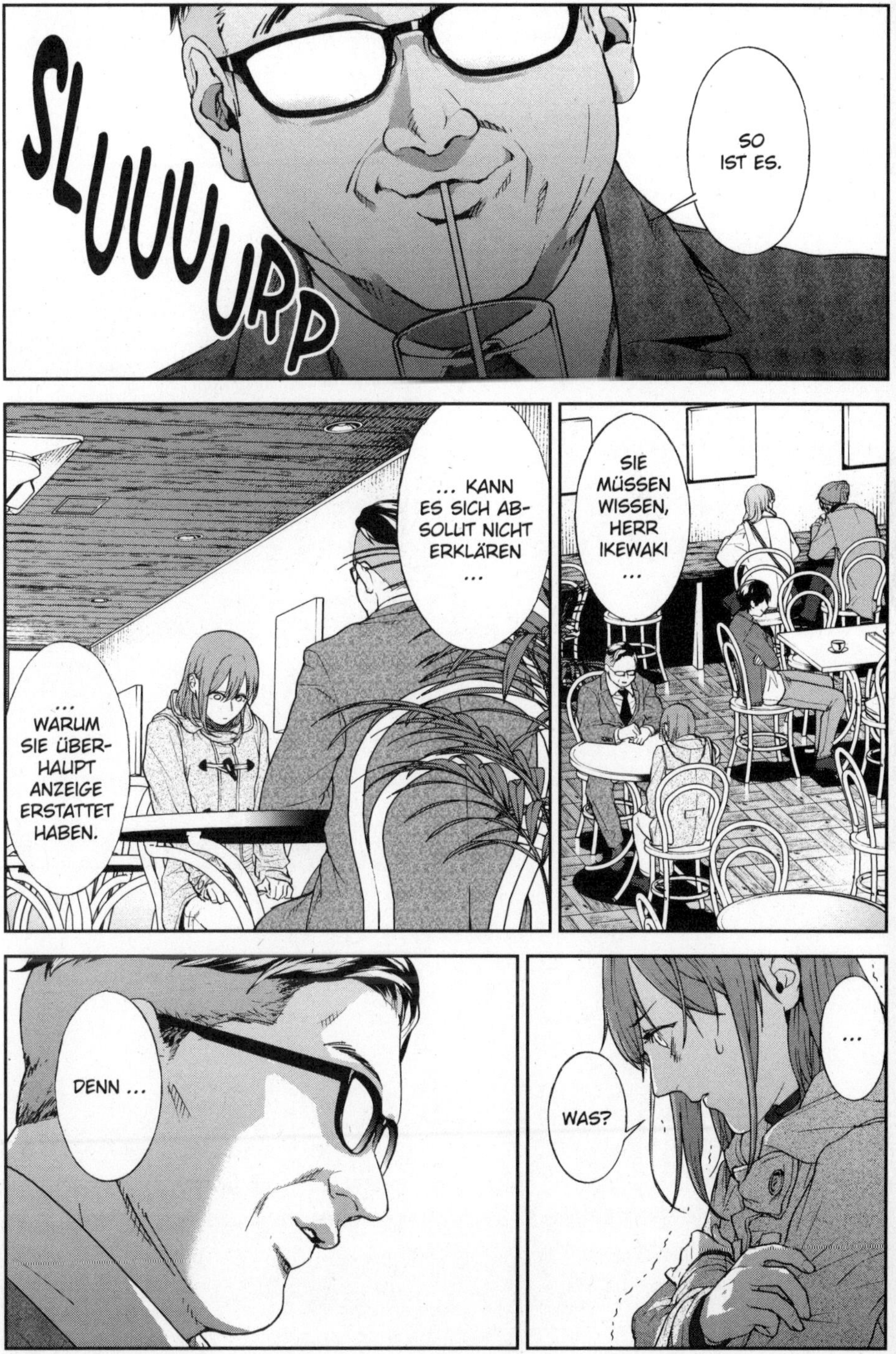
SLUUUURP
SO IST ES.
SIE MÜSSEN WISSEN, HERR IKEWAKI ...
... KANN ES SICH ABSOLUT NICHT ERKLÄREN ...
... WARUM SIE ÜBERHAUPT ANZEIGE ERSTATTET HABEN.
...
WAS?
DENN ...

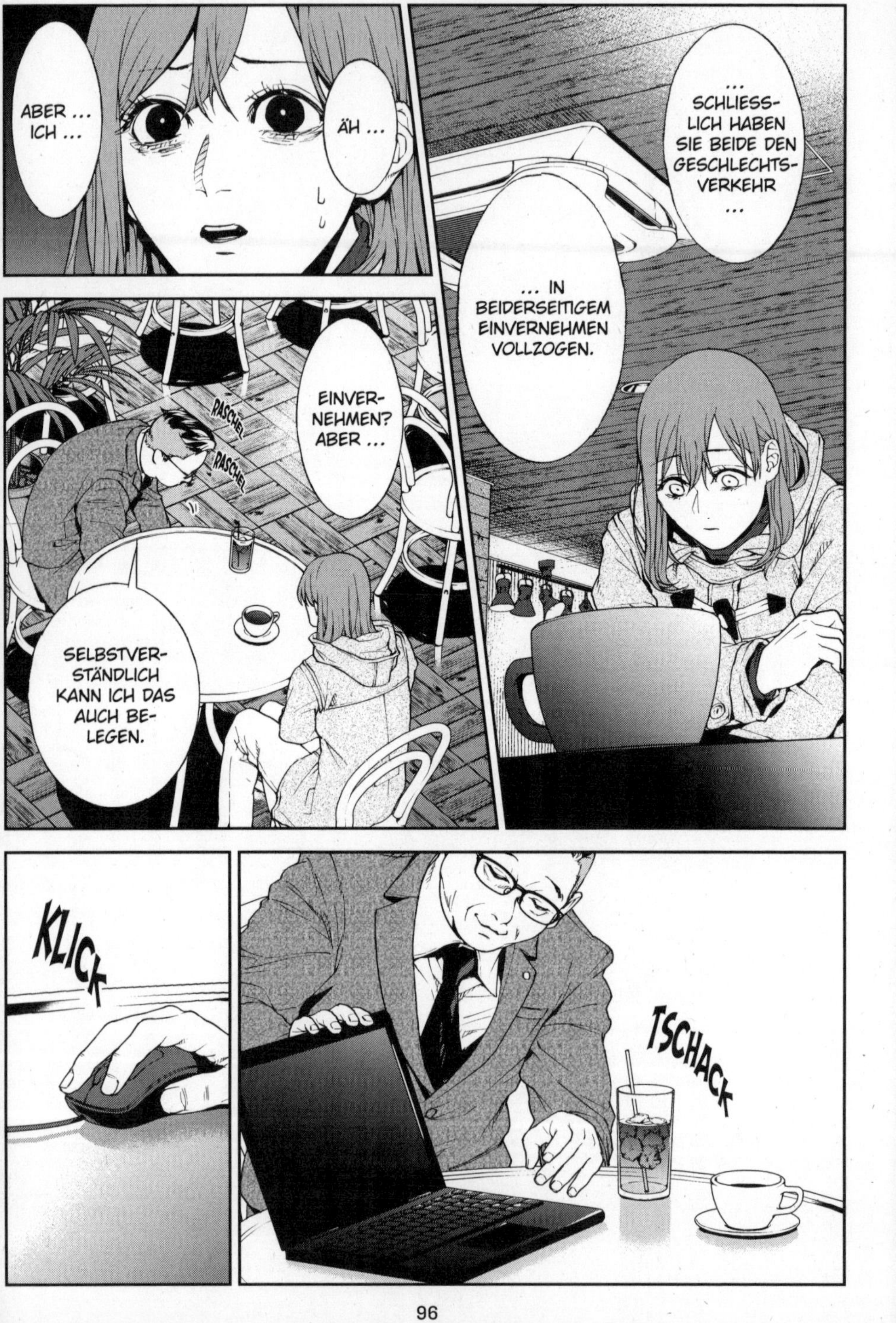
... SCHLIESSLICH HABEN SIE BEIDE DEN GESCHLECHTSVERKEHR ...
... IN BEIDERSEITIGEM EINVERNEHMEN VOLLZOGEN.
ÄH ...
ABER ... ICH ...
EINVERNEHMEN? ABER ...
RASCHEL
RASCHEL
SELBSTVERSTÄNDLICH KANN ICH DAS AUCH BELEGEN.
TSCHACK
KLICK

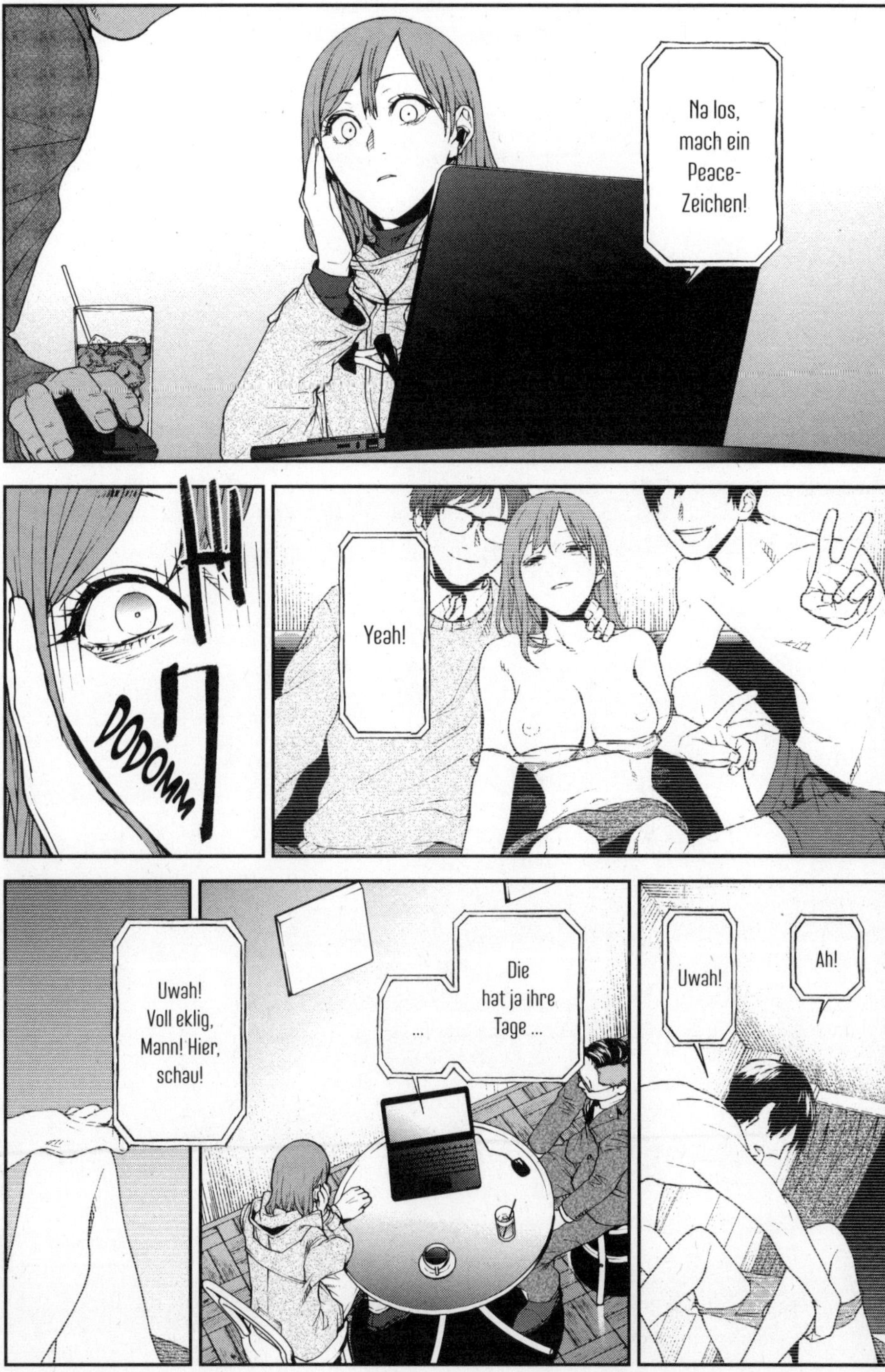
Na los, mach ein Peace-Zeichen!
Yeah!
DODOMM
Ah!
Uwah!
Die hat ja ihre Tage ...
...
Uwah! Voll eklig, Mann! Hier, schau!

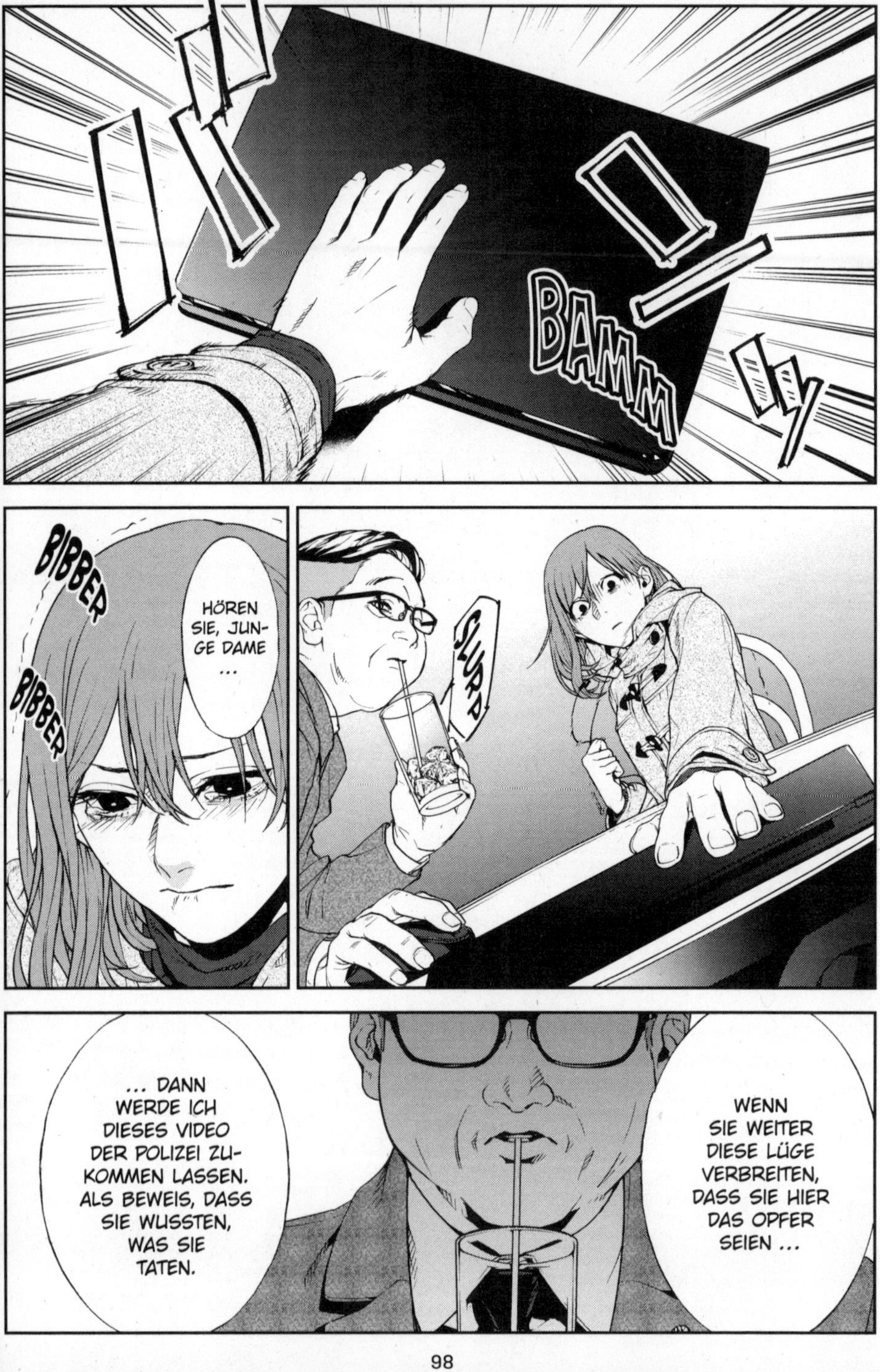
BAMM
SLURP
BIBBER
BIBBER
HÖREN SIE, JUNGE DAME …
WENN SIE WEITER DIESE LÜGE VERBREITEN, DASS SIE HIER DAS OPFER SEIEN …
… DANN WERDE ICH DIESES VIDEO DER POLIZEI ZUKOMMEN LASSEN. ALS BEWEIS, DASS SIE WUSSTEN, WAS SIE TATEN.

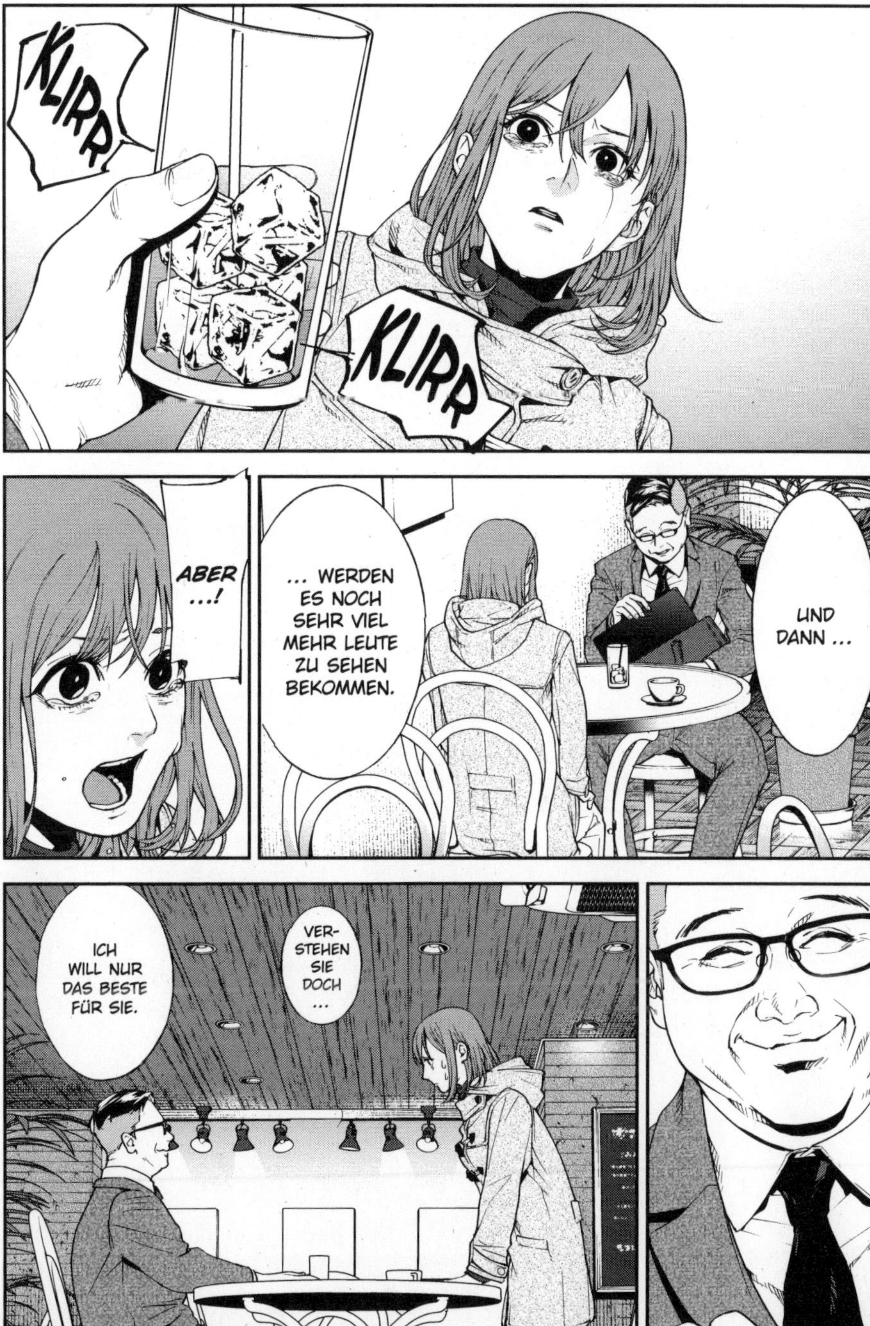
KLIRR
KLIRR
UND DANN ...
... WERDEN ES NOCH SEHR VIEL MEHR LEUTE ZU SEHEN BEKOMMEN.
ABER ...!
VER-STEHEN SIE DOCH ...
ICH WILL NUR DAS BESTE FÜR SIE.

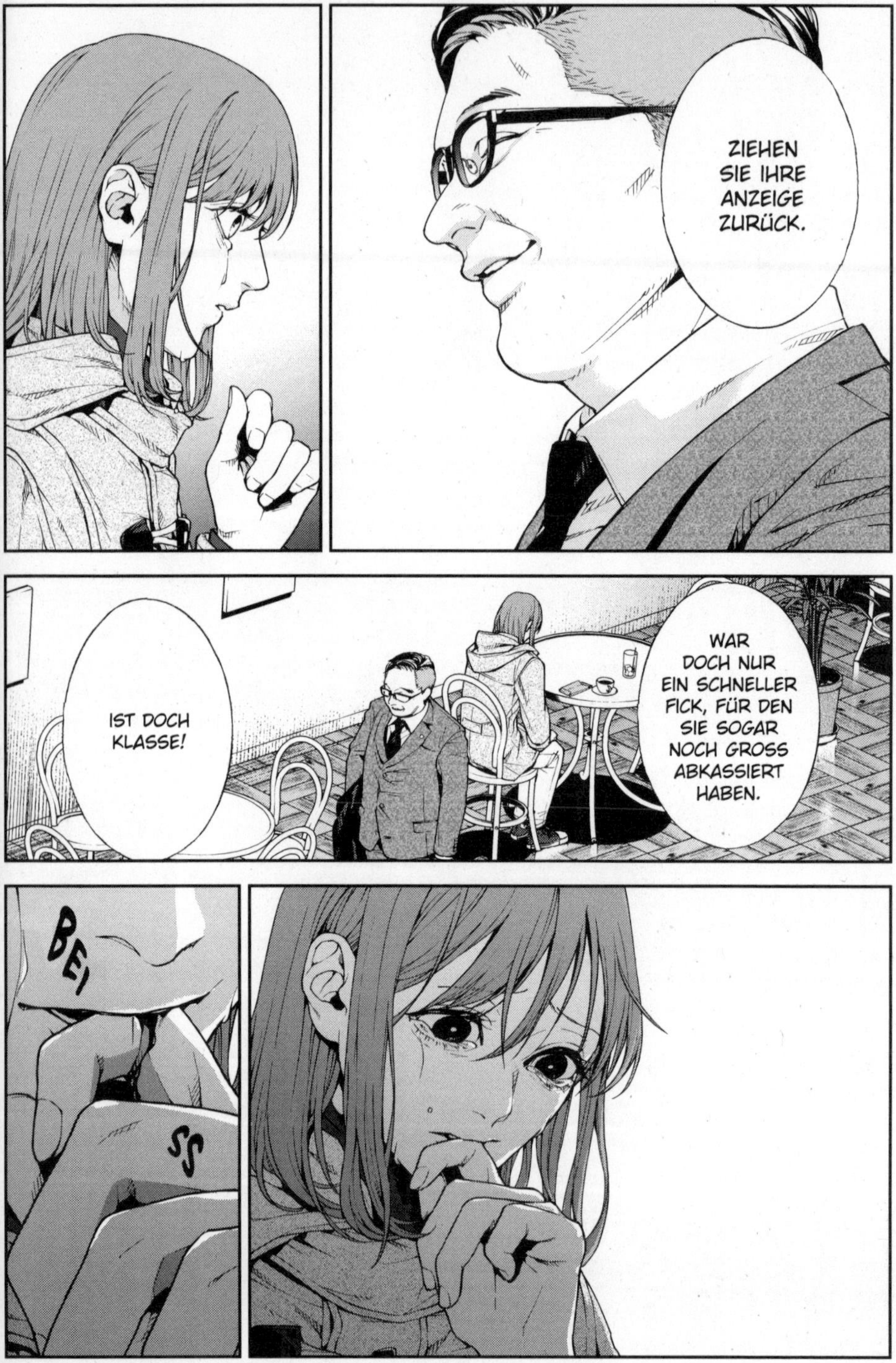

Kapitel 2: Ende

B R U T A L

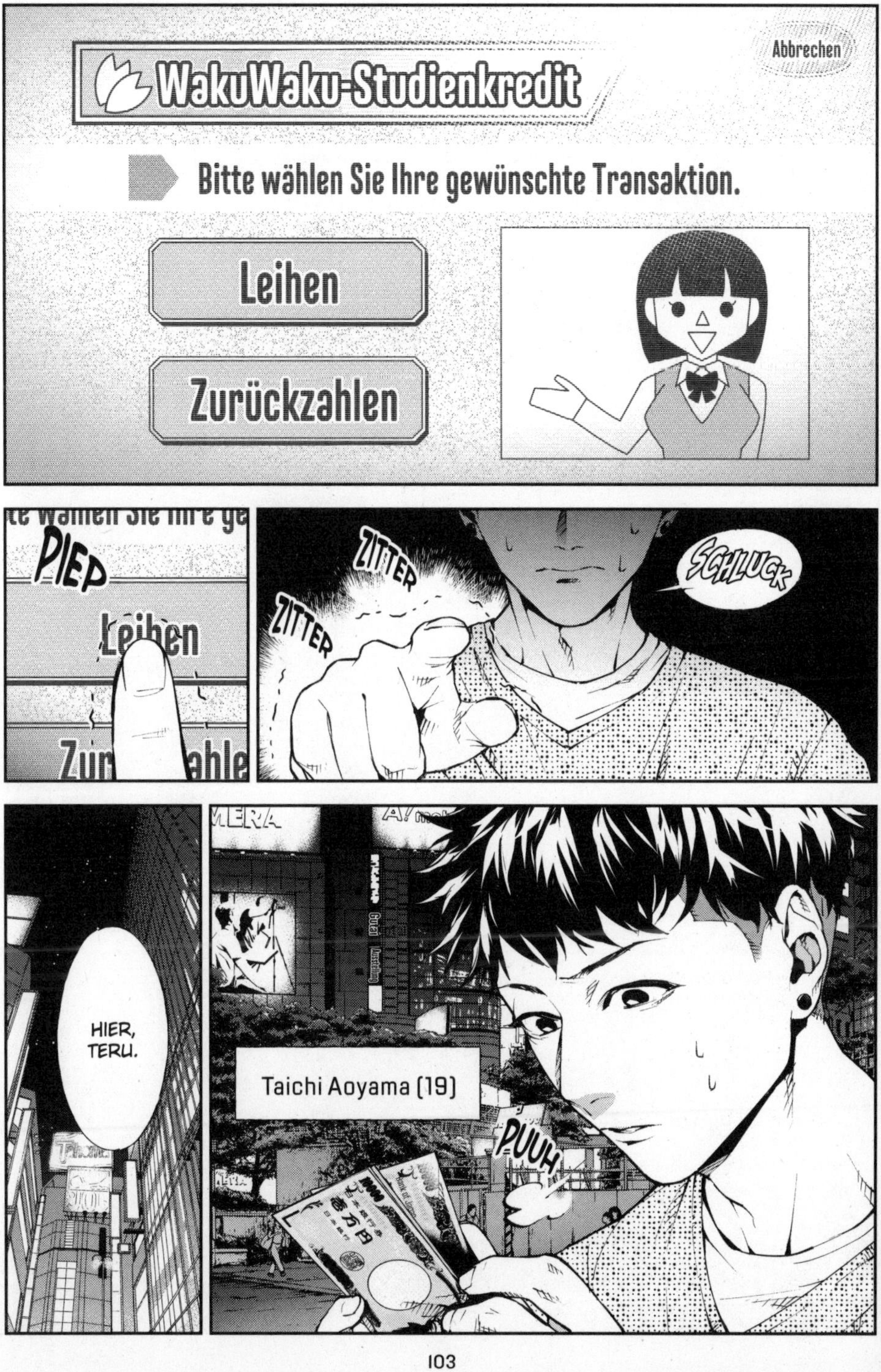
Abbrechen
WakuWaku-Studienkredit
Bitte wählen Sie Ihre gewünschte Transaktion.
Leihen
Zurückzahlen
PIEP
Leihen
SCHLUCK
ZITTER
ZITTER
Taichi Aoyama (19)
PUUH
HIER, TERU.

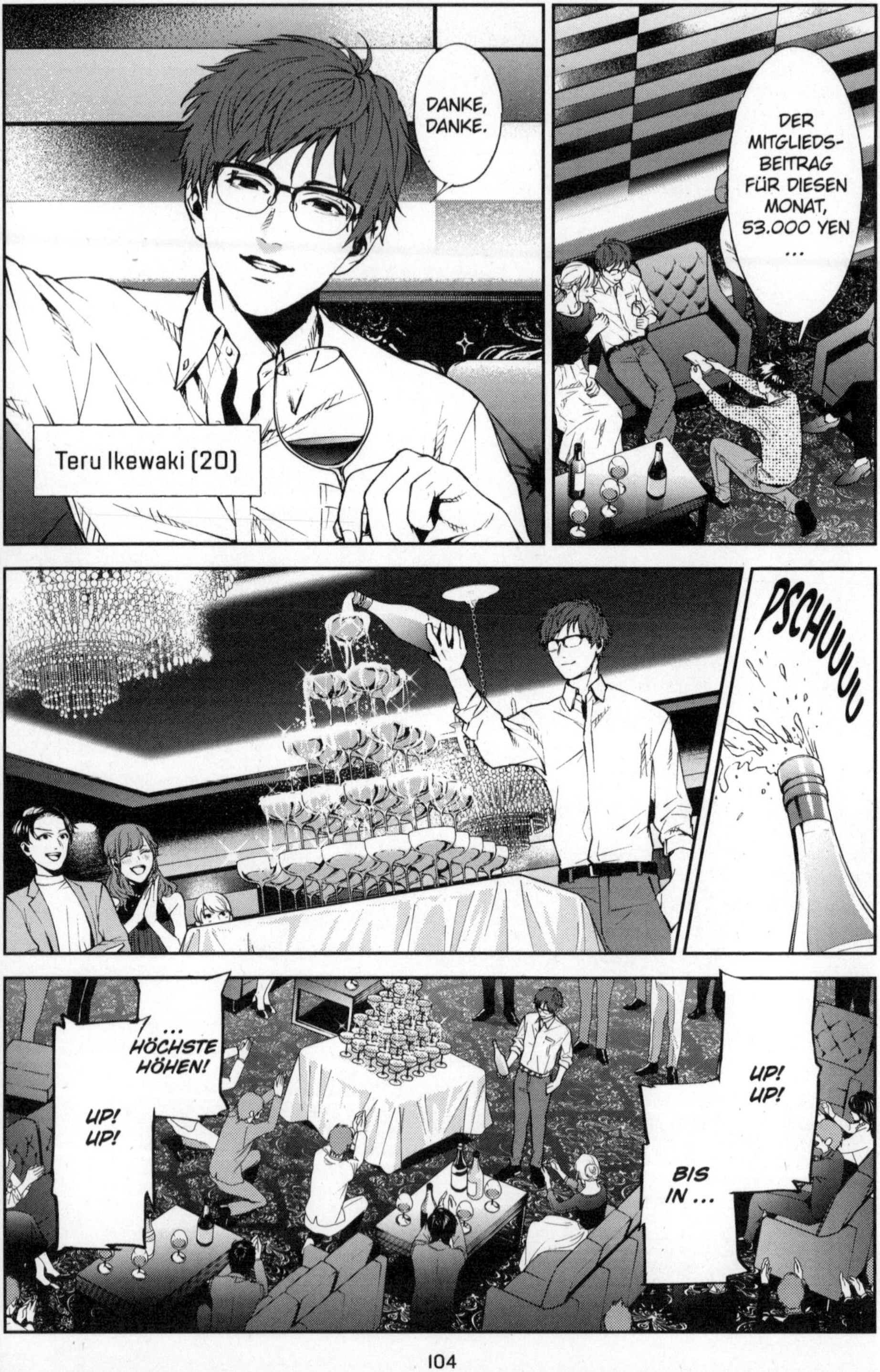
DANKE, DANKE.
Teru Ikewaki (20)
DER MITGLIEDS-BEITRAG FÜR DIESEN MONAT, 53.000 YEN ...
PSCHUUUU
UP! UP!
BIS IN ...
UP! UP!
... HÖCHSTE HÖHEN!

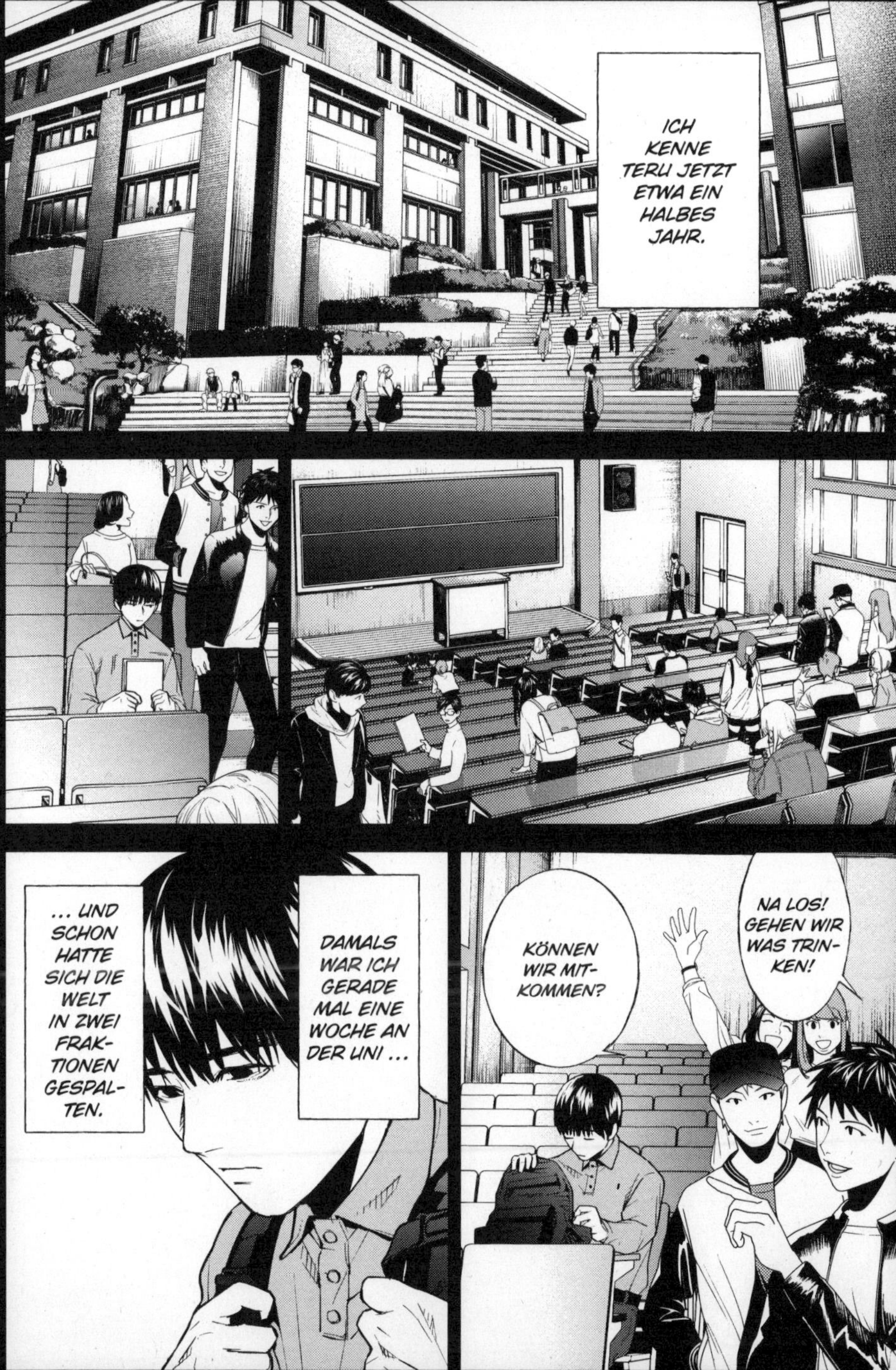

ICH KENNE TERU JETZT ETWA EIN HALBES JAHR.
NA LOS! GEHEN WIR WAS TRIN-KEN!
KÖNNEN WIR MIT-KOMMEN?
DAMALS WAR ICH GERADE MAL EINE WOCHE AN DER UNI …
… UND SCHON HATTE SICH DIE WELT IN ZWEI FRAK-TIONEN GESPAL-TEN.

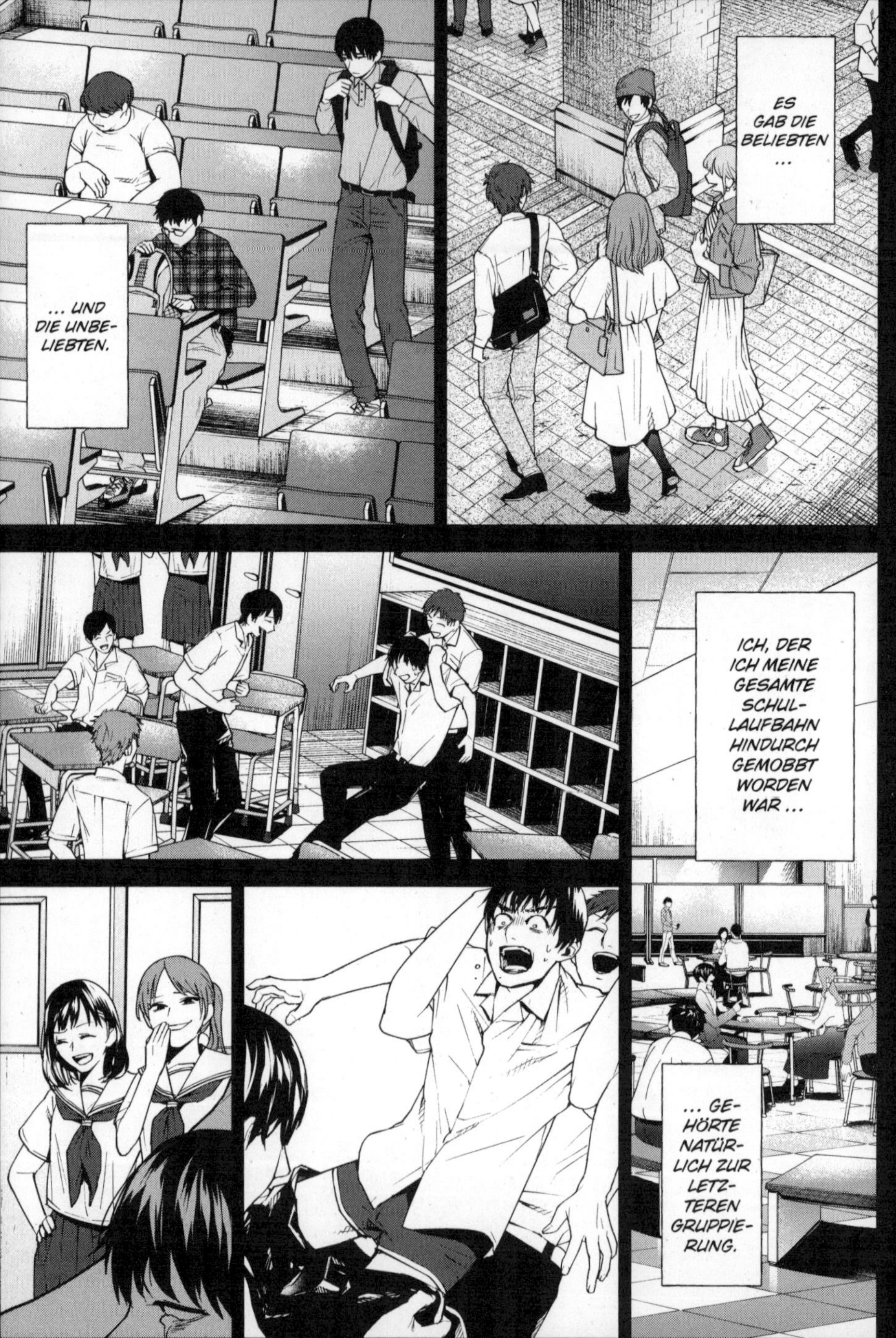
ES GAB DIE BELIEBTEN …
… UND DIE UNBELIEBTEN.
ICH, DER ICH MEINE GESAMTE SCHULLAUFBAHN HINDURCH GEMOBBT WORDEN WAR …
… GEHÖRTE NATÜRLICH ZUR LETZTEREN GRUPPIERUNG.

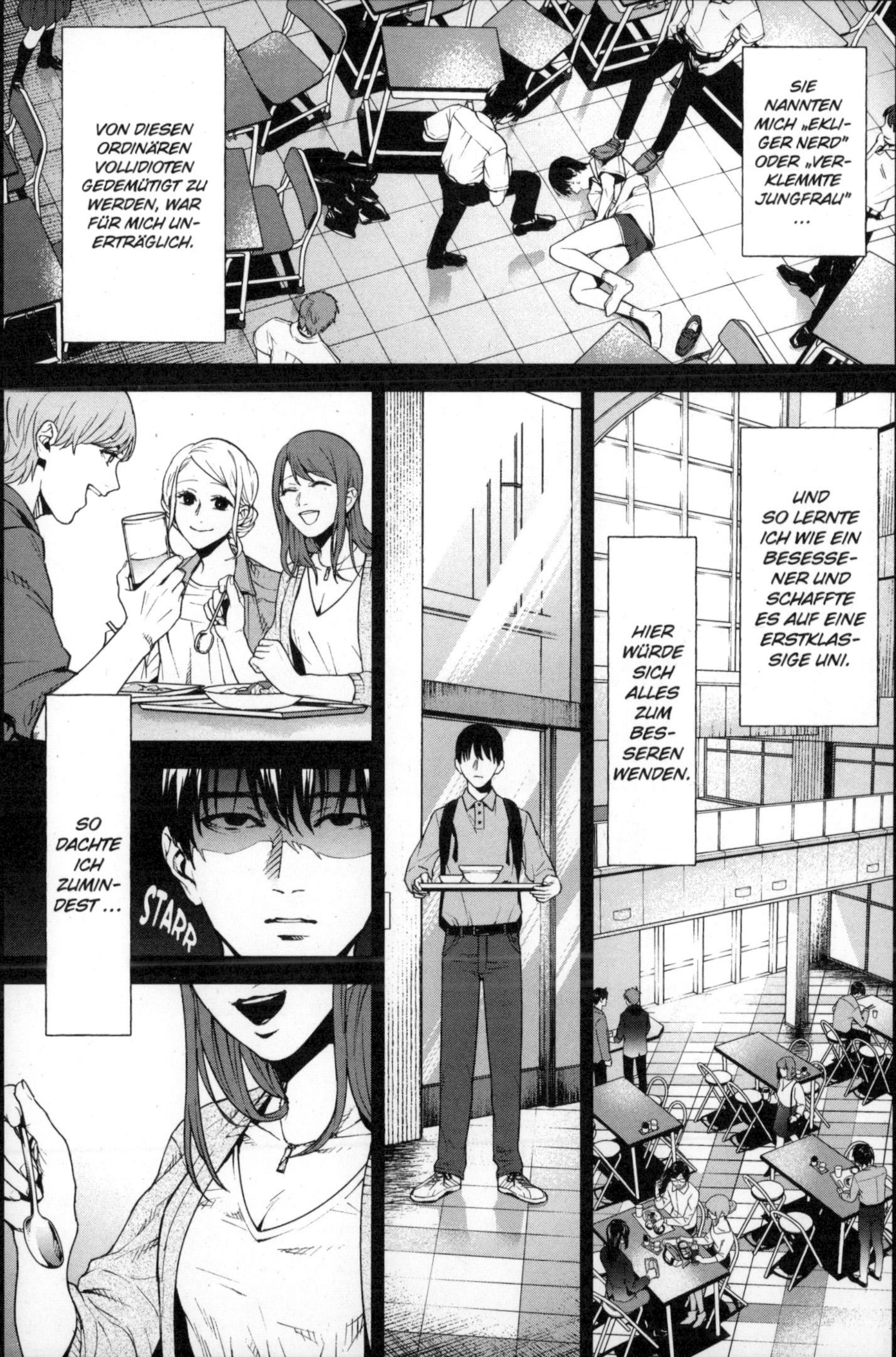
SIE NANNTEN MICH „EKLIGER NERD" ODER „VERKLEMMTE JUNGFRAU" …
VON DIESEN ORDINÄREN VOLLIDIOTEN GEDEMÜTIGT ZU WERDEN, WAR FÜR MICH UNERTRÄGLICH.
UND SO LERNTE ICH WIE EIN BESESSENER UND SCHAFFTE ES AUF EINE ERSTKLASSIGE UNI.
HIER WÜRDE SICH ALLES ZUM BESSEREN WENDEN.
SO DACHTE ICH ZUMINDEST …
STARR

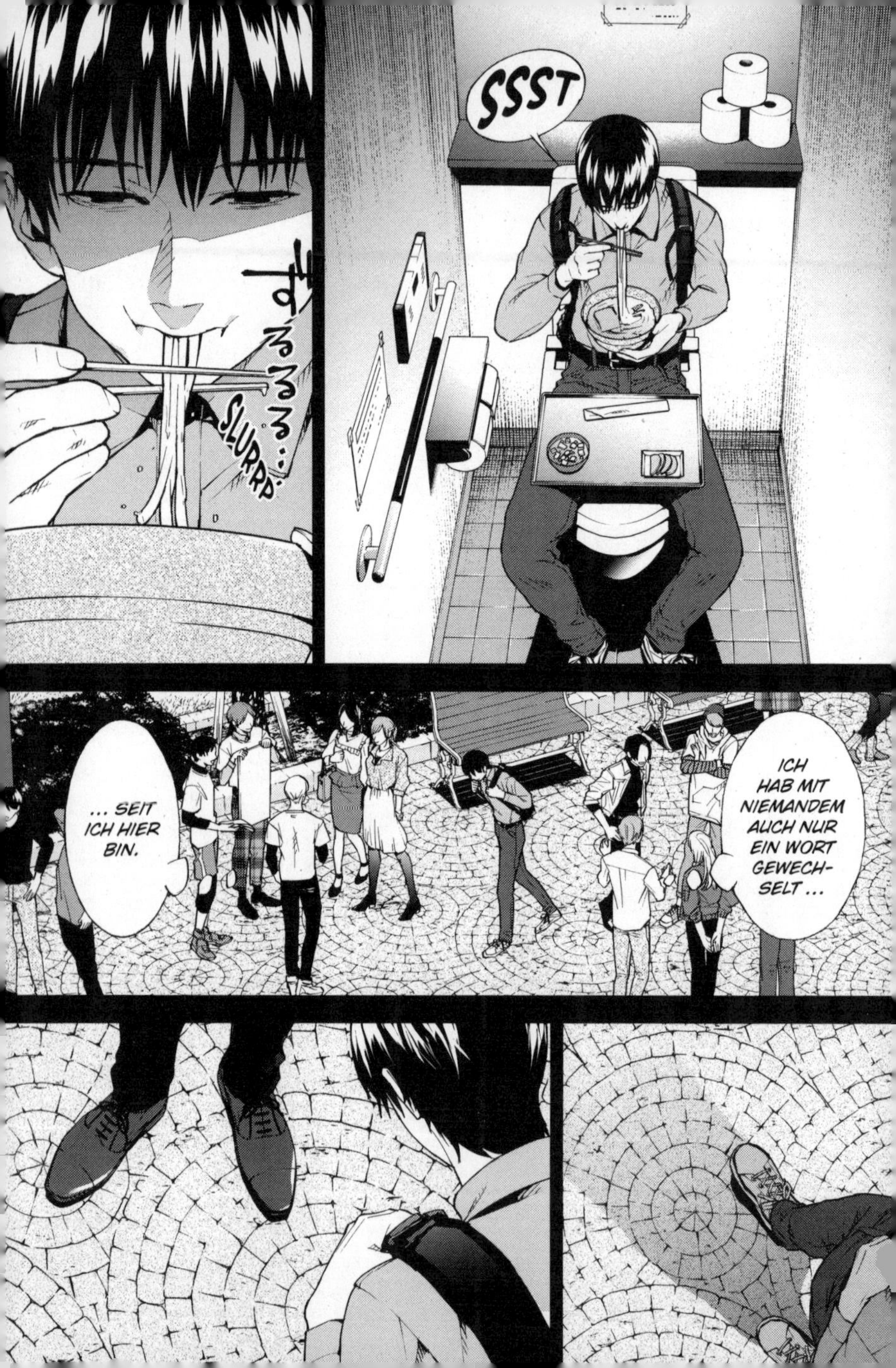
SSST
SLURRP
ICH HAB MIT NIEMANDEM AUCH NUR EIN WORT GEWECHSELT …
… SEIT ICH HIER BIN.

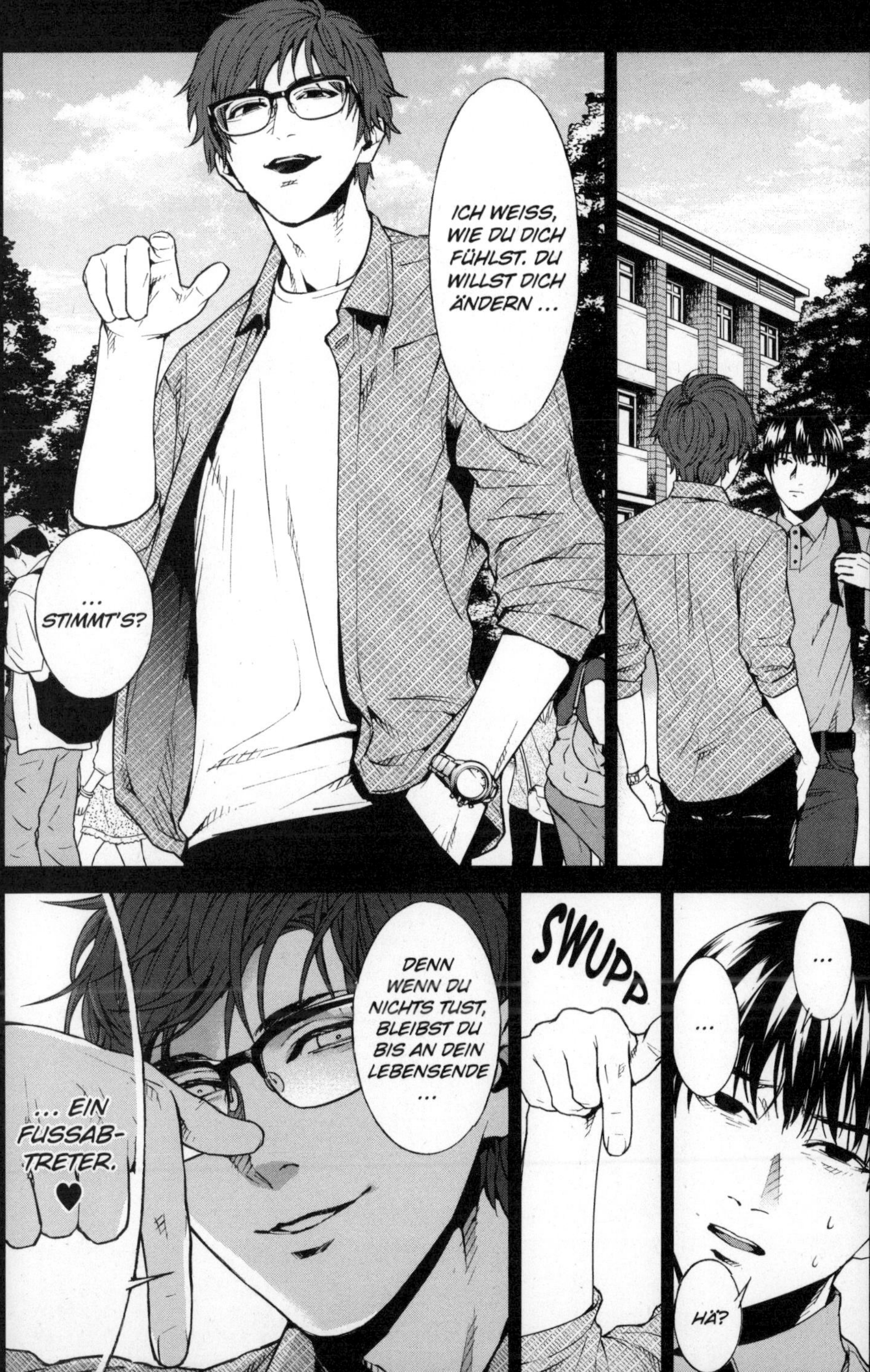

ICH WEISS, WIE DU DICH FÜHLST. DU WILLST DICH ÄNDERN …
… STIMMT'S?
SWUPP
…
…
DENN WENN DU NICHTS TUST, BLEIBST DU BIS AN DEIN LEBENSENDE …
… EIN FUSSAB-TRETER. ♥
HÄ?

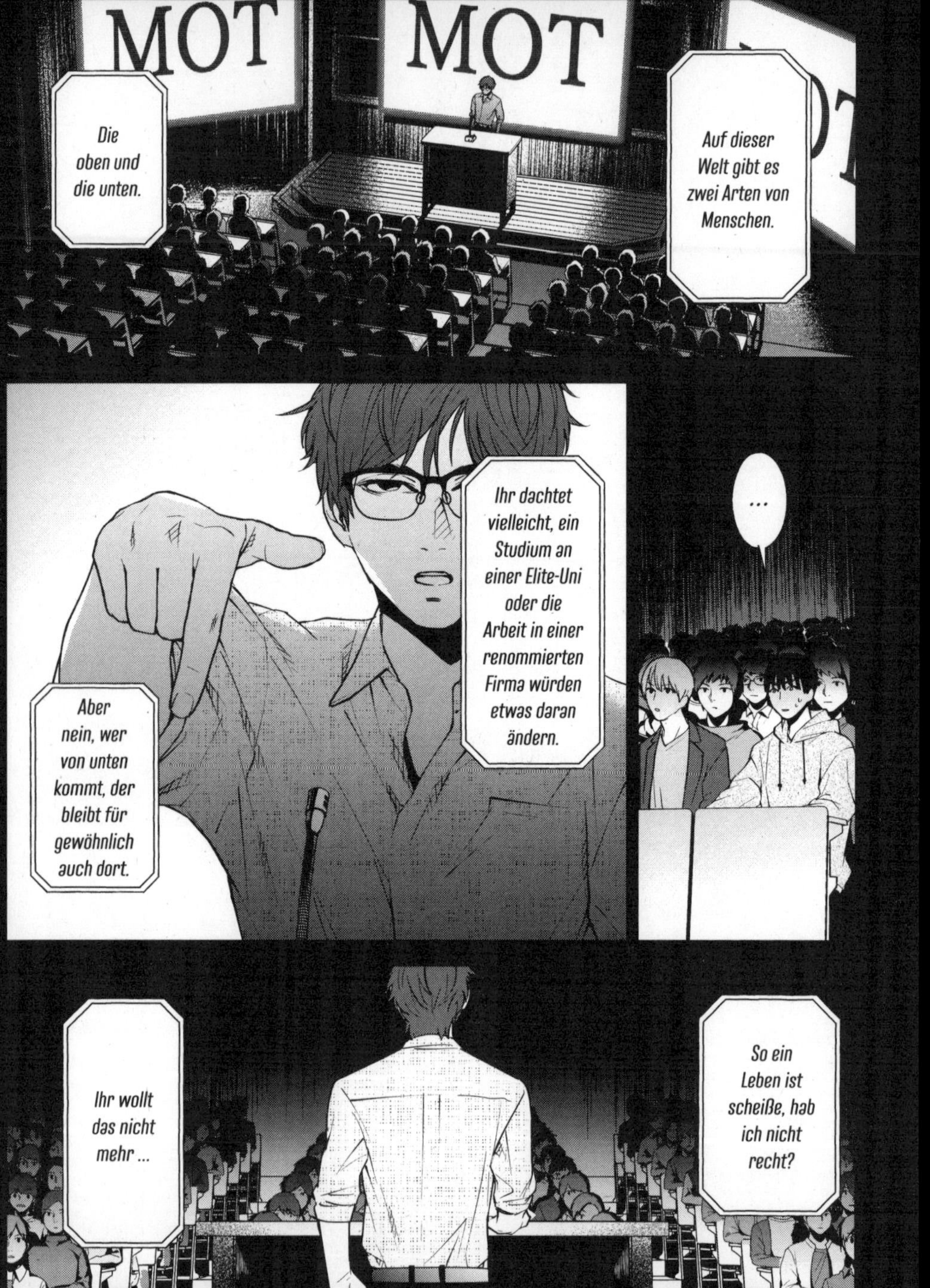
MOT
MOT
Auf dieser Welt gibt es zwei Arten von Menschen.
Die oben und die unten.
...
Ihr dachtet vielleicht, ein Studium an einer Elite-Uni oder die Arbeit in einer renommierten Firma würden etwas daran ändern.
Aber nein, wer von unten kommt, der bleibt für gewöhnlich auch dort.
So ein Leben ist scheiße, hab ich nicht recht?
Ihr wollt das nicht mehr ...

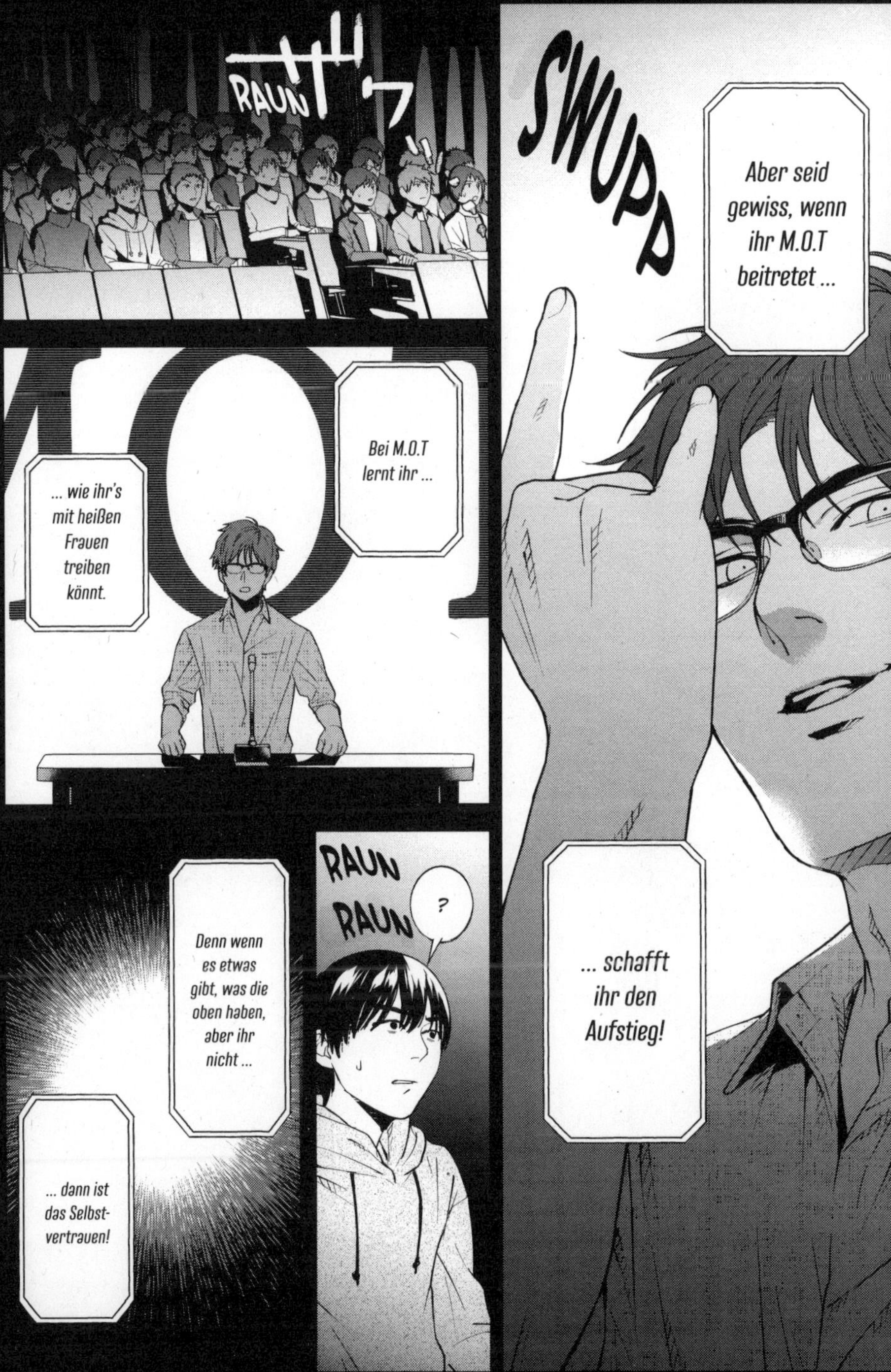
RAUN
Bei M.O.T lernt ihr ...
... wie ihr's mit heißen Frauen treiben könnt.
RAUN RAUN
?
Denn wenn es etwas gibt, was die oben haben, aber ihr nicht ...
... dann ist das Selbst-vertrauen!
SWUPP
Aber seid gewiss, wenn ihr M.O.T beitretet ...
... schafft ihr den Aufstieg!

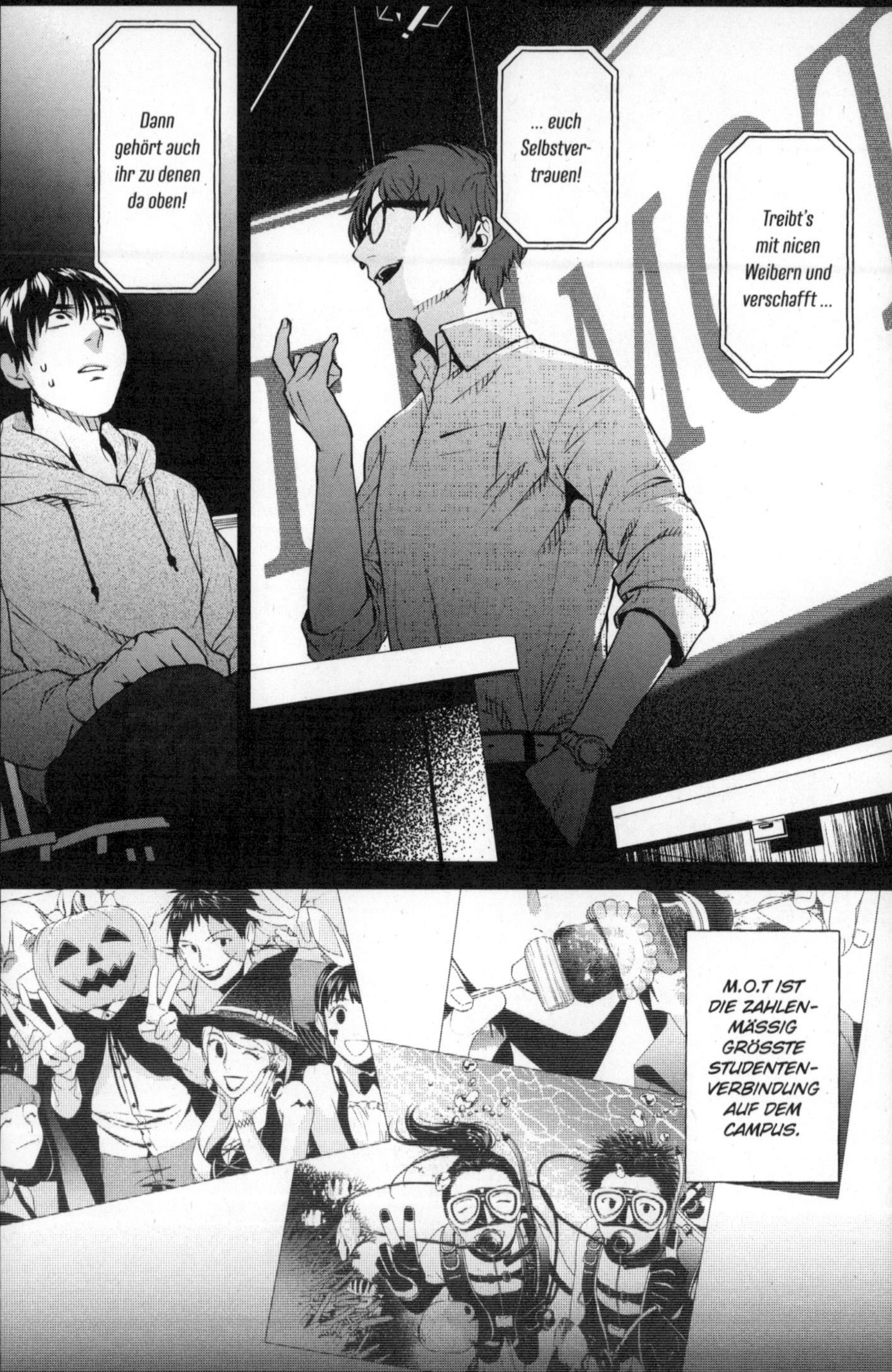
Treibt's mit nicen Weibern und verschafft ...
... euch Selbstver-trauen!
Dann gehört auch ihr zu denen da oben!
M.O.T IST DIE ZAHLEN-MÄSSIG GRÖSSTE STUDENTEN-VERBINDUNG AUF DEM CAMPUS.

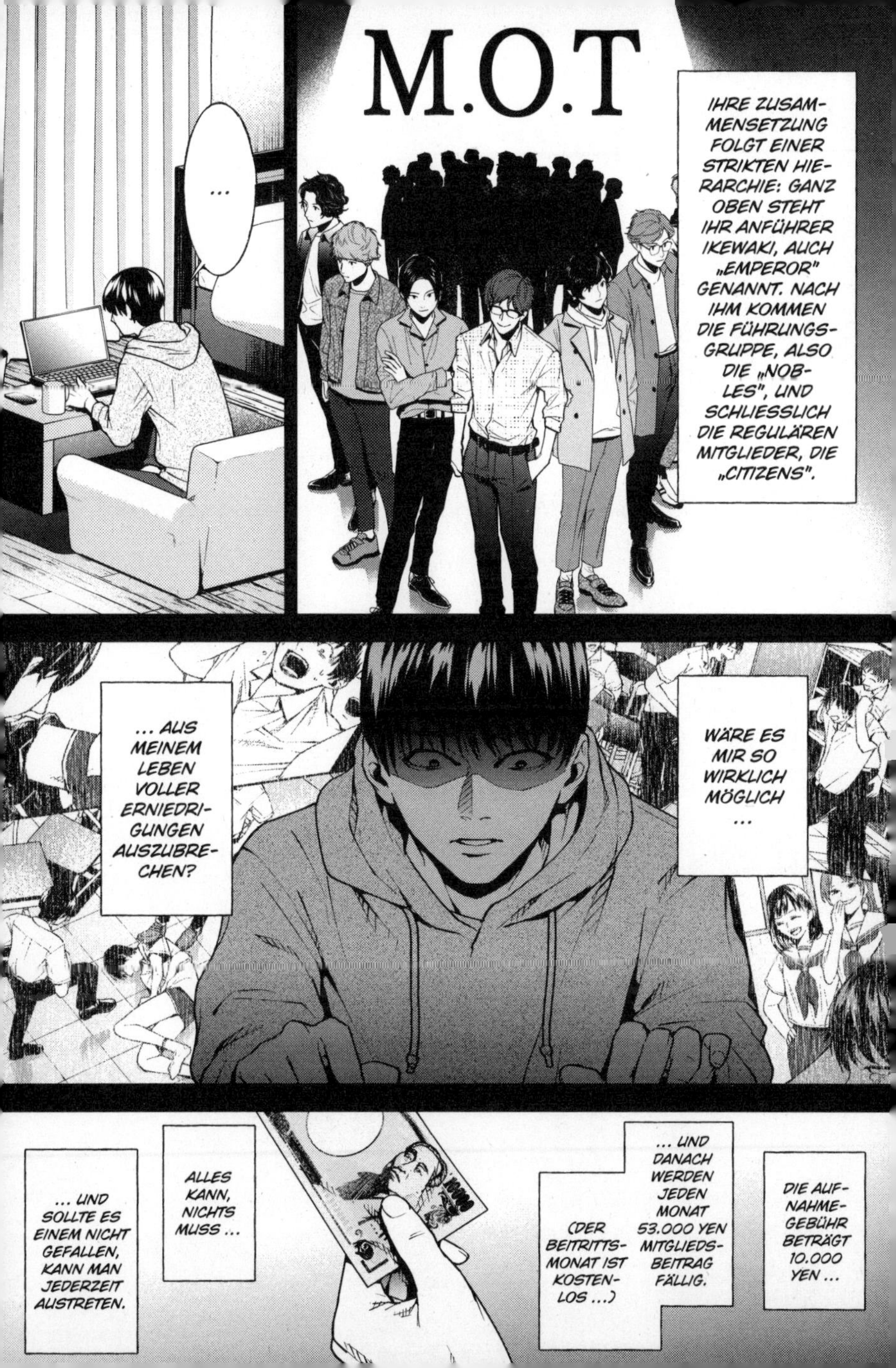
M.O.T
IHRE ZUSAMMENSETZUNG FOLGT EINER STRIKTEN HIERARCHIE: GANZ OBEN STEHT IHR ANFÜHRER IKEWAKI, AUCH „EMPEROR" GENANNT. NACH IHM KOMMEN DIE FÜHRUNGSGRUPPE, ALSO DIE „NOBLES", UND SCHLIESSLICH DIE REGULÄREN MITGLIEDER, DIE „CITIZENS".
…
WÄRE ES MIR SO WIRKLICH MÖGLICH …
… AUS MEINEM LEBEN VOLLER ERNIEDRIGUNGEN AUSZUBRECHEN?
DIE AUFNAHMEGEBÜHR BETRÄGT 10.000 YEN …
… UND DANACH WERDEN JEDEN MONAT 53.000 YEN MITGLIEDSBEITRAG FÄLLIG.
(DER BEITRITTSMONAT IST KOSTENLOS …)
ALLES KANN, NICHTS MUSS …
… UND SOLLTE ES EINEM NICHT GEFALLEN, KANN MAN JEDERZEIT AUSTRETEN.

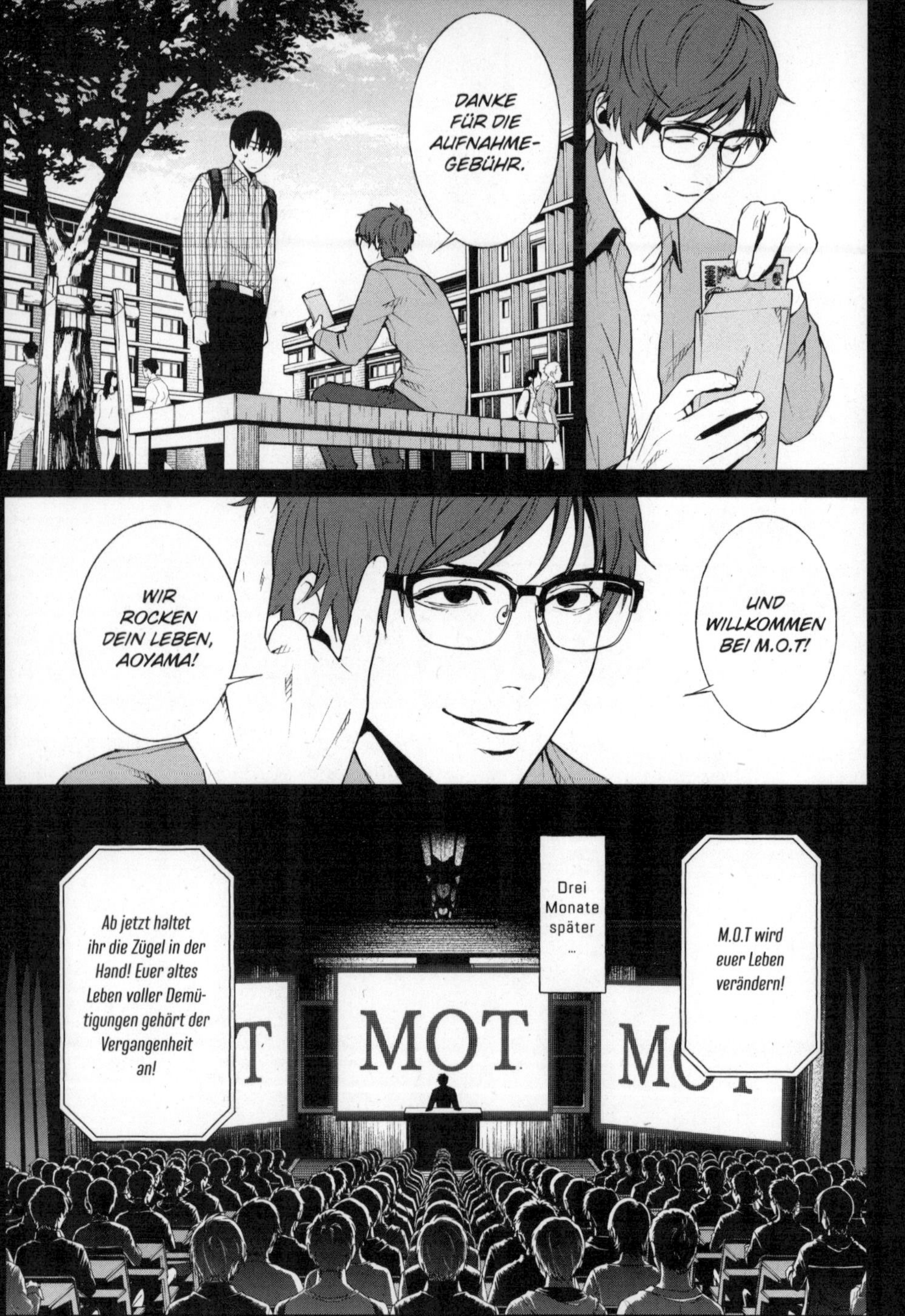
DANKE FÜR DIE AUFNAHME-GEBÜHR.
UND WILLKOMMEN BEI M.O.T!
WIR ROCKEN DEIN LEBEN, AOYAMA!
Drei Monate später …
M.O.T wird euer Leben verändern!
Ab jetzt haltet ihr die Zügel in der Hand! Euer altes Leben voller Demütigungen gehört der Vergangenheit an!
MOT

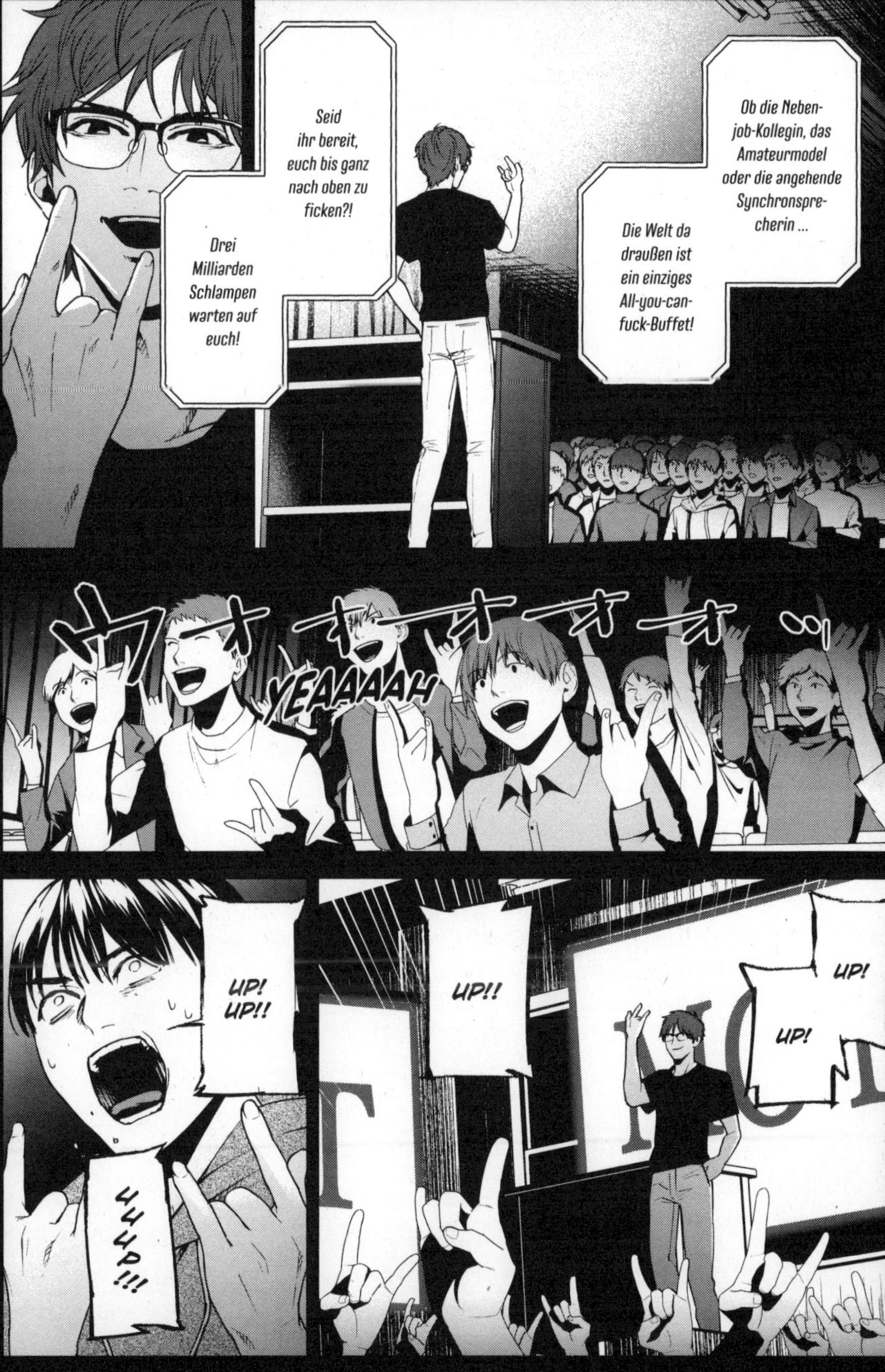
Ob die Neben-job-Kollegin, das Amateurmodel oder die angehende Synchronsprecherin ...
Die Welt da draußen ist ein einziges All-you-can-fuck-Buffet!
Seid ihr bereit, euch bis ganz nach oben zu ficken?!
Drei Milliarden Schlampen warten auf euch!
YEAAAAH
UP!
UP!
UP!!
UP!
UP!!
UUUP!!!

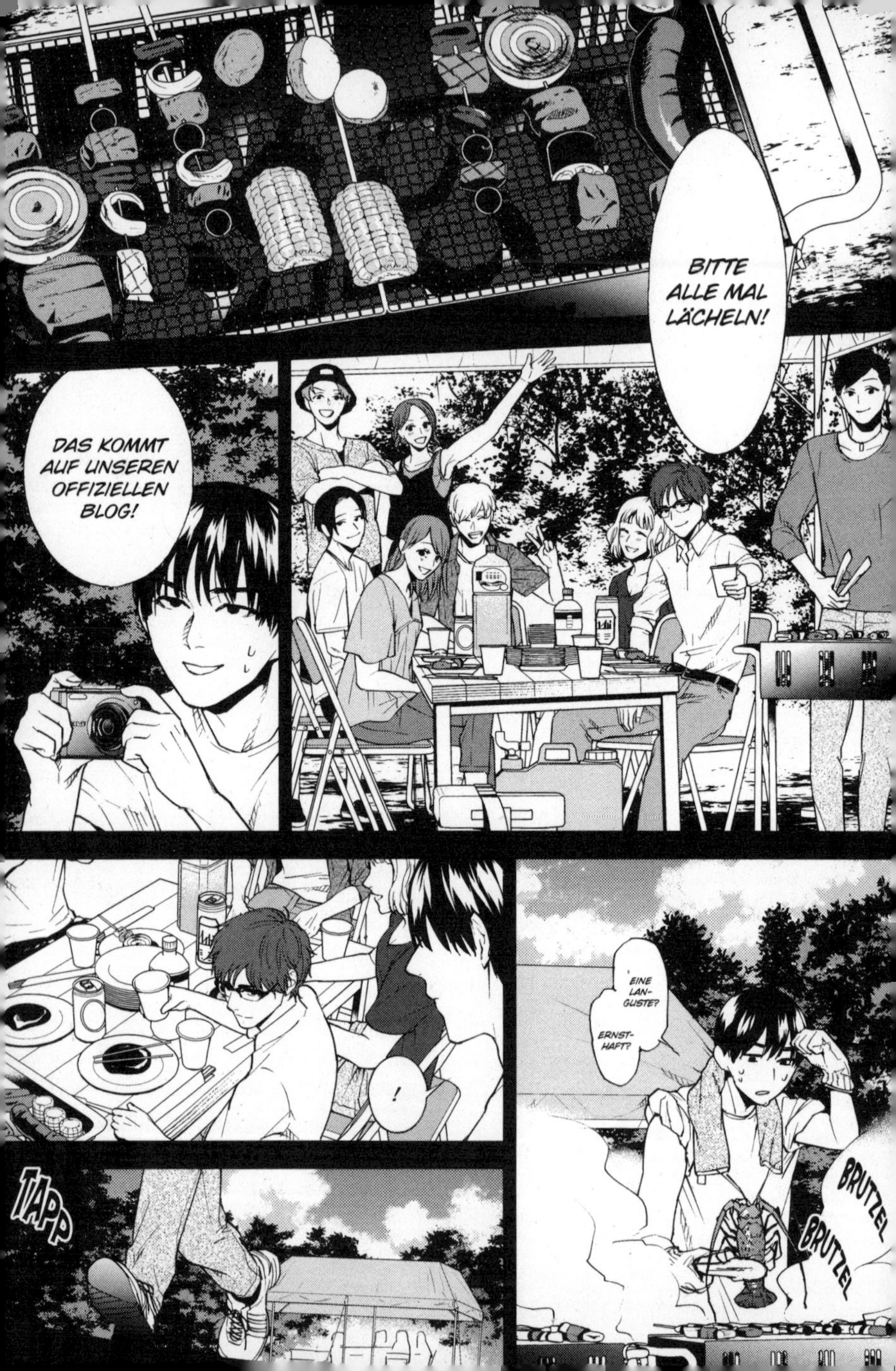
BITTE ALLE MAL LÄCHELN!
DAS KOMMT AUF UNSEREN OFFIZIELLEN BLOG!
EINE LAN-GUSTE?
ERNST-HAFT?
BRUTZEL
BRUTZEL
!
TAPP

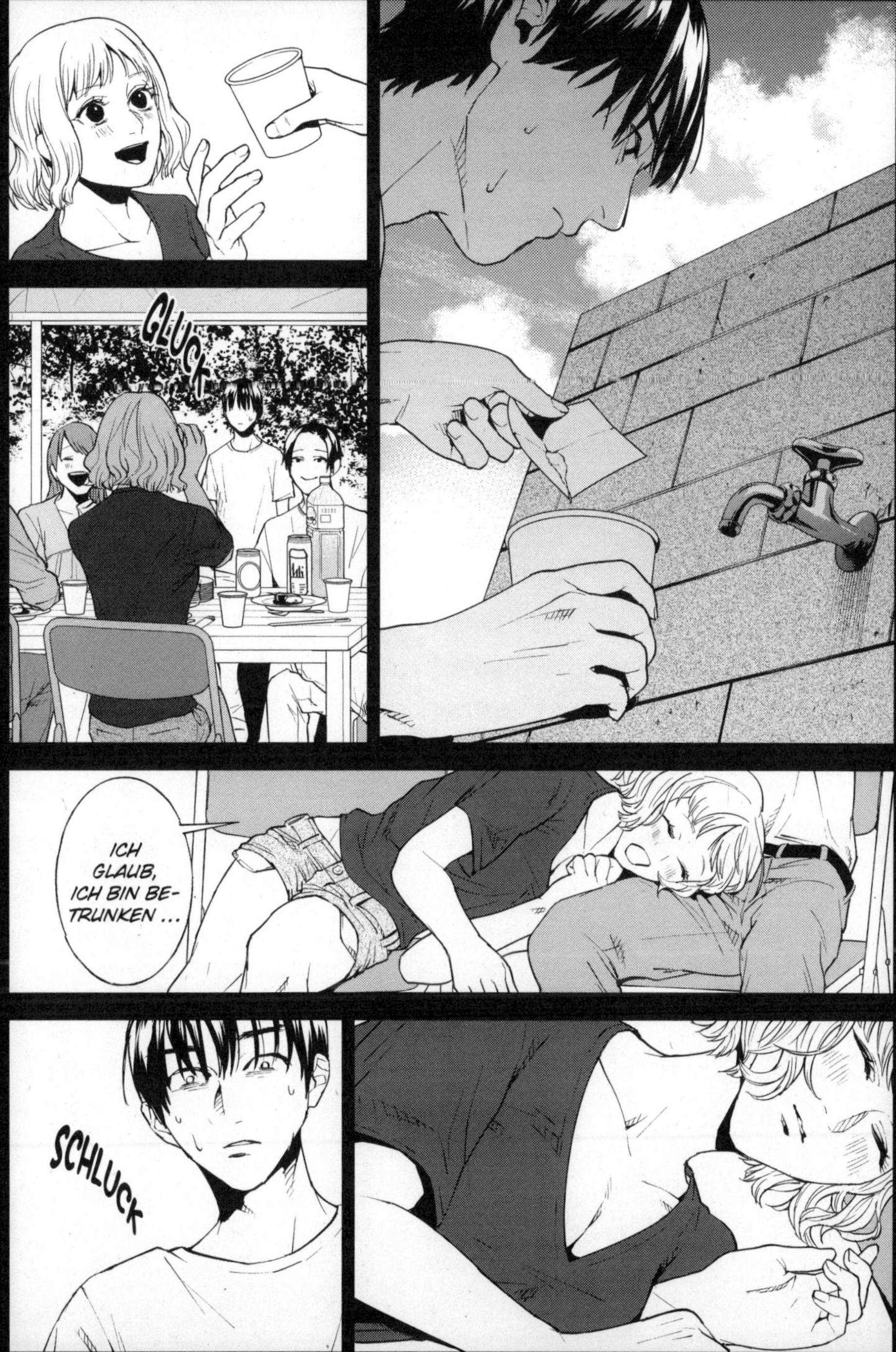
GLUCK
ICH GLAUB, ICH BIN BE-TRUNKEN ...
SCHLUCK

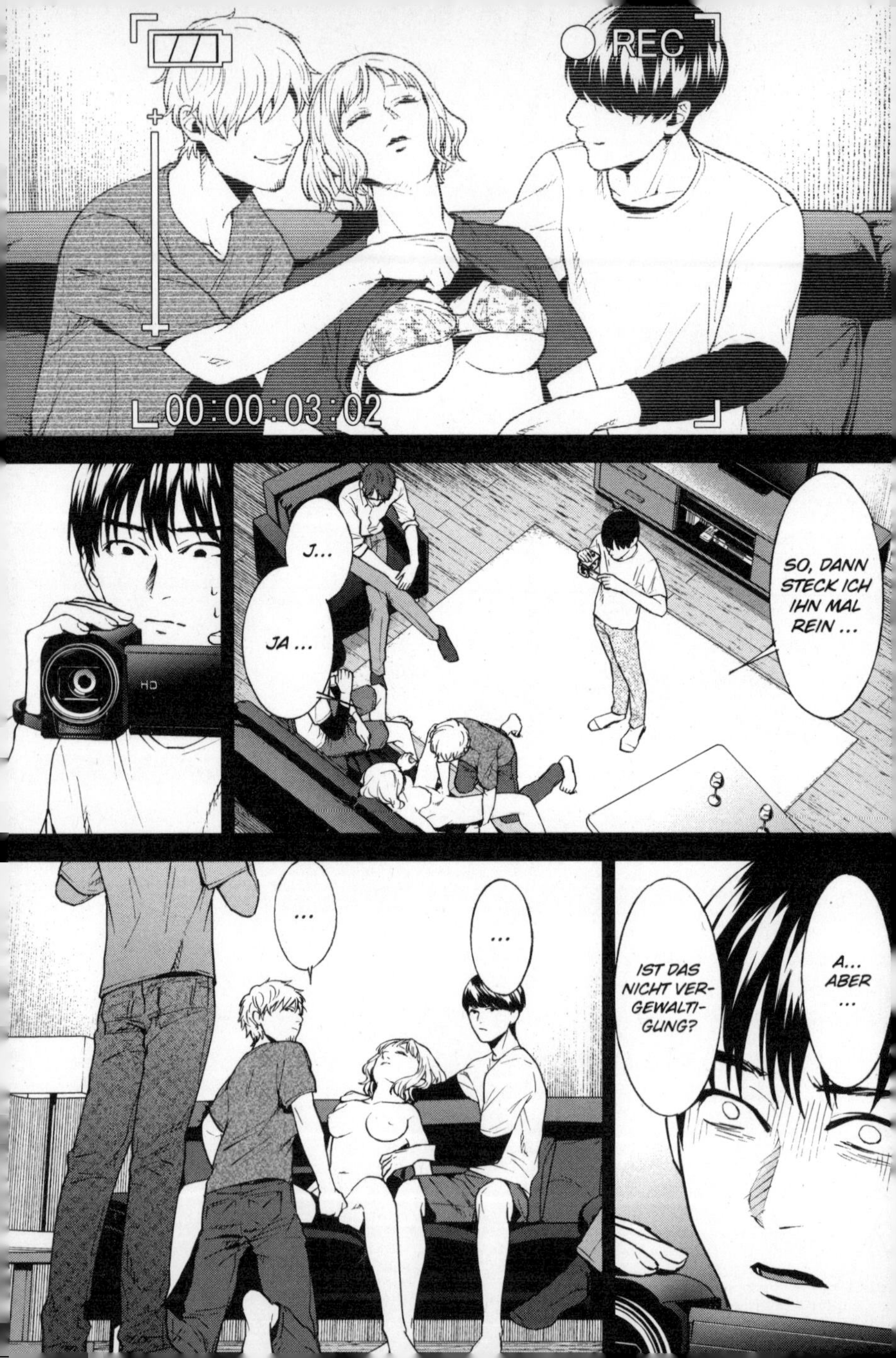
REC
00:00:03:02
SO, DANN STECK ICH IHN MAL REIN ...
J...
JA ...
A... ABER ...
IST DAS NICHT VERGEWALTIGUNG?
...
...

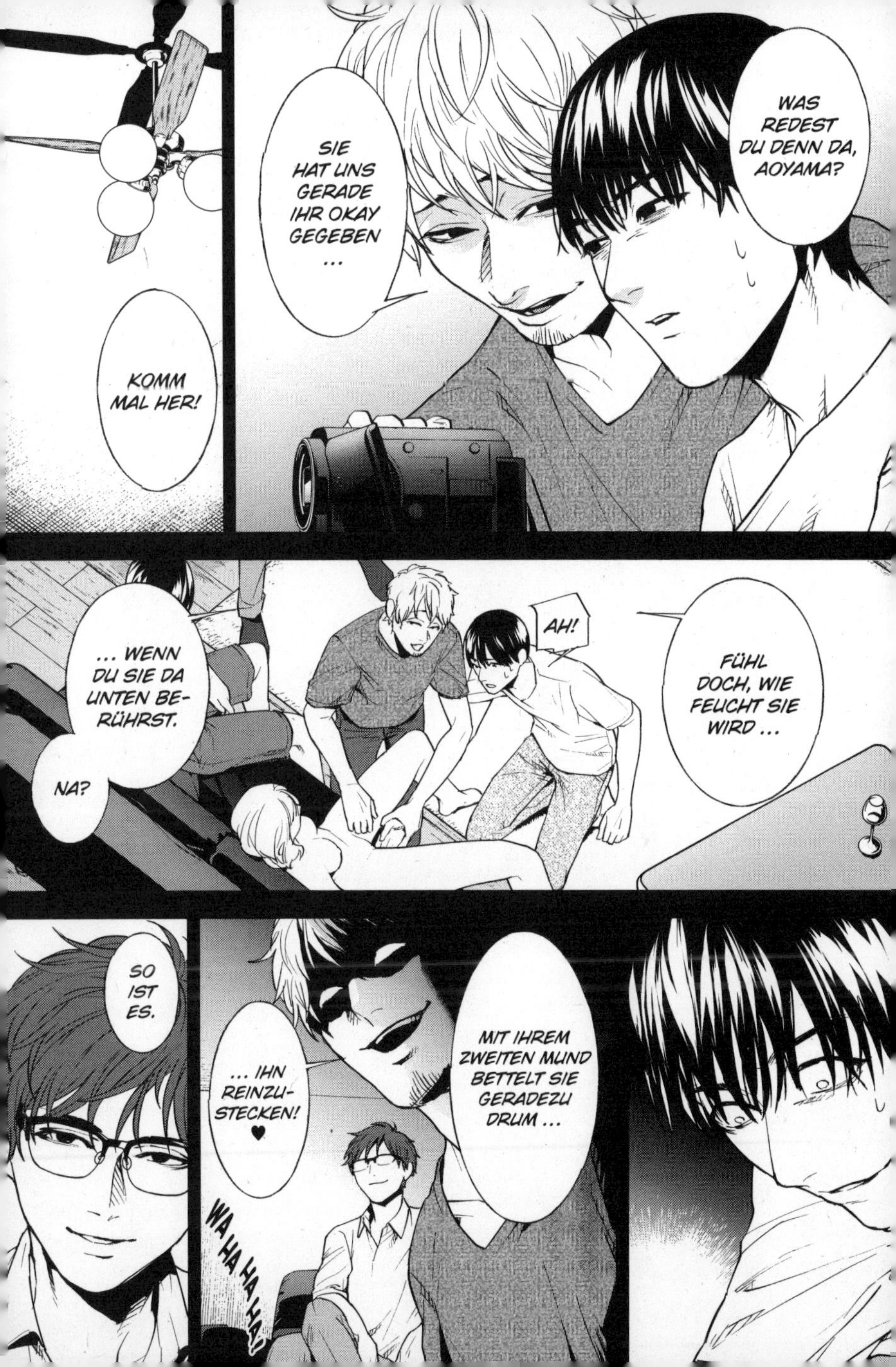
WAS REDEST DU DENN DA, AOYAMA?
SIE HAT UNS GERADE IHR OKAY GEGEBEN …
KOMM MAL HER!
FÜHL DOCH, WIE FEUCHT SIE WIRD …
AH!
… WENN DU SIE DA UNTEN BE-RÜHRST.
NA?
MIT IHREM ZWEITEN MUND BETTELT SIE GERADEZU DRUM …
… IHN REINZU-STECKEN! ♥
WA HA HA HA!
SO IST ES.

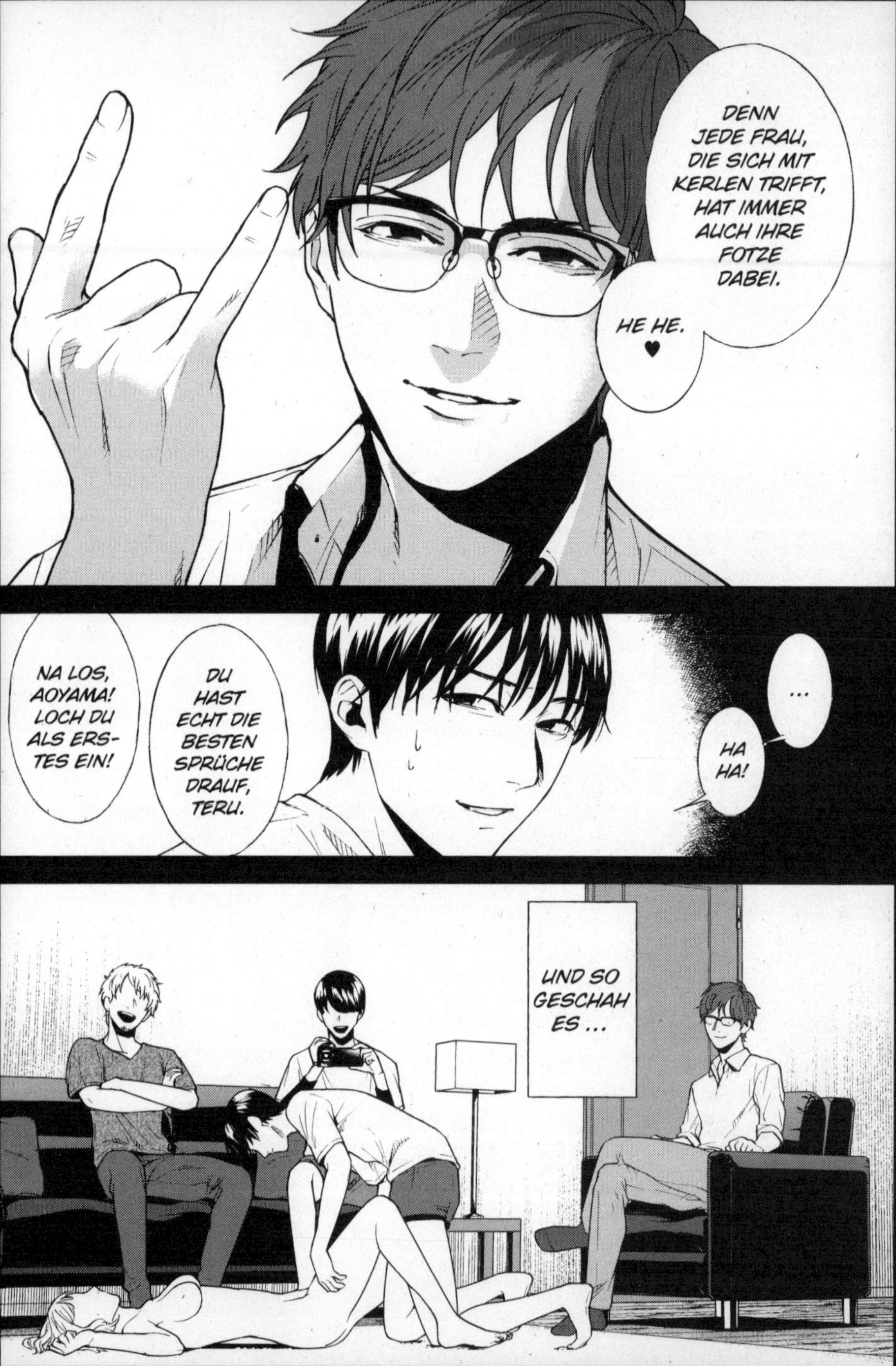
DENN JEDE FRAU, DIE SICH MIT KERLEN TRIFFT, HAT IMMER AUCH IHRE FOTZE DABEI.
HE HE. ♥
...
HA HA!
DU HAST ECHT DIE BESTEN SPRÜCHE DRAUF, TERU.
NA LOS, AOYAMA! LOCH DU ALS ERSTES EIN!
UND SO GESCHAH ES ...

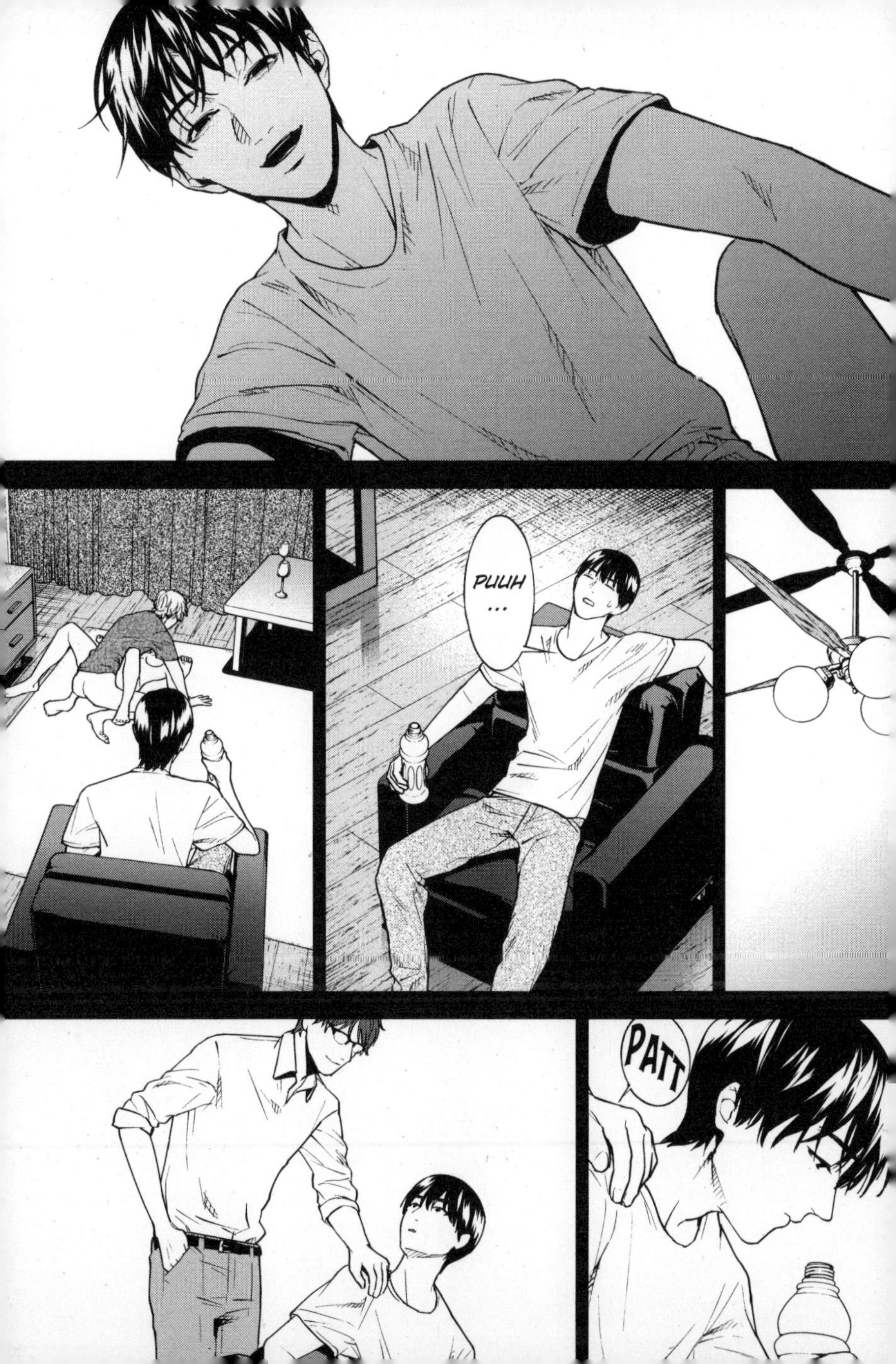
PUUH
...
PATT

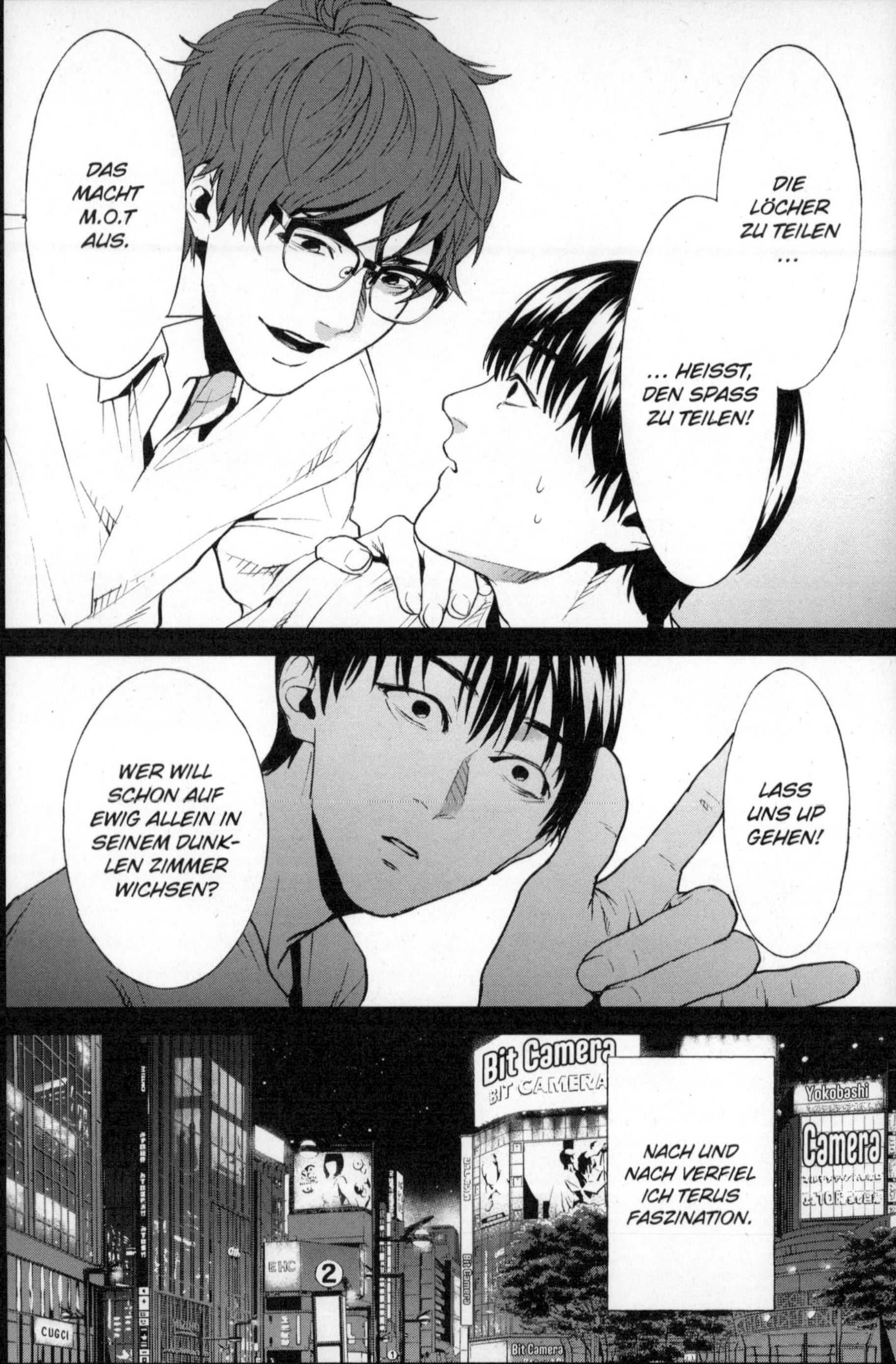
DIE LÖCHER ZU TEILEN …
… HEISST, DEN SPASS ZU TEILEN!
DAS MACHT M.O.T AUS.
LASS UNS UP GEHEN!
WER WILL SCHON AUF EWIG ALLEIN IN SEINEM DUNK-LEN ZIMMER WICHSEN?
Bit Camera
BIT CAMERA
Yokobashi
Camera
NACH UND NACH VERFIEL ICH TERUS FASZINATION.
EHC
2
Bit Camera
CUGCI

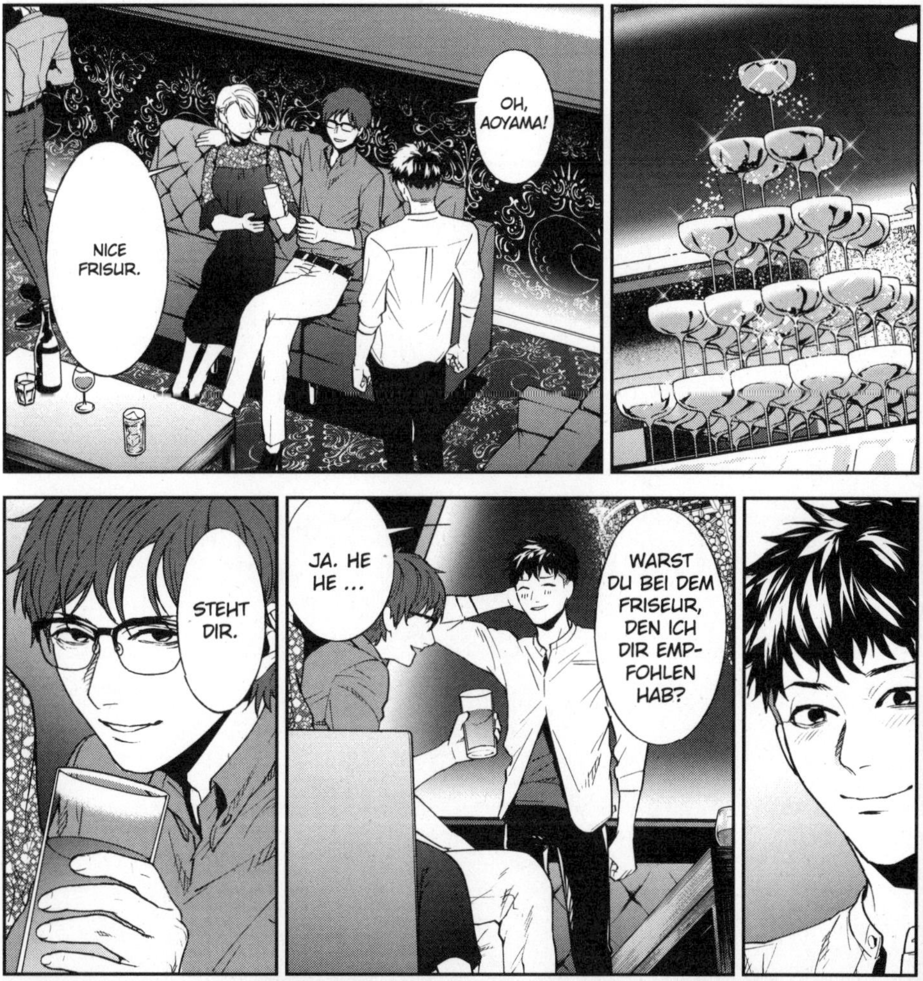
OH, AOYAMA!
NICE FRISUR.
WARST DU BEI DEM FRISEUR, DEN ICH DIR EMPFOHLEN HAB?
JA. HE HE …
STEHT DIR.
JETZT BIST DU UP!
AOYAMA!

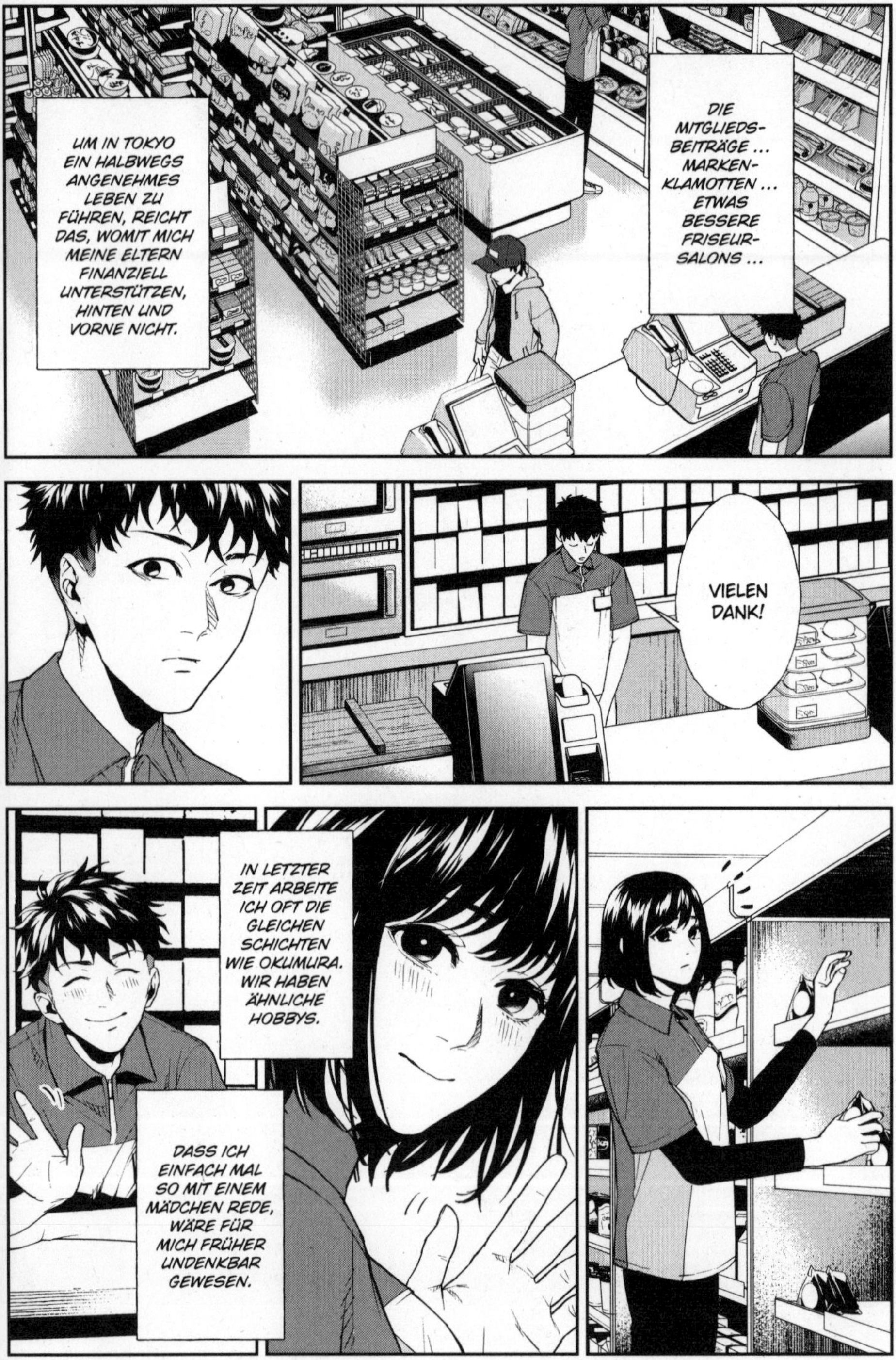
DIE MITGLIEDS-BEITRÄGE ... MARKEN-KLAMOTTEN ... ETWAS BESSERE FRISEUR-SALONS ...
UM IN TOKYO EIN HALBWEGS ANGENEHMES LEBEN ZU FÜHREN, REICHT DAS, WOMIT MICH MEINE ELTERN FINANZIELL UNTERSTÜTZEN, HINTEN UND VORNE NICHT.
VIELEN DANK!
IN LETZTER ZEIT ARBEITE ICH OFT DIE GLEICHEN SCHICHTEN WIE OKUMURA. WIR HABEN ÄHNLICHE HOBBYS.
DASS ICH EINFACH MAL SO MIT EINEM MÄDCHEN REDE, WÄRE FÜR MICH FRÜHER UNDENKBAR GEWESEN.

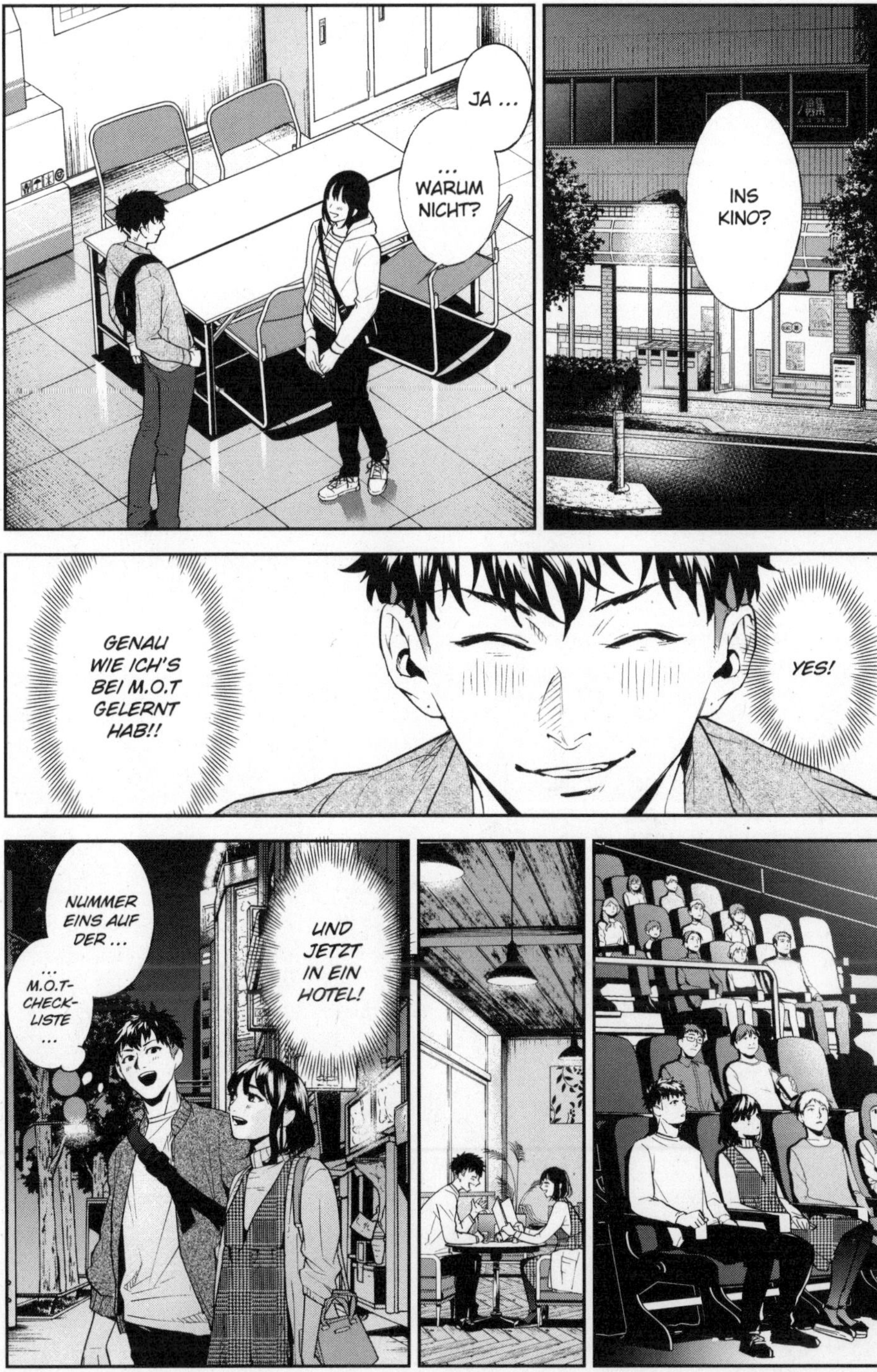
INS KINO?
JA …
… WARUM NICHT?
YES!
GENAU WIE ICH'S BEI M.O.T GELERNT HAB!!
NUMMER EINS AUF DER …
… M.O.T-CHECK-LISTE …
UND JETZT IN EIN HOTEL!

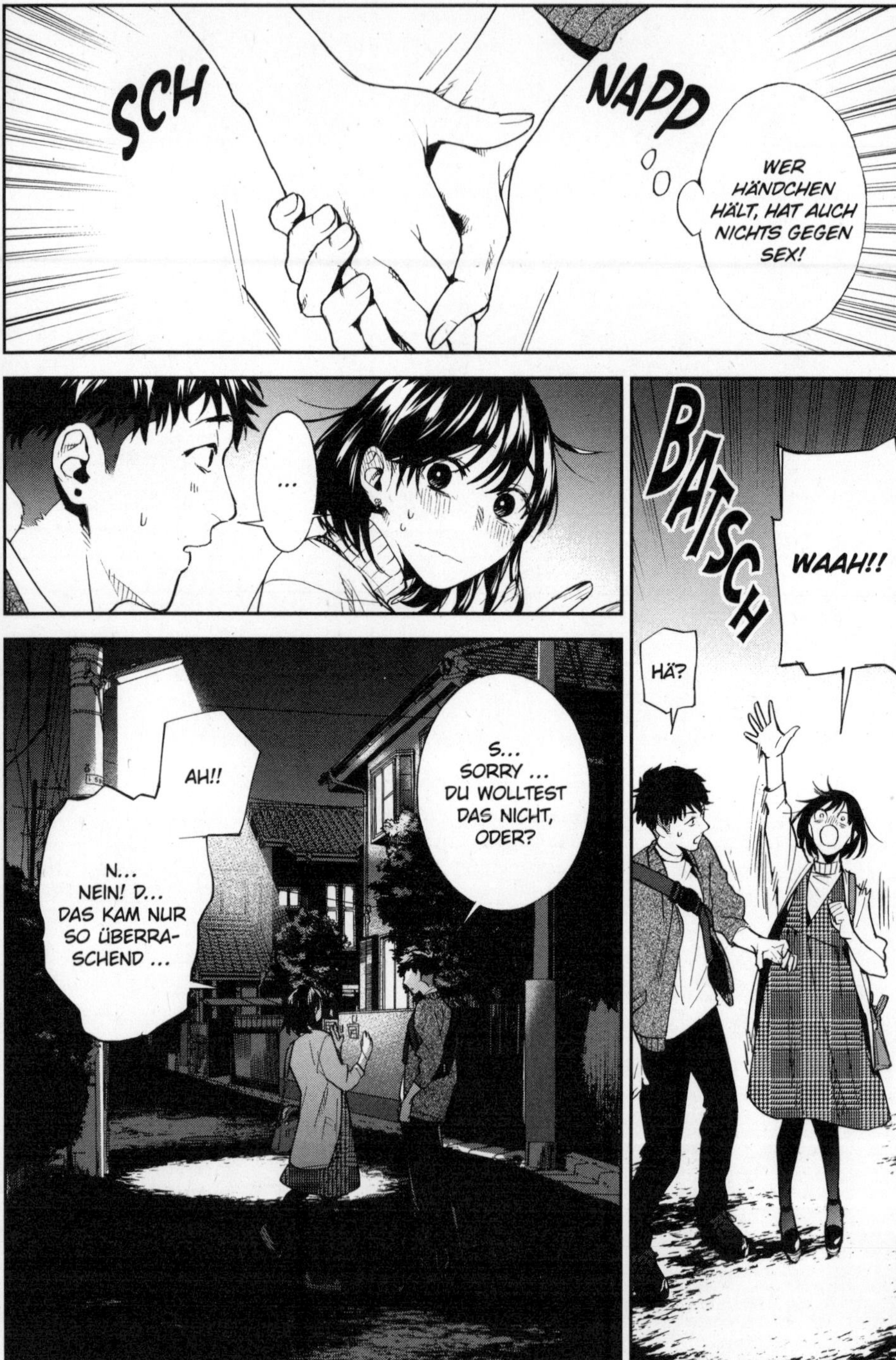
SCH
NAPP
WER HÄNDCHEN HÄLT, HAT AUCH NICHTS GEGEN SEX!
BATSCH
WAAH!!
HÄ?
...
S... SORRY ... DU WOLLTEST DAS NICHT, ODER?
AH!!
N... NEIN! D... DAS KAM NUR SO ÜBERRA-SCHEND ...

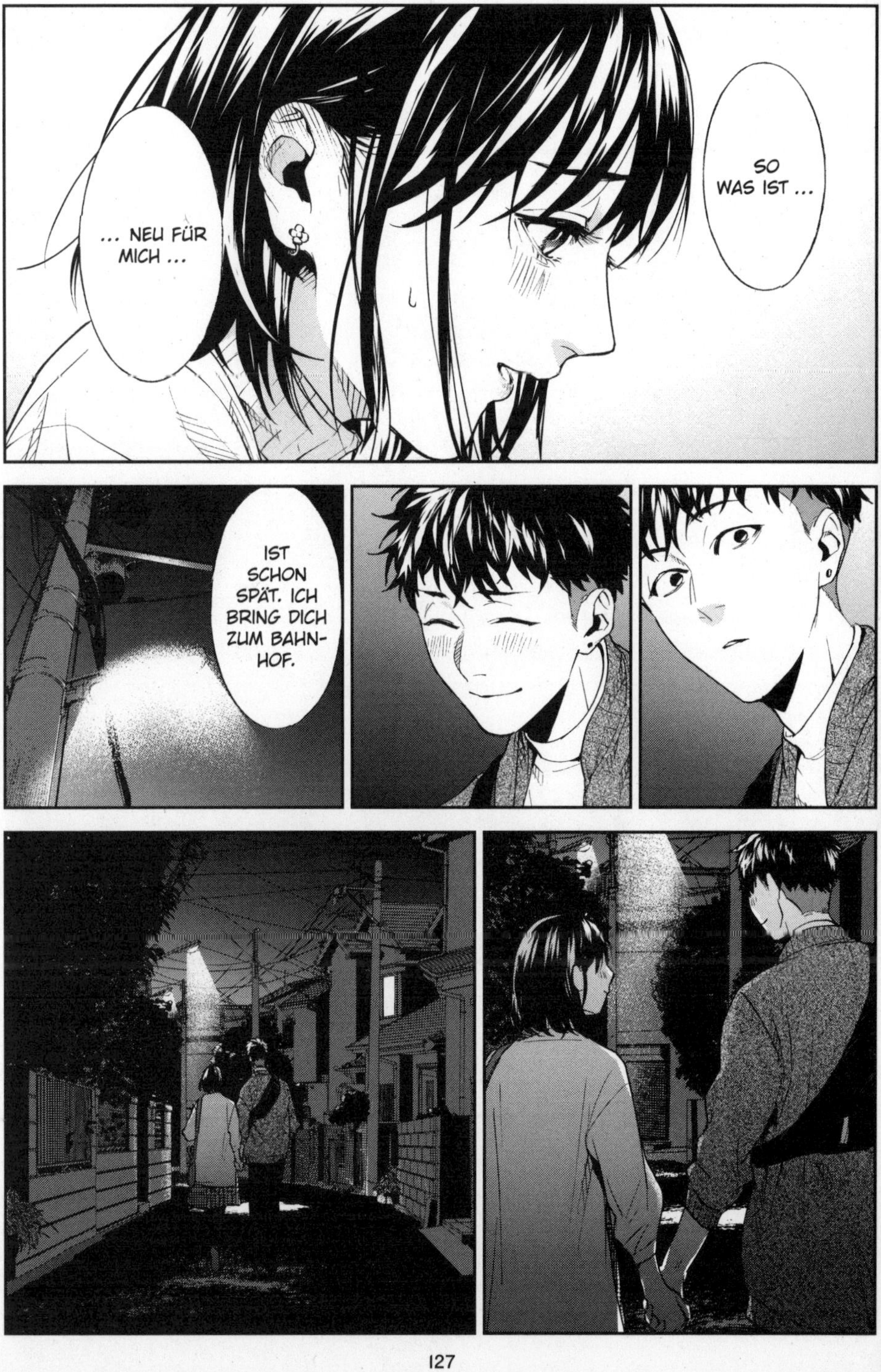
SO WAS IST …
… NEU FÜR MICH …
IST SCHON SPÄT. ICH BRING DICH ZUM BAHNHOF.

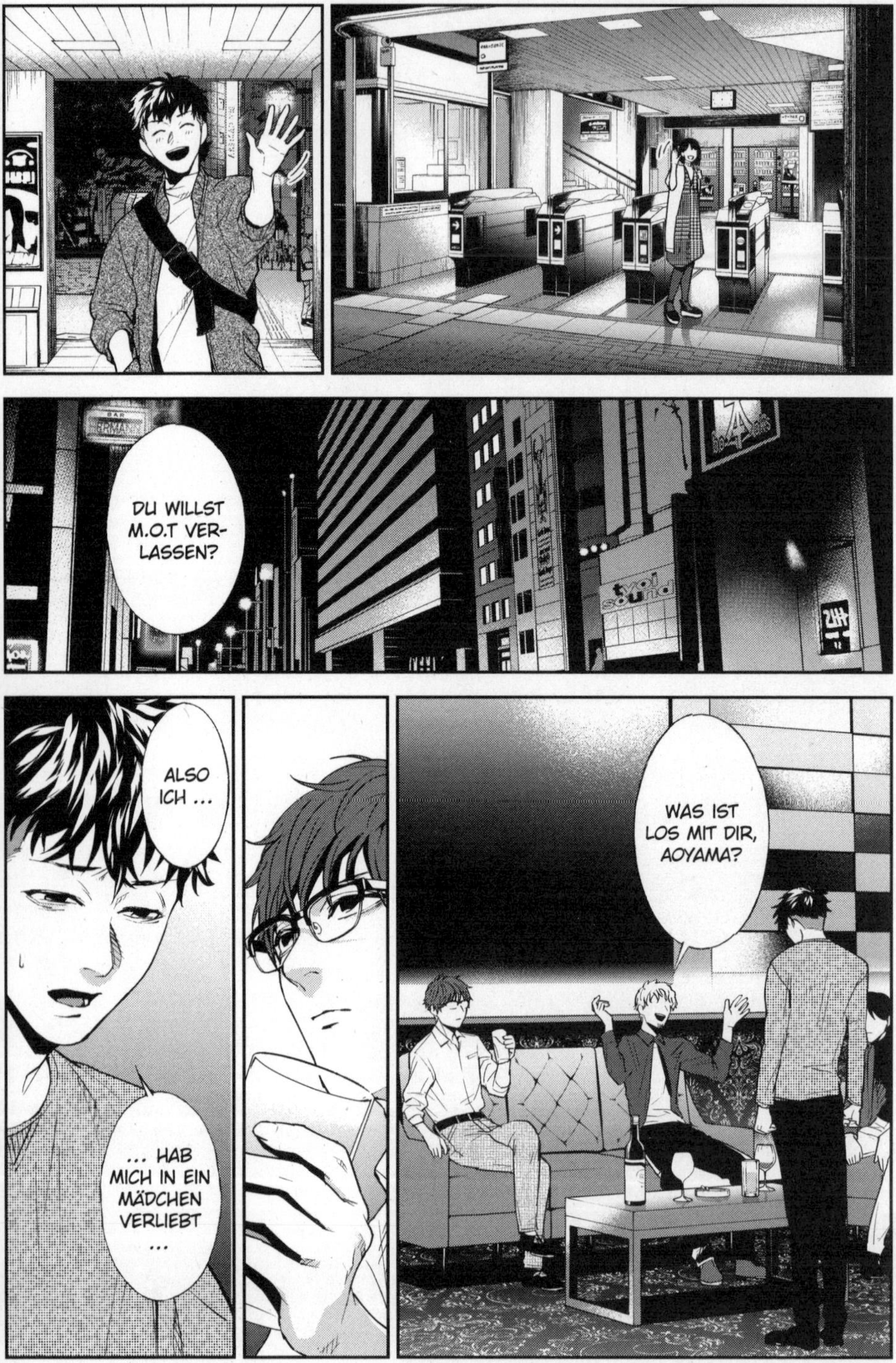
DU WILLST M.O.T VERLASSEN?
WAS IST LOS MIT DIR, AOYAMA?
ALSO ICH ...
... HAB MICH IN EIN MÄDCHEN VERLIEBT ...

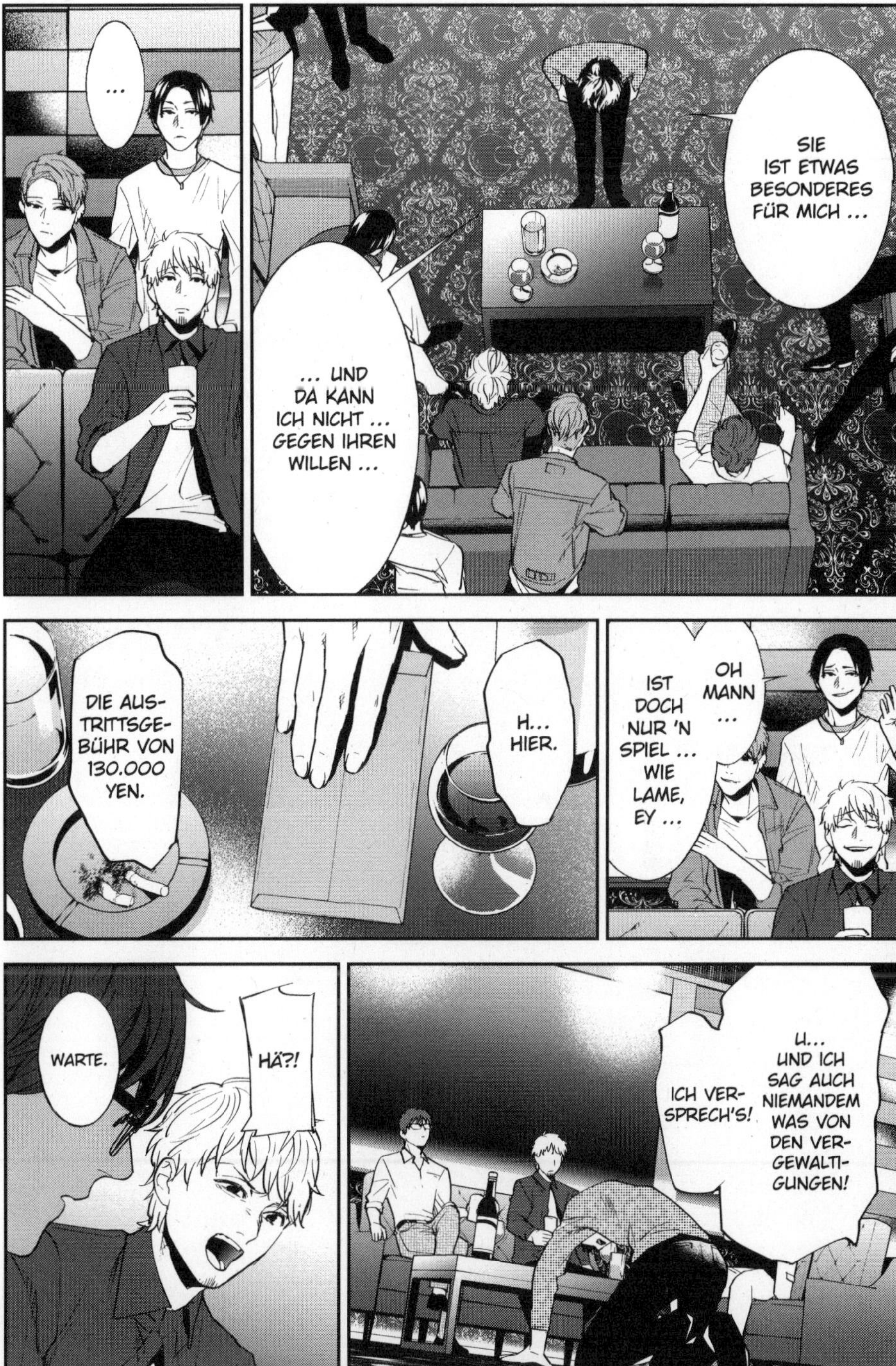
SIE IST ETWAS BESONDERES FÜR MICH …
… UND DA KANN ICH NICHT … GEGEN IHREN WILLEN …
…
OH MANN …
IST DOCH NUR 'N SPIEL … WIE LAME, EY …
H… HIER.
DIE AUSTRITTSGEBÜHR VON 130.000 YEN.
U… UND ICH SAG AUCH NIEMANDEM WAS VON DEN VERGEWALTIGUNGEN!
ICH VERSPRECH'S!
HÄ?!
WARTE.

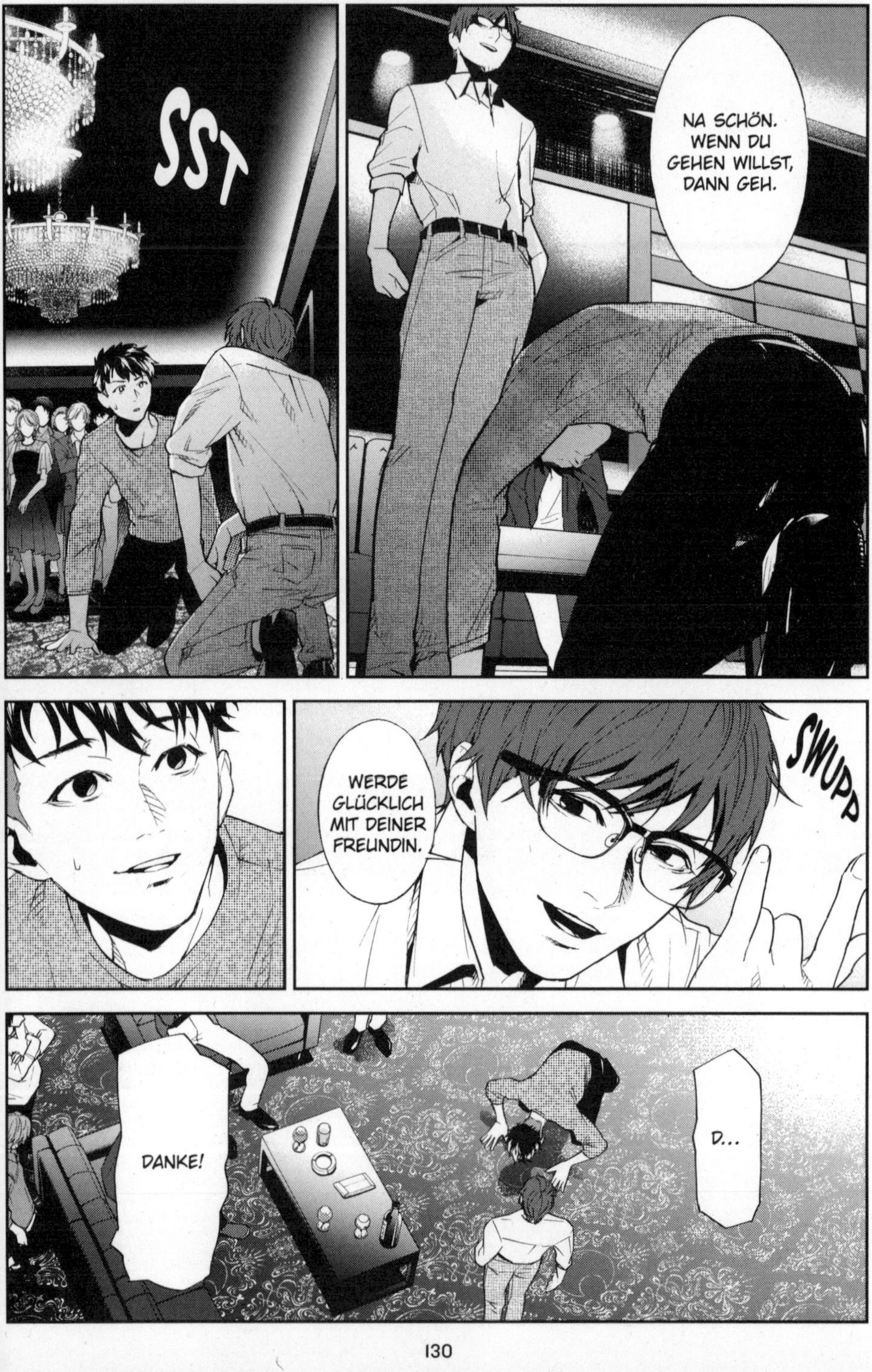
NA SCHÖN. WENN DU GEHEN WILLST, DANN GEH.
SST
SWUPP
WERDE GLÜCKLICH MIT DEINER FREUNDIN.
D...
DANKE!

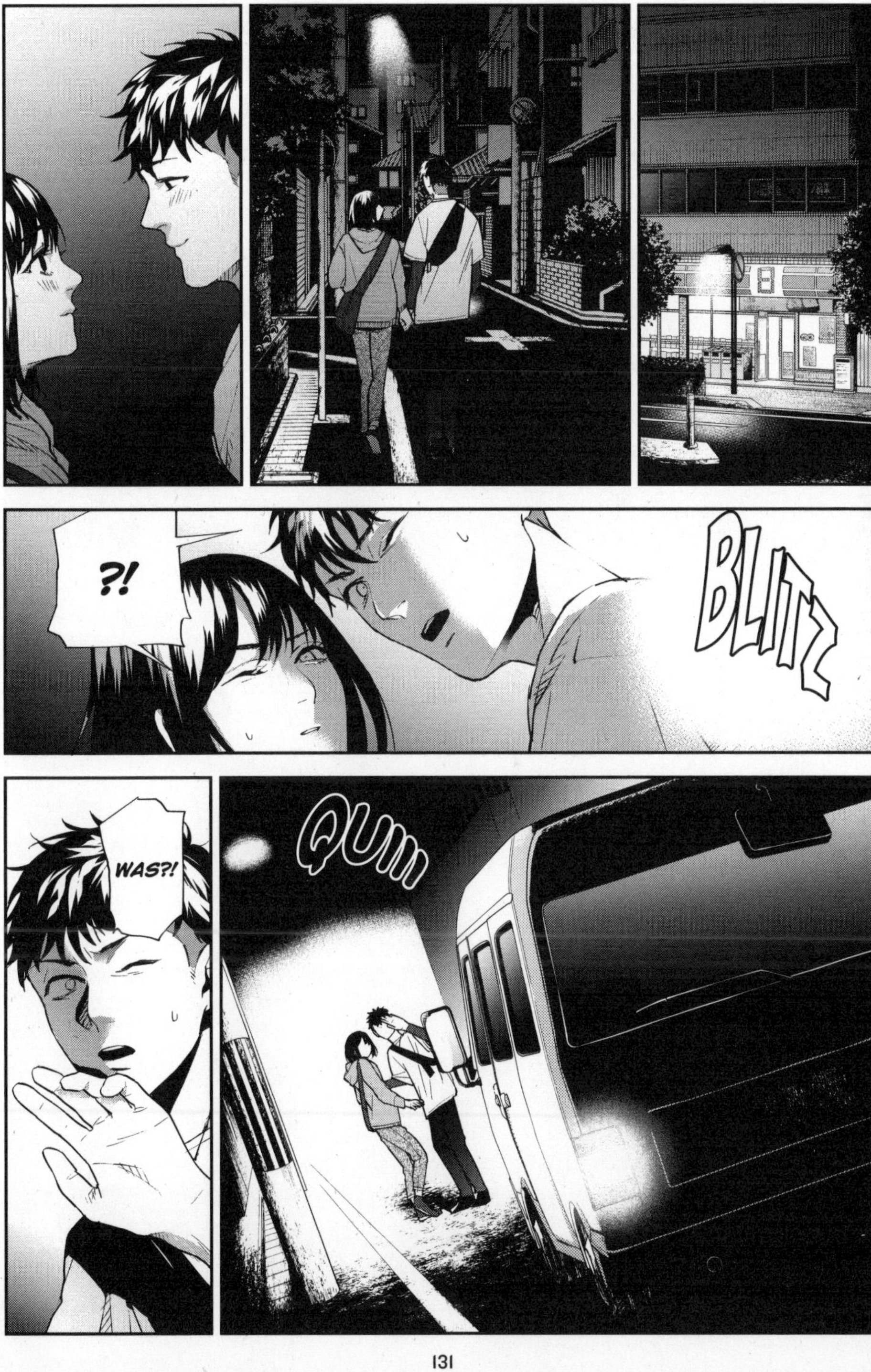
?!
BLITZ
WAS?!
QUIII

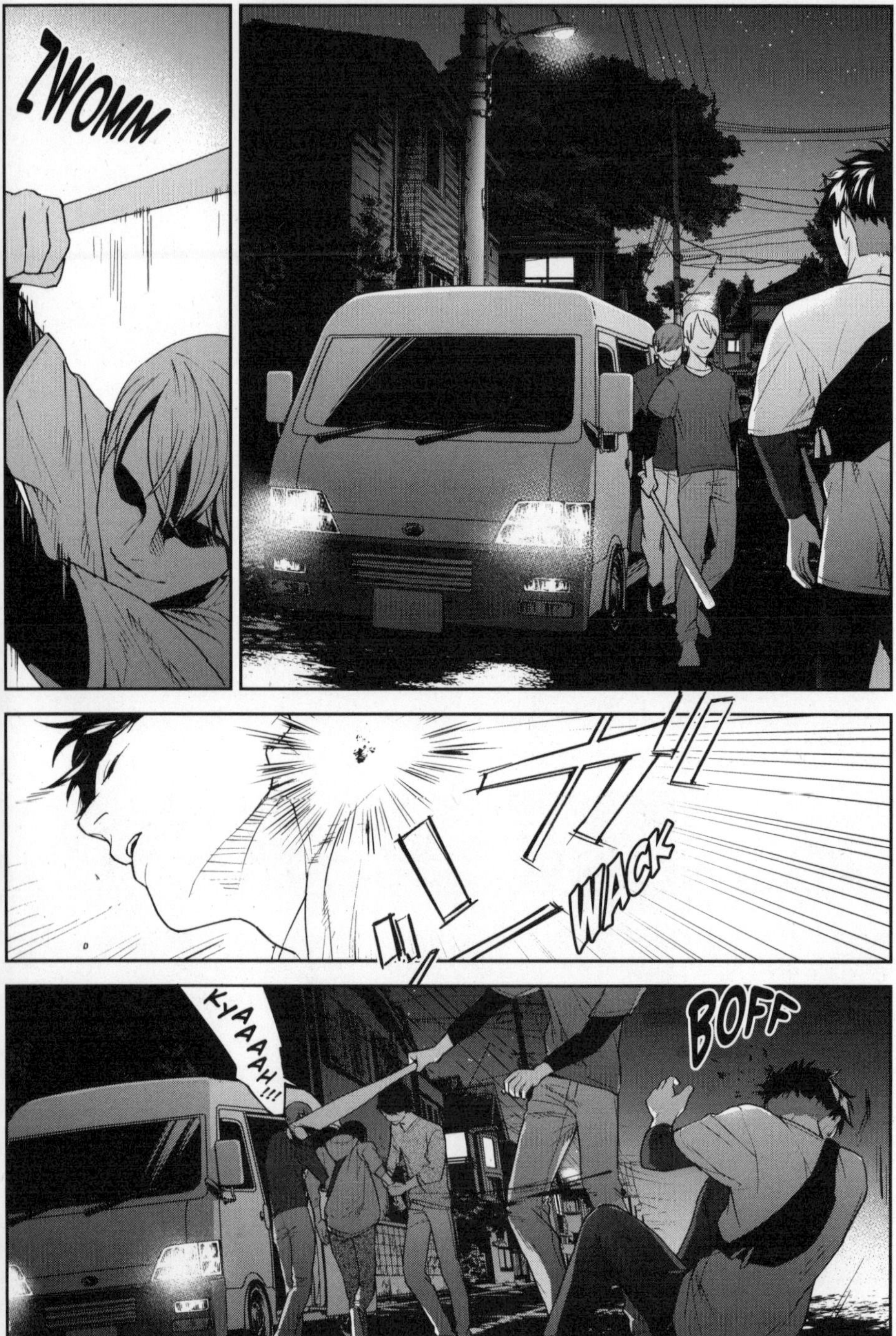
ZWOMM
WACK
BOFF
KYAAAAH!!!

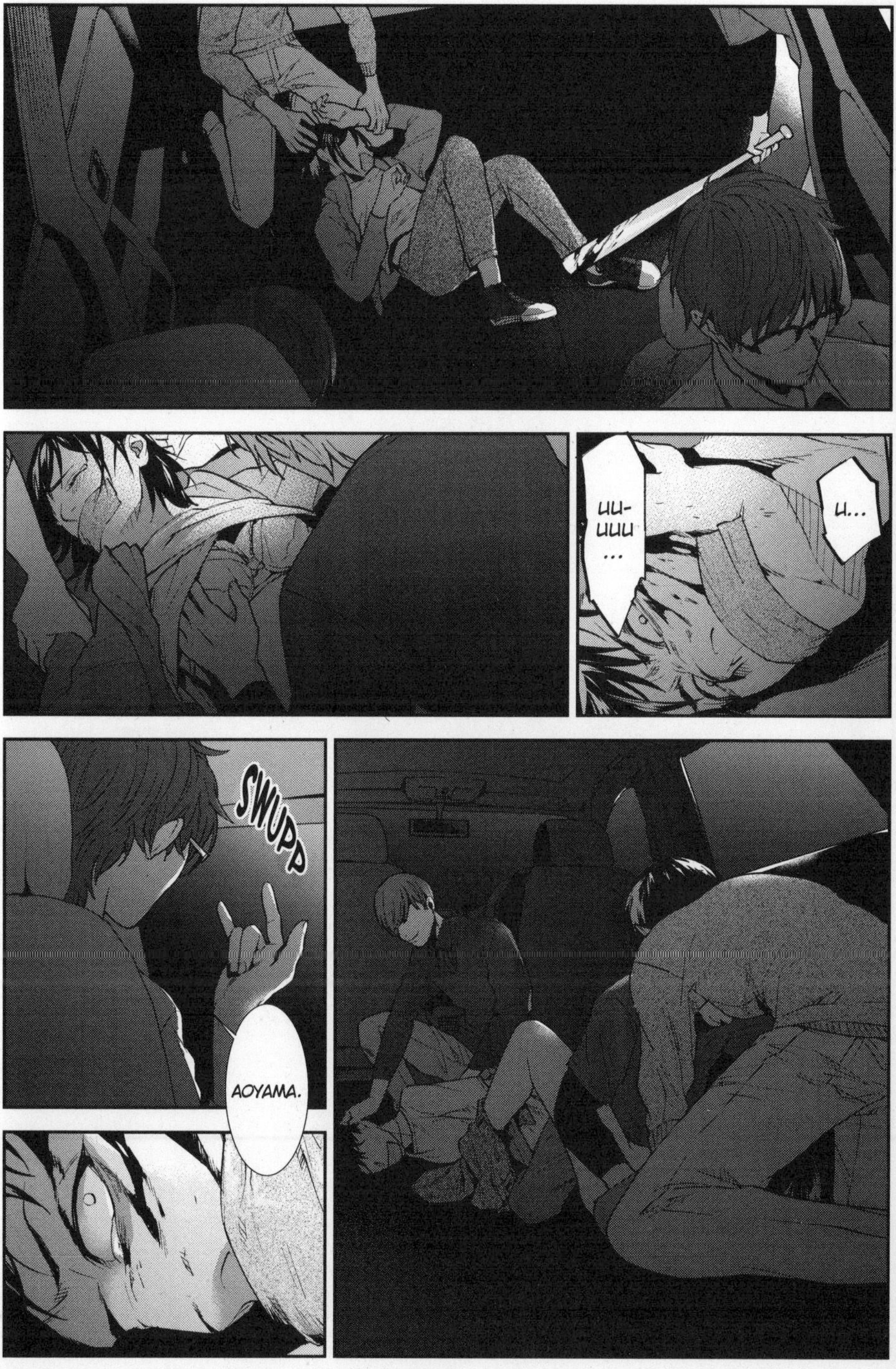
U...
UU-
UUU
...
SWUPP
AOYAMA.

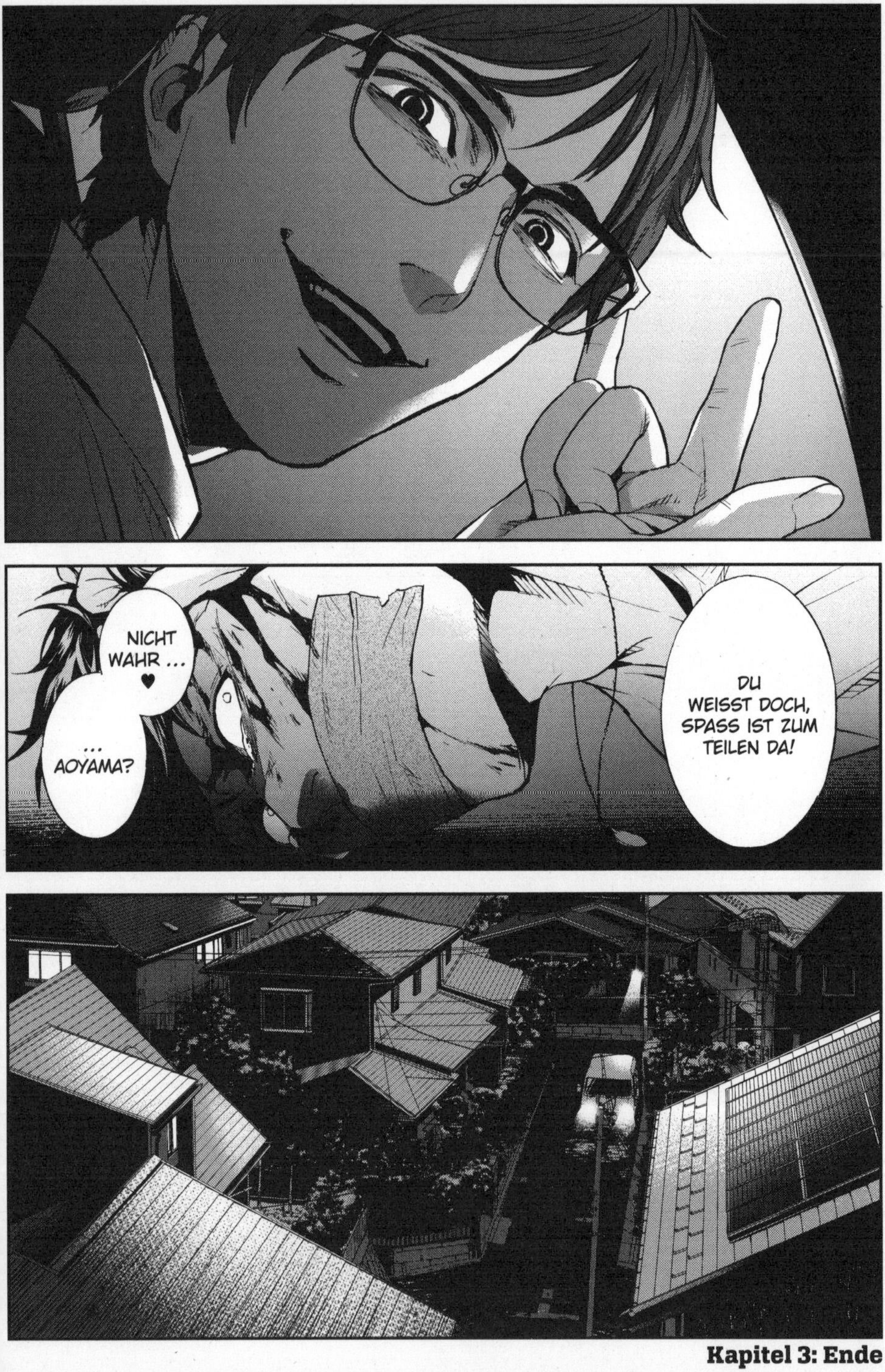

Kapitel 3: Ende

B R U T A L

BRUTAL

Bekenntnisse eines Mordermittlers

Kapitel 4: Blutverschmierte Sühne

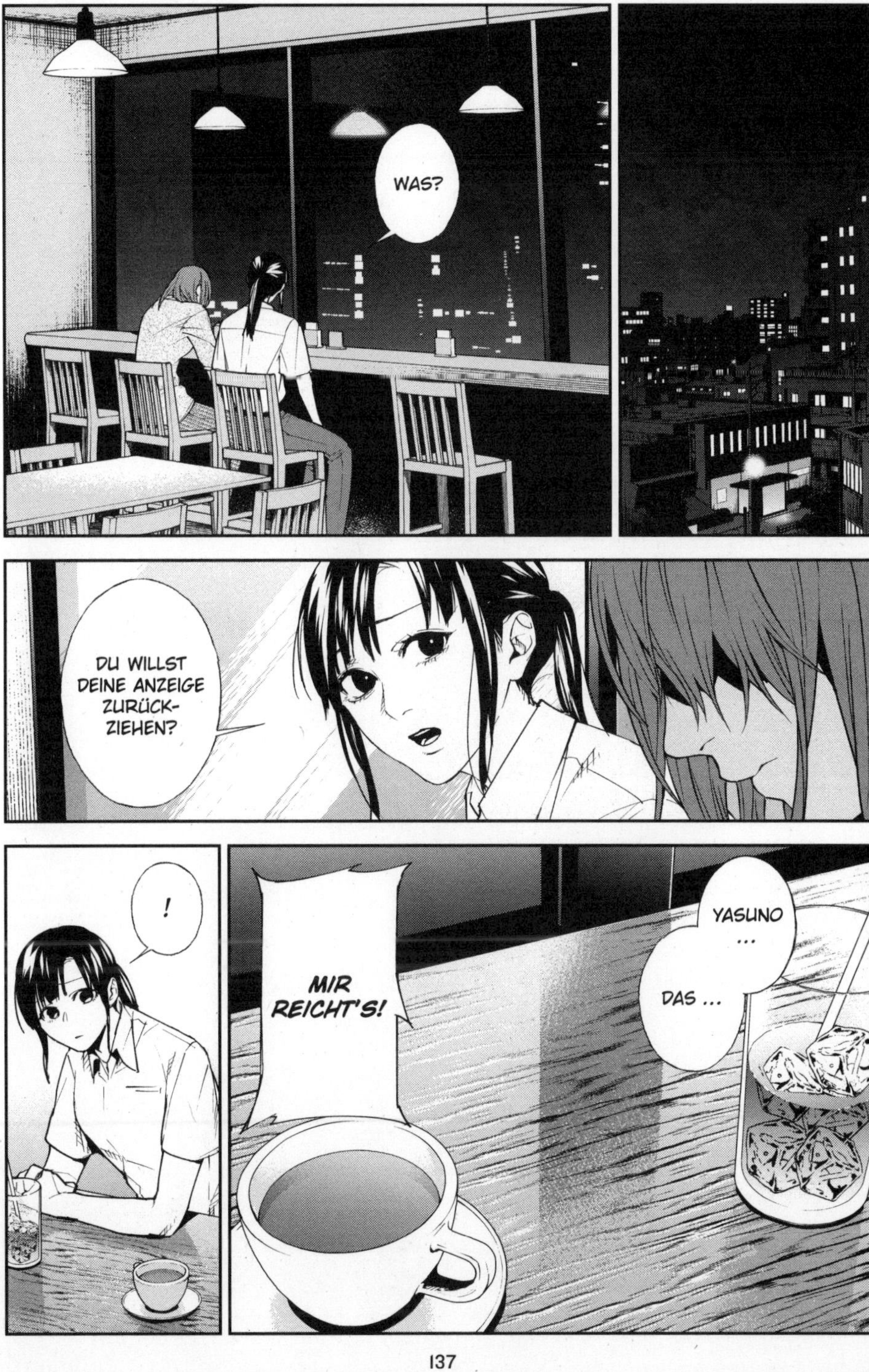

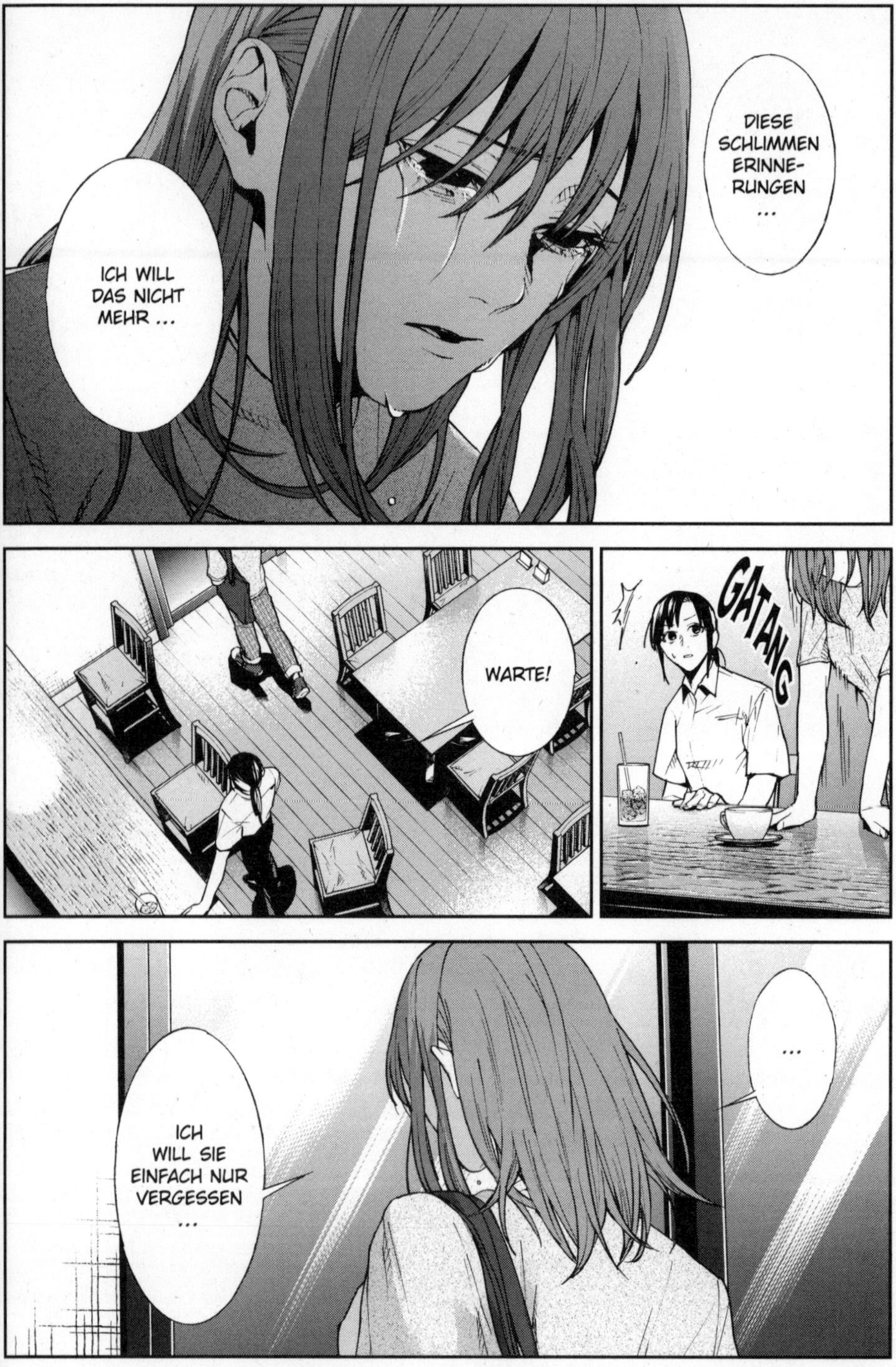
DIESE SCHLIMMEN ERINNERUNGEN …
ICH WILL DAS NICHT MEHR …
GATANG
WARTE!
…
ICH WILL SIE EINFACH NUR VERGESSEN …

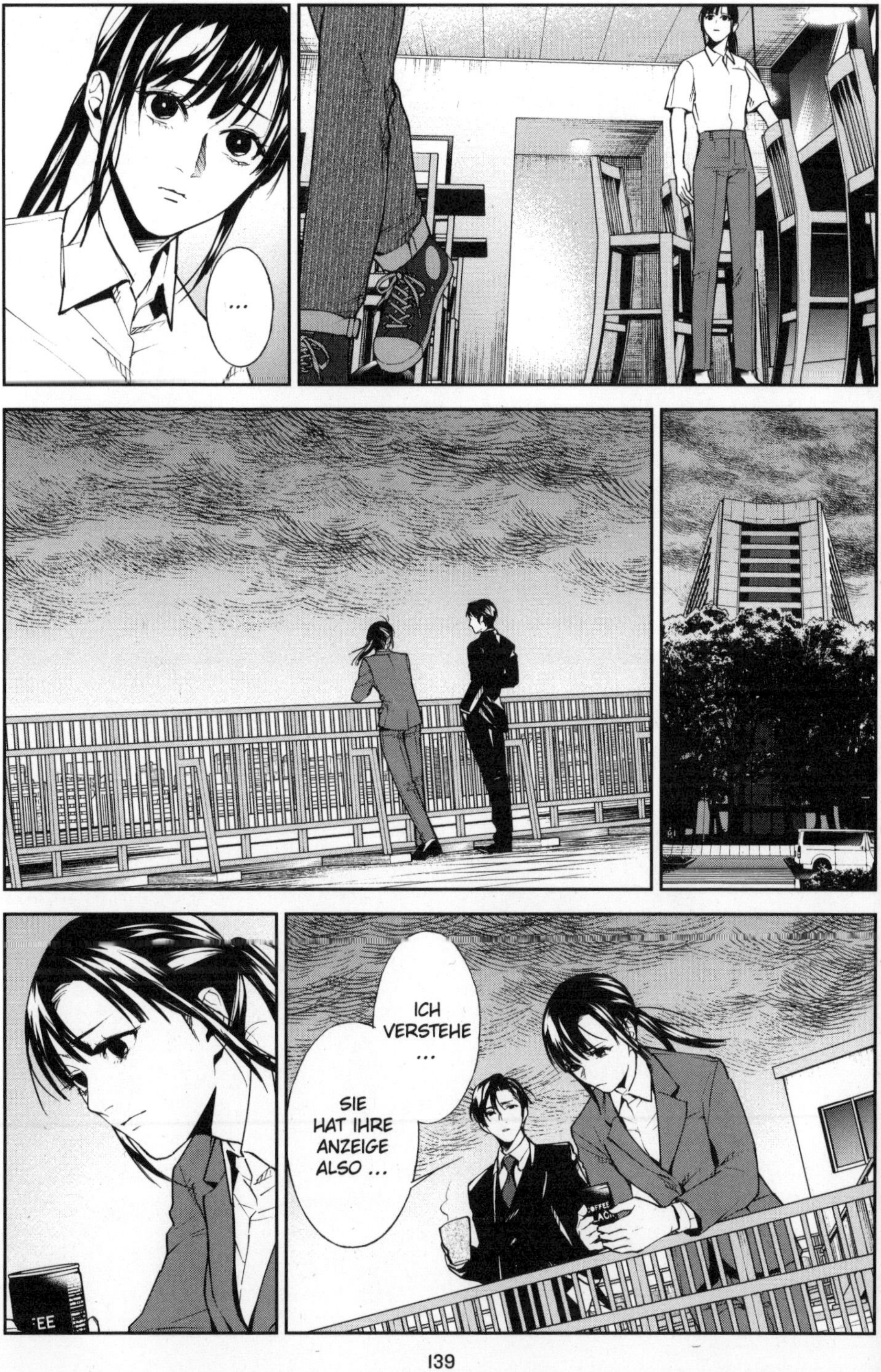
…
ICH VERSTEHE …
SIE HAT IHRE ANZEIGE ALSO …

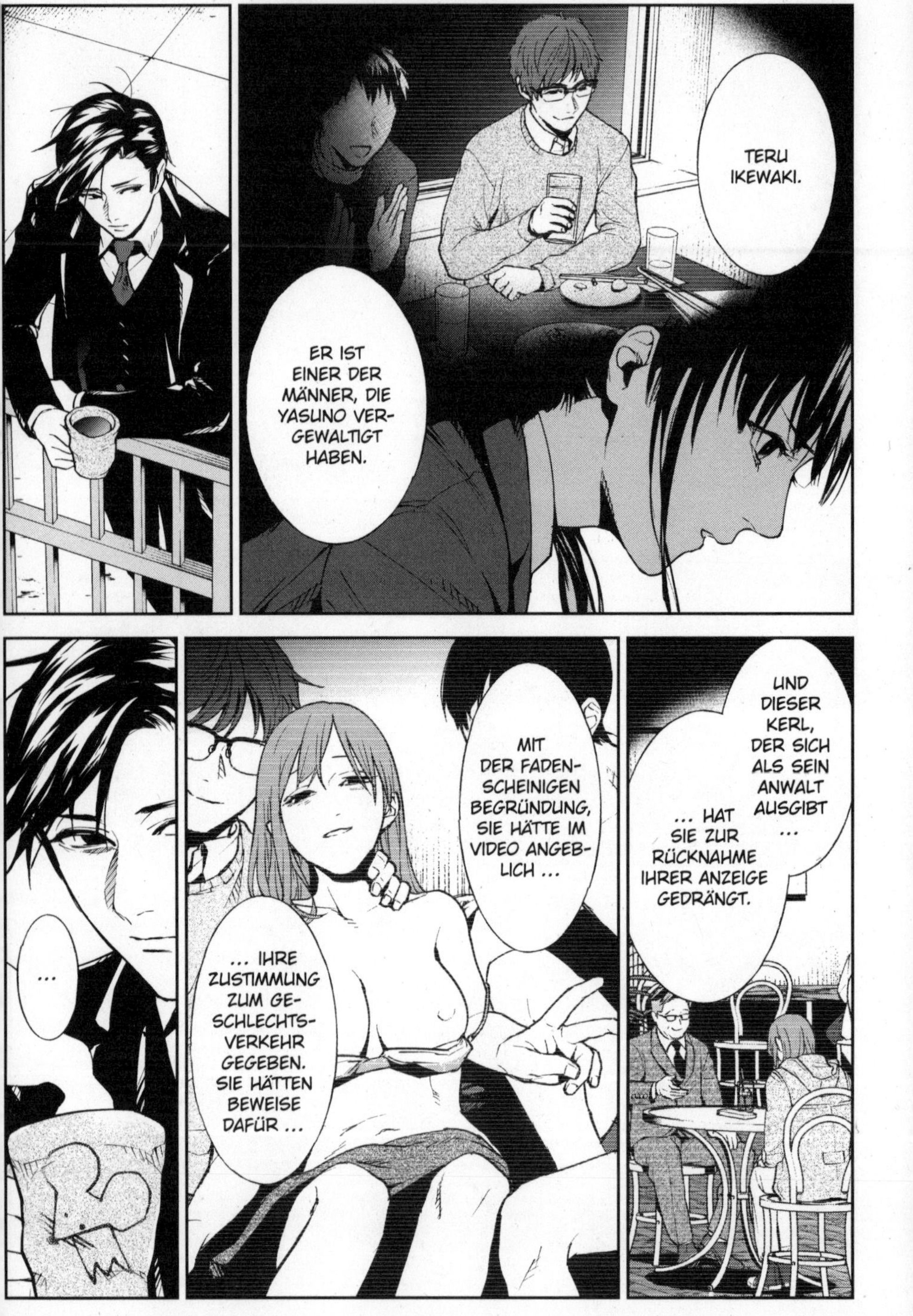
TERU IKEWAKI.
ER IST EINER DER MÄNNER, DIE YASUNO VERGEWALTIGT HABEN.
UND DIESER KERL, DER SICH ALS SEIN ANWALT AUSGIBT ...
... HAT SIE ZUR RÜCKNAHME IHRER ANZEIGE GEDRÄNGT.
MIT DER FADENSCHEINIGEN BEGRÜNDUNG, SIE HÄTTE IM VIDEO ANGEBLICH ...
... IHRE ZUSTIMMUNG ZUM GESCHLECHTSVERKEHR GEGEBEN. SIE HÄTTEN BEWEISE DAFÜR ...
...

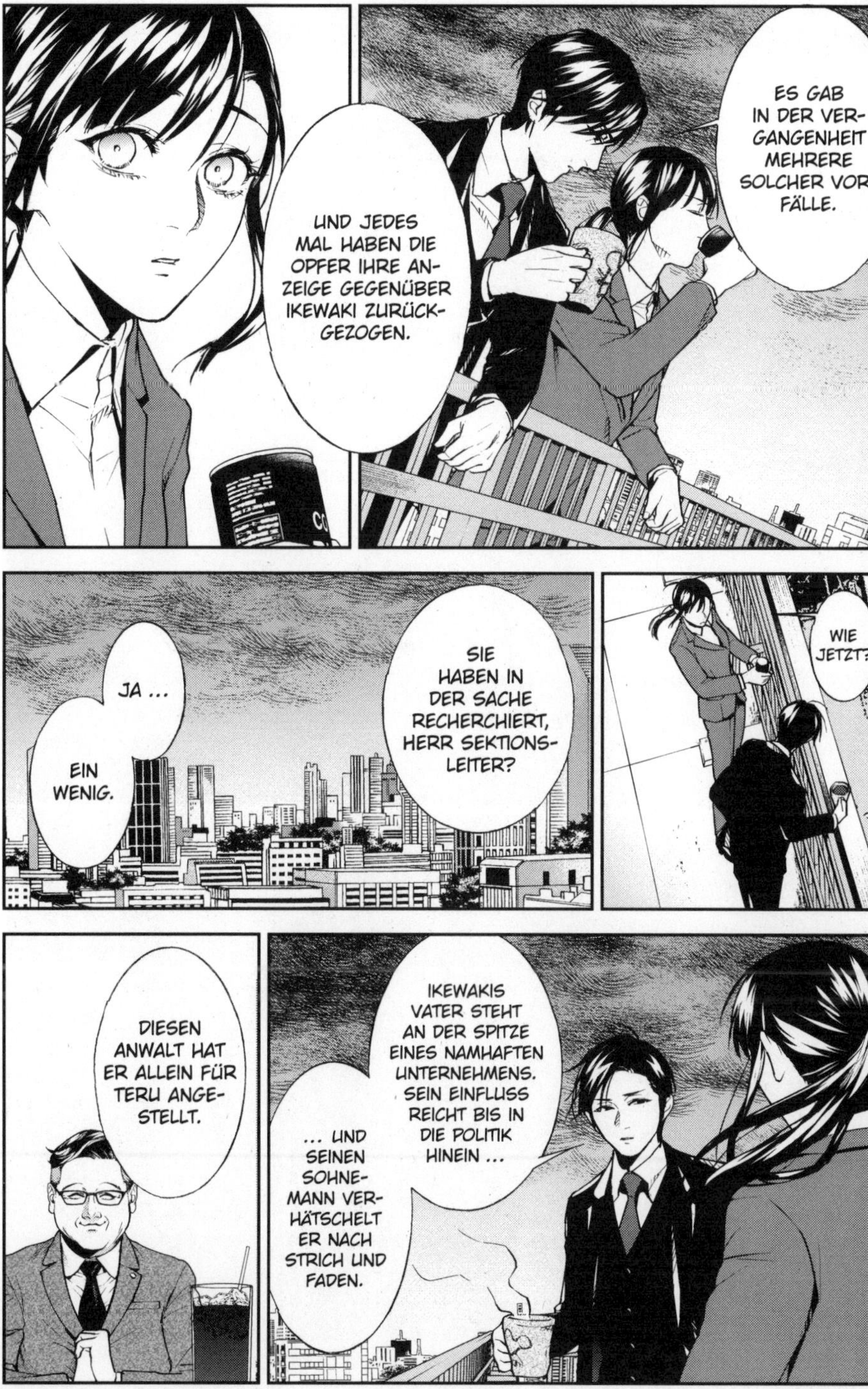
ES GAB IN DER VERGANGENHEIT MEHRERE SOLCHER VORFÄLLE.
UND JEDES MAL HABEN DIE OPFER IHRE ANZEIGE GEGENÜBER IKEWAKI ZURÜCKGEZOGEN.
WIE JETZT?
SIE HABEN IN DER SACHE RECHERCHIERT, HERR SEKTIONSLEITER?
JA …
EIN WENIG.
IKEWAKIS VATER STEHT AN DER SPITZE EINES NAMHAFTEN UNTERNEHMENS. SEIN EINFLUSS REICHT BIS IN DIE POLITIK HINEIN …
… UND SEINEN SOHNEMANN VERHÄTSCHELT ER NACH STRICH UND FADEN.
DIESEN ANWALT HAT ER ALLEIN FÜR TERU ANGESTELLT.

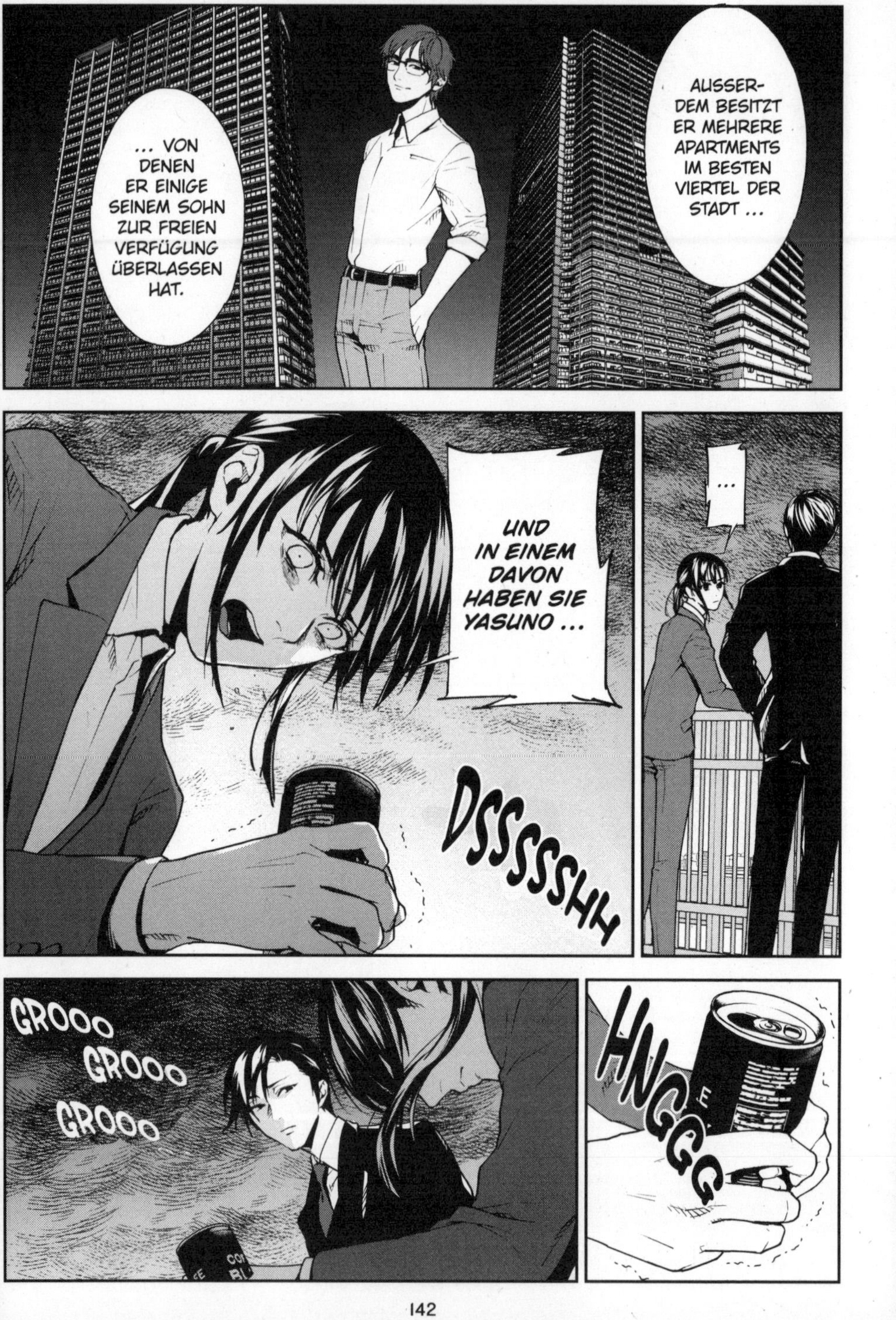
AUSSER-
DEM BESITZT
ER MEHRERE
APARTMENTS
IM BESTEN
VIERTEL DER
STADT ...
... VON
DENEN
ER EINIGE
SEINEM SOHN
ZUR FREIEN
VERFÜGUNG
ÜBERLASSEN
HAT.
...
UND
IN EINEM
DAVON
HABEN SIE
YASUNO ...
DSSSSSHH
HNGGG
GROOO
GROOO
GROOO

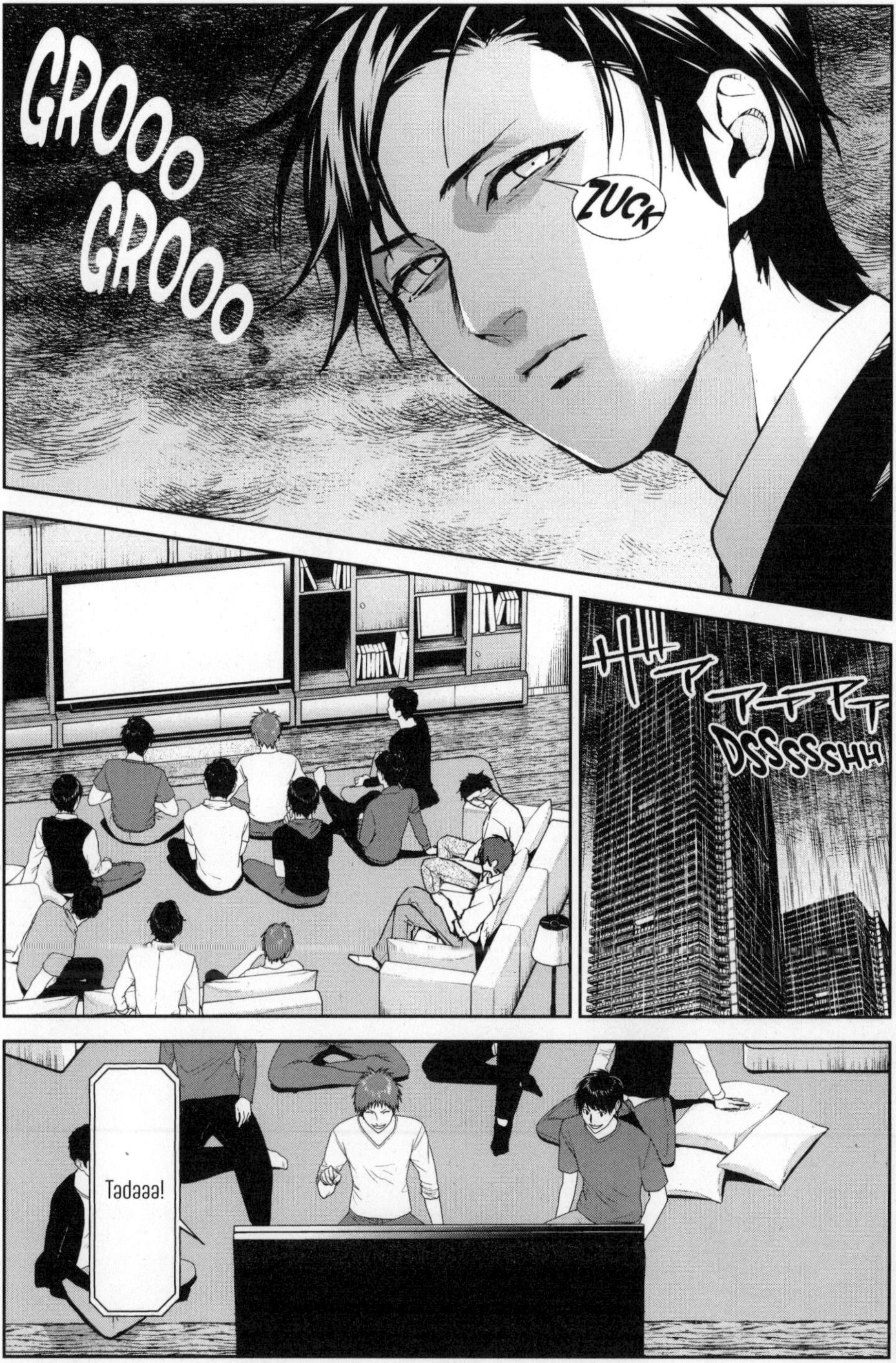
GROOO
GROOO
ZUCK
DSSSSSHH
Tadaaa!

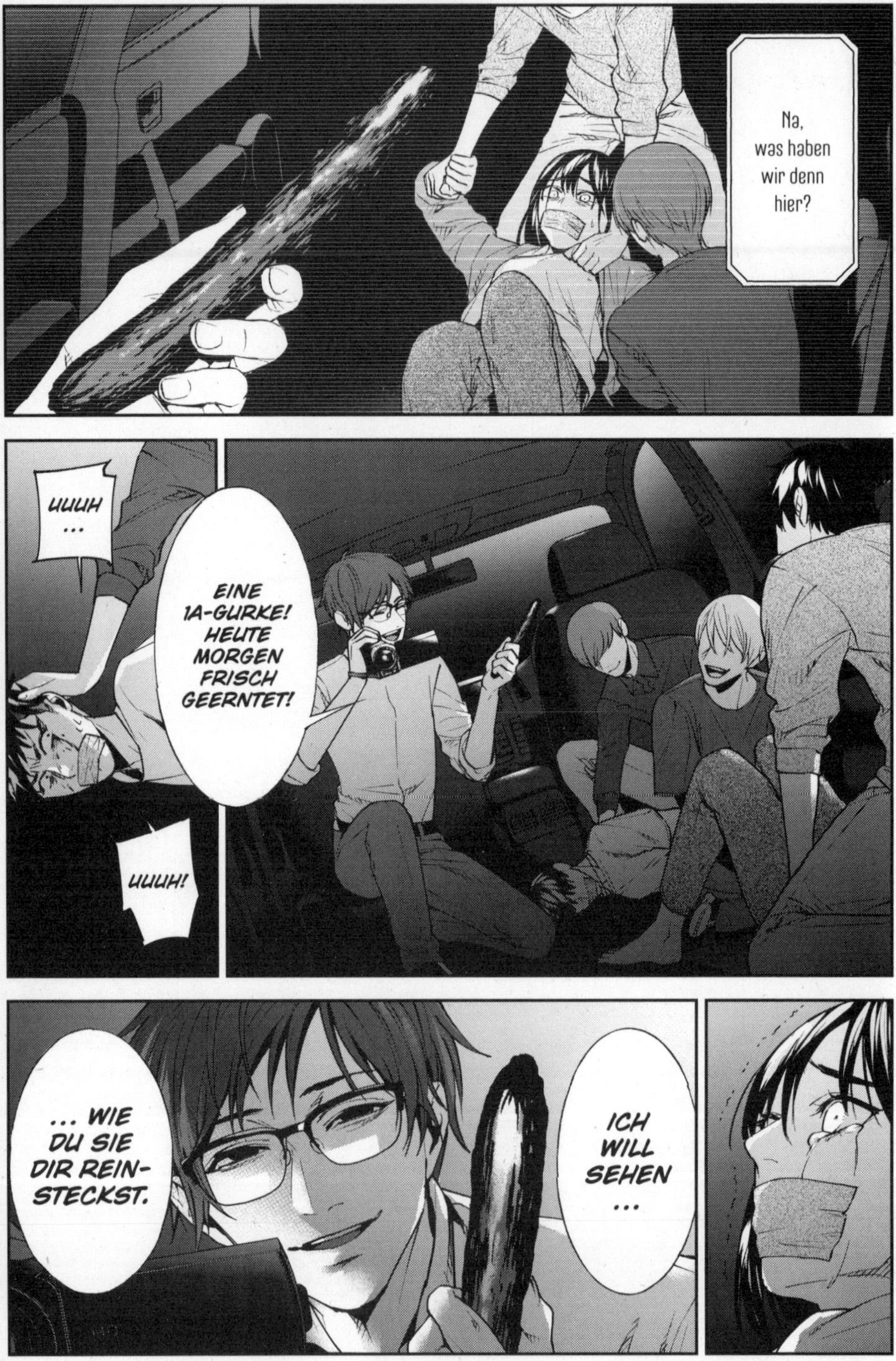
Na, was haben wir denn hier?
EINE 1A-GURKE! HEUTE MORGEN FRISCH GEERNTET!
UUUH ...
UUUH!
ICH WILL SEHEN ...
... WIE DU SIE DIR REIN-STECKST.

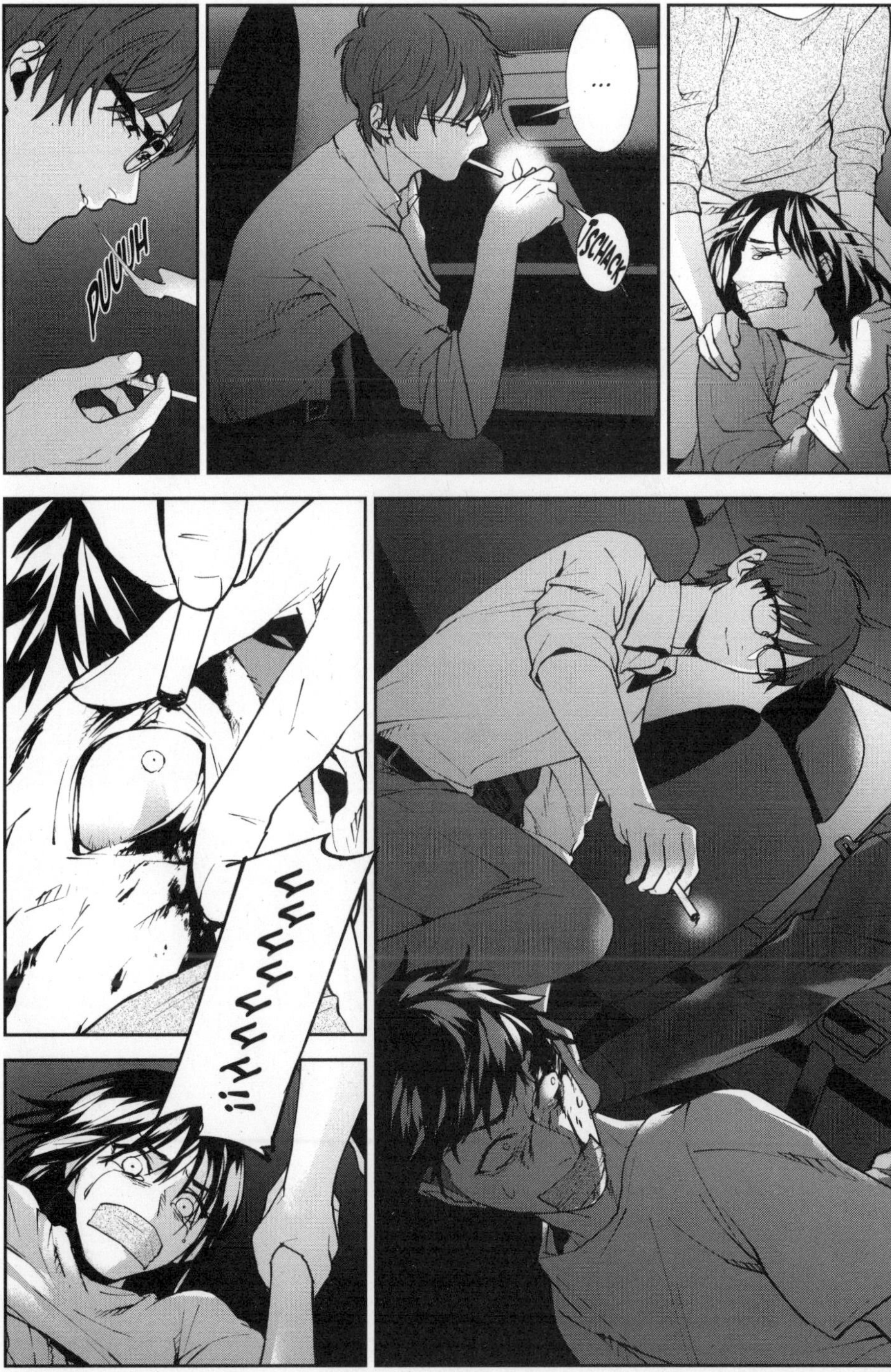

DUUUH
...
TSCHACK
NNNNNNH!!

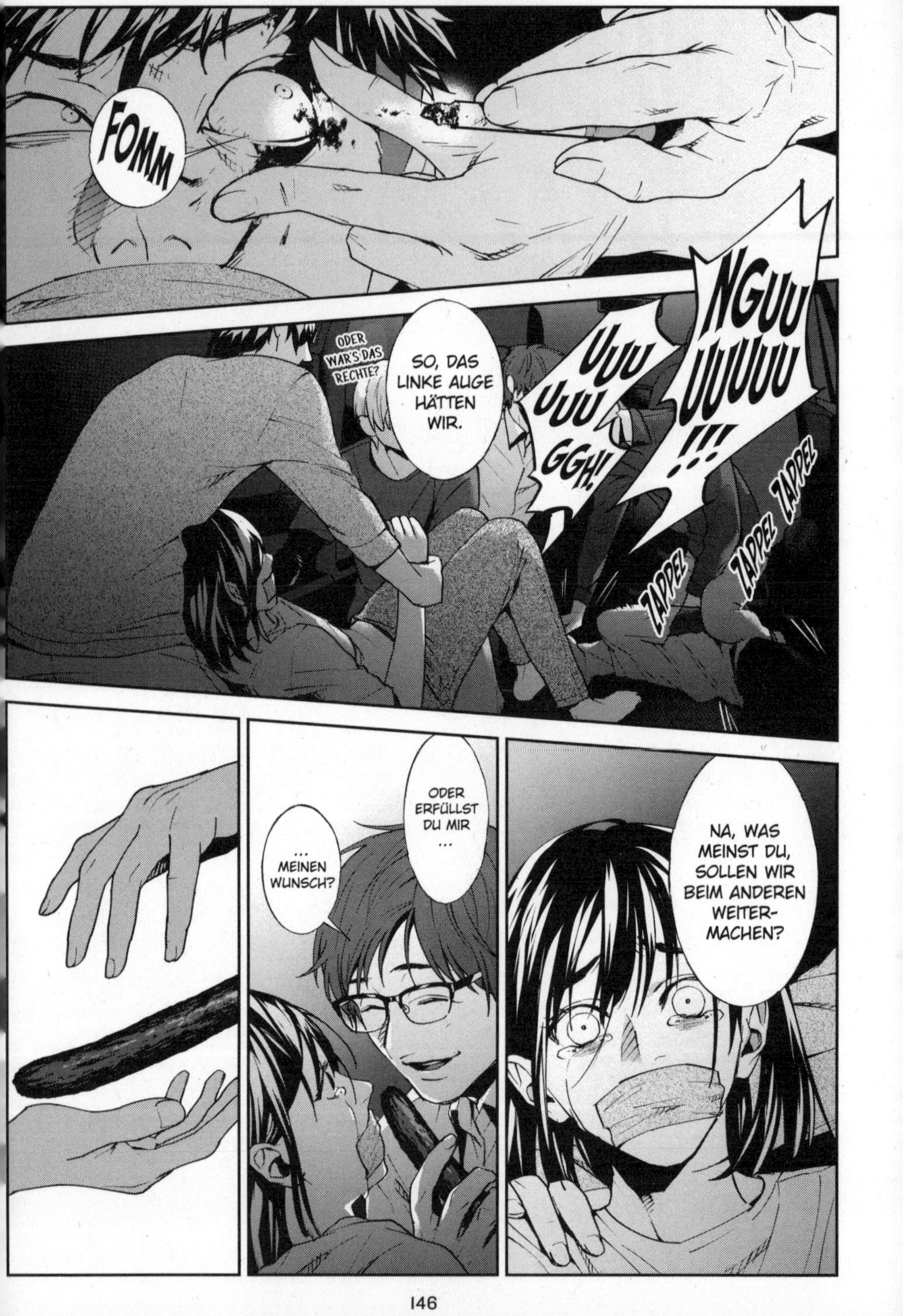
FOMM
NGUU UUUUU ...!!!
UUU UUU GGH!
SO, DAS LINKE AUGE HÄTTEN WIR.
ODER WAR'S DAS RECHTE?
ZAPPEL
ZAPPEL
ZAPPEL
NA, WAS MEINST DU, SOLLEN WIR BEIM ANDEREN WEITER-MACHEN?
ODER ERFÜLLST DU MIR ...
... MEINEN WUNSCH?

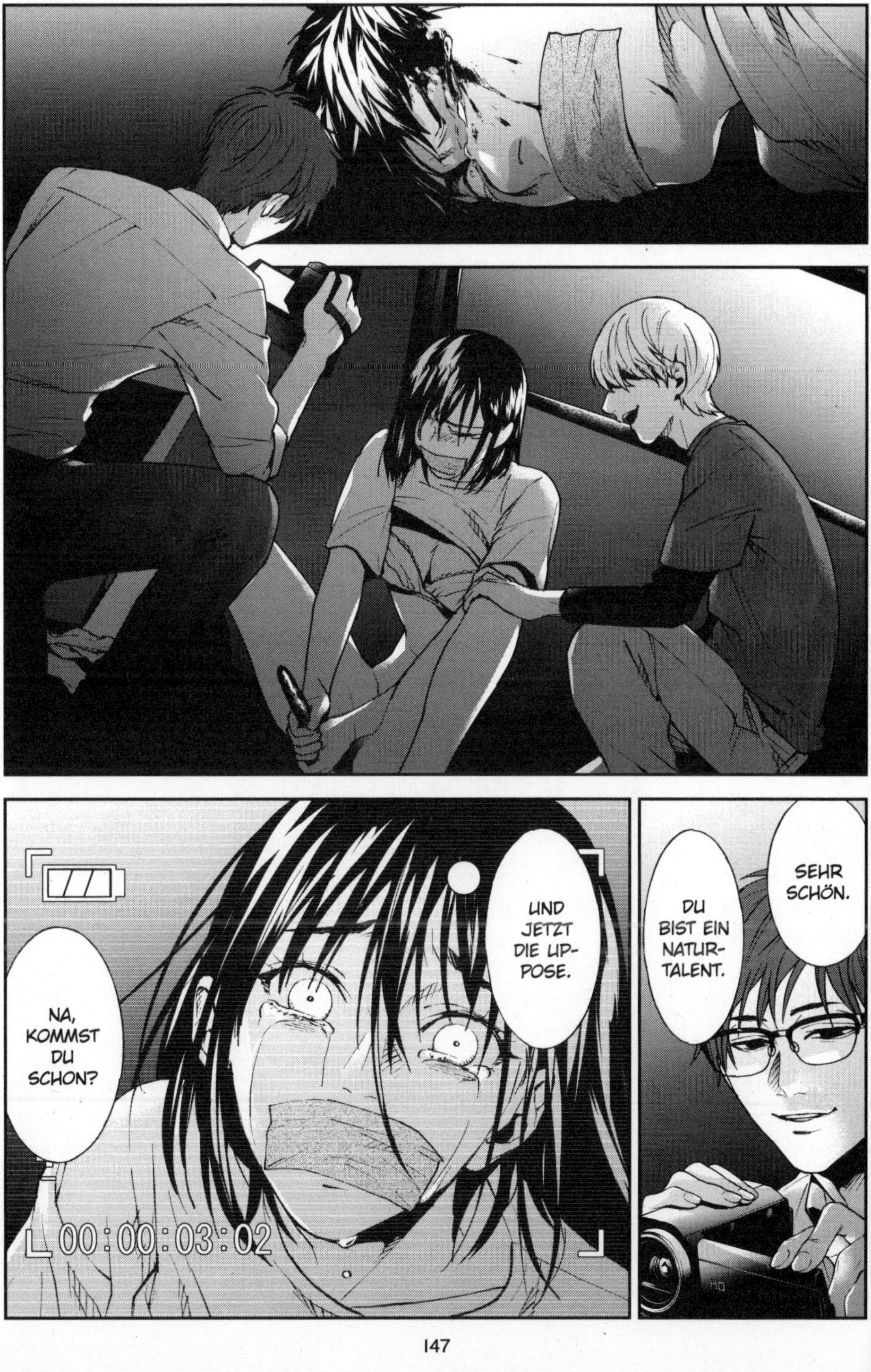
SEHR SCHÖN.
DU BIST EIN NATUR-TALENT.
UND JETZT DIE UP-POSE.
NA, KOMMST DU SCHON?
00:00:03:02

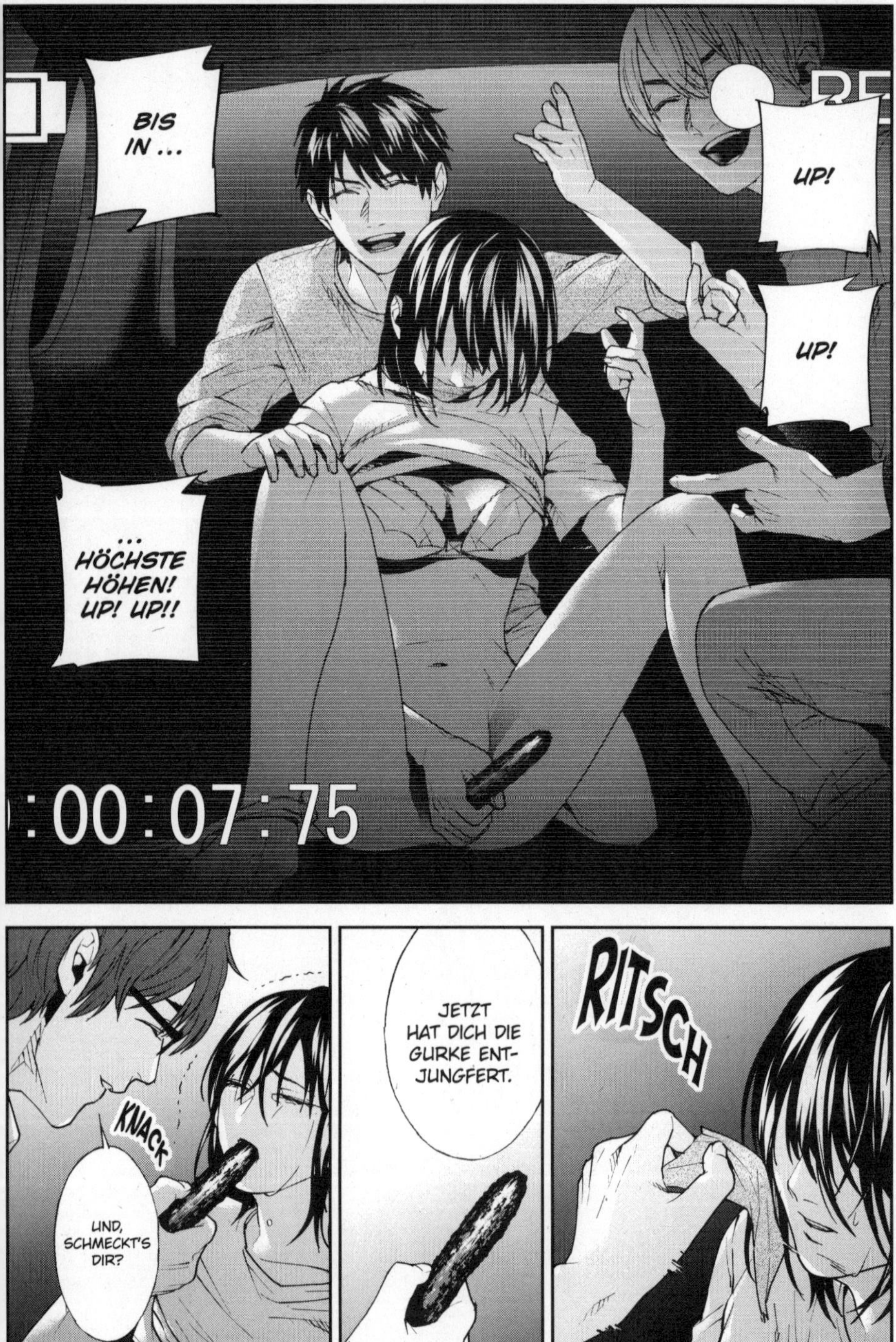
UP!
BIS IN ...
UP!
... HÖCHSTE HÖHEN! UP! UP!!
00:07:75
RITSCH
JETZT HAT DICH DIE GURKE ENT-JUNGFERT.
KNACK
UND, SCHMECKT'S DIR?

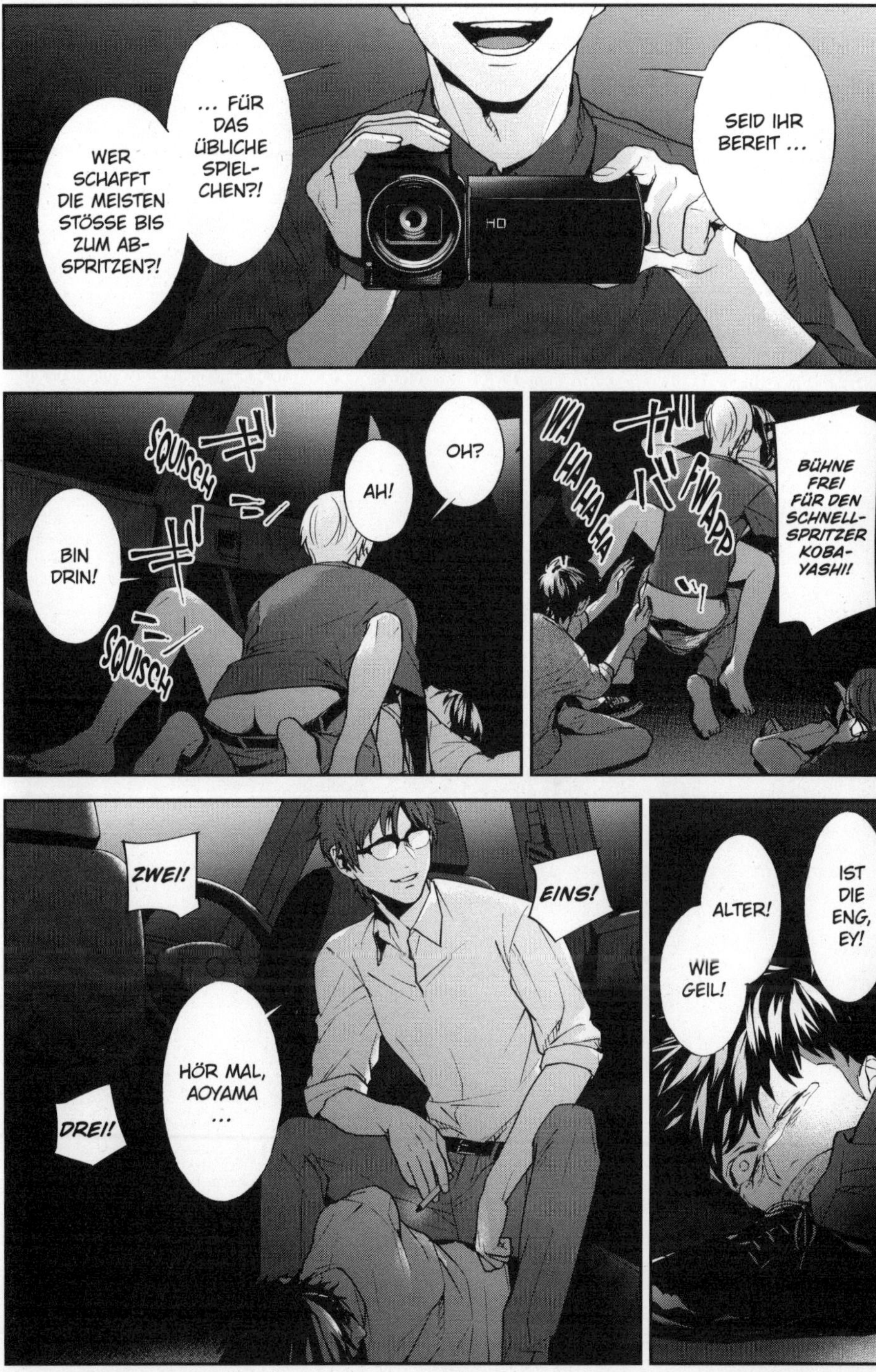
SEID IHR BEREIT …
… FÜR DAS ÜBLICHE SPIEL-CHEN?!
WER SCHAFFT DIE MEISTEN STÖSSE BIS ZUM AB-SPRITZEN?!
BÜHNE FREI FÜR DEN SCHNELL-SPRITZER KOBA-YASHI!
WA HA HA HA
FWAPP
OH?
AH!
SQUISCH
BIN DRIN!
SQUISCH
IST DIE ENG, EY!
ALTER!
WIE GEIL!
EINS!
ZWEI!
HÖR MAL, AOYAMA …
DREI!

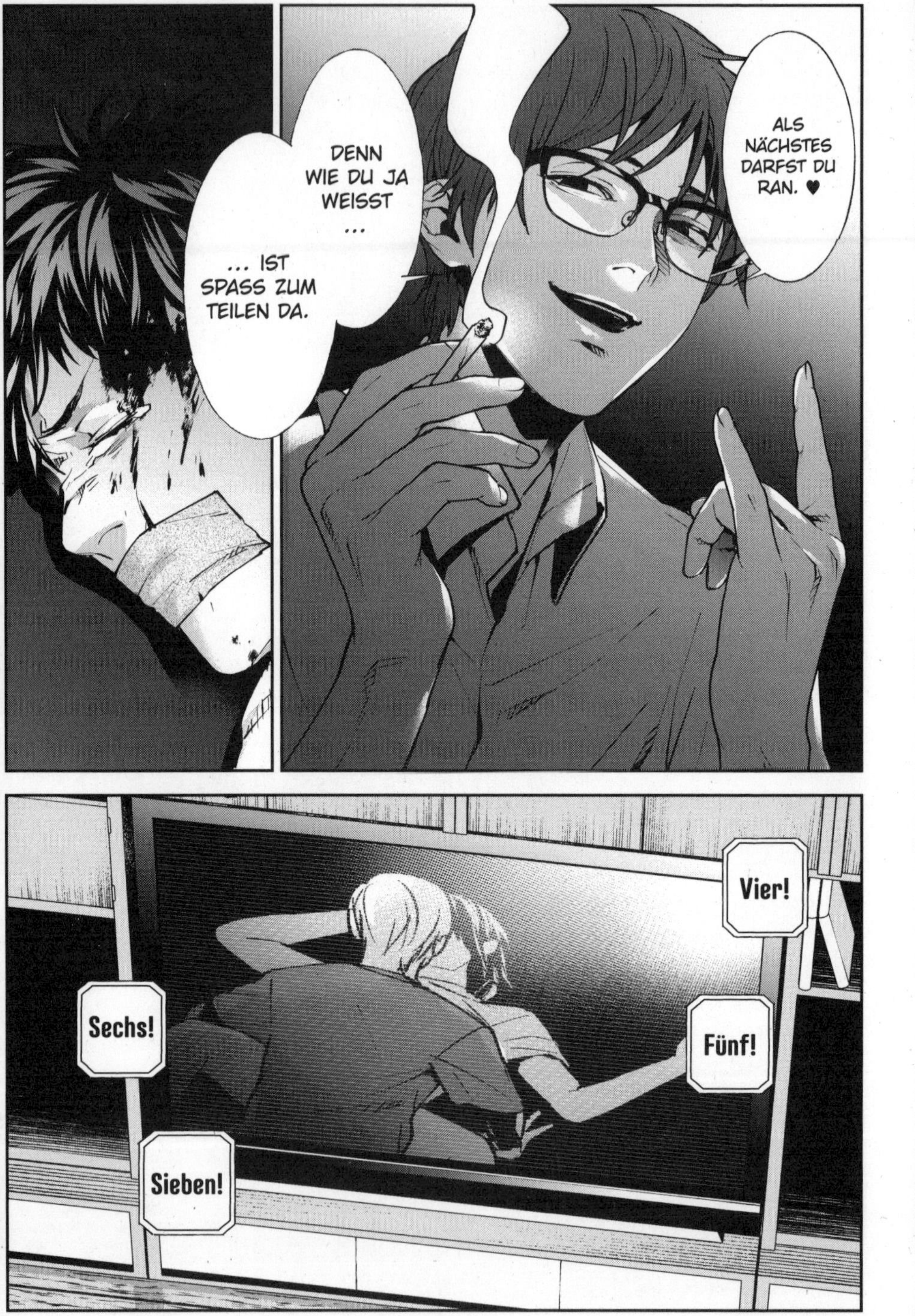
ALS NÄCHSTES DARFST DU RAN. ♥
DENN WIE DU JA WEISST ...
... IST SPASS ZUM TEILEN DA.
Vier!
Fünf!
Sechs!
Sieben!

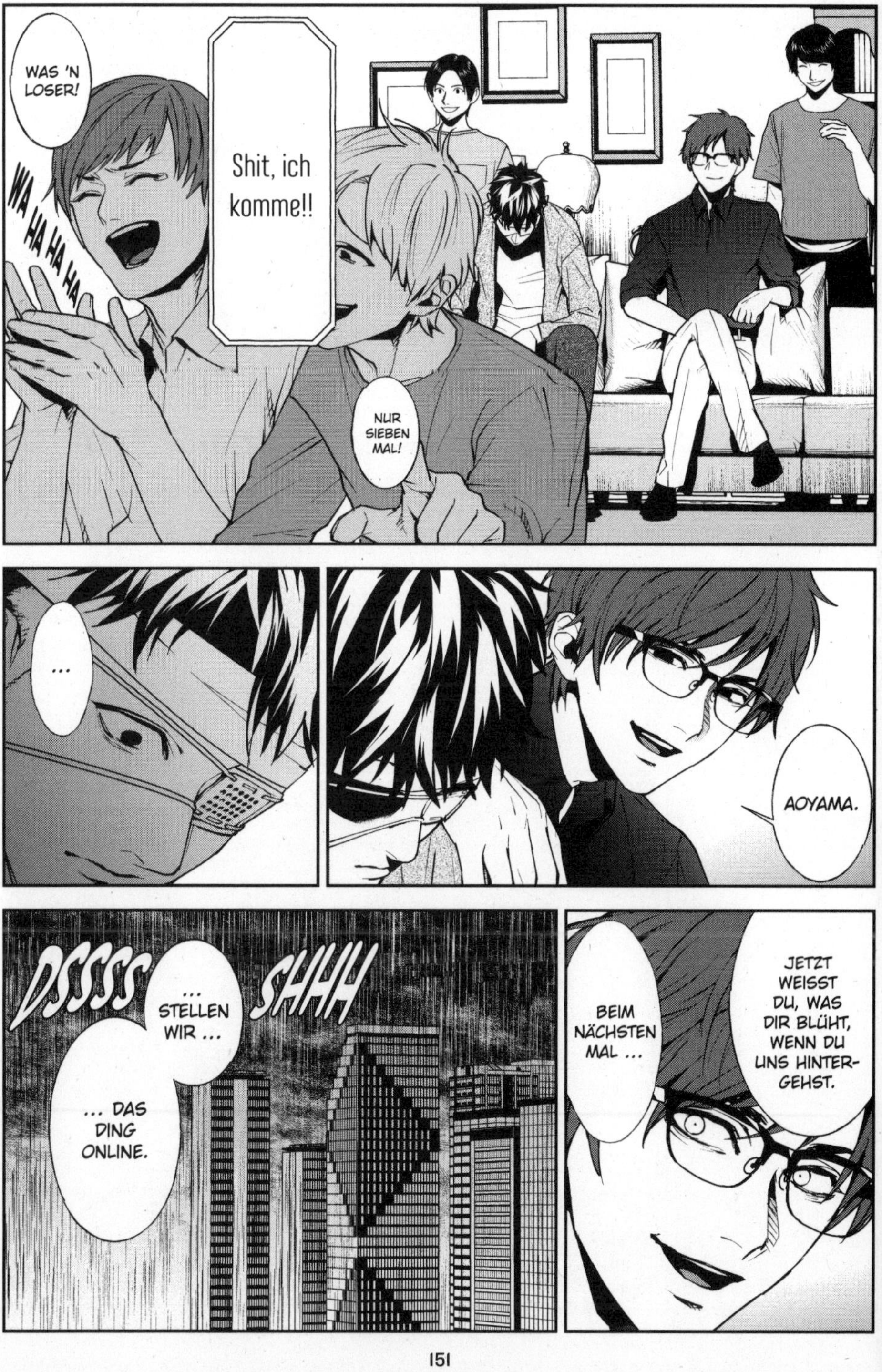
Shit, ich komme!!
WAS 'N LOSER!
WA HA HA HA HA
NUR SIEBEN MAL!
...
AOYAMA.
JETZT WEISST DU, WAS DIR BLÜHT, WENN DU UNS HINTERGEHST.
BEIM NÄCHSTEN MAL ...
DSSSS SHHH
... STELLEN WIR ...
... DAS DING ONLINE.

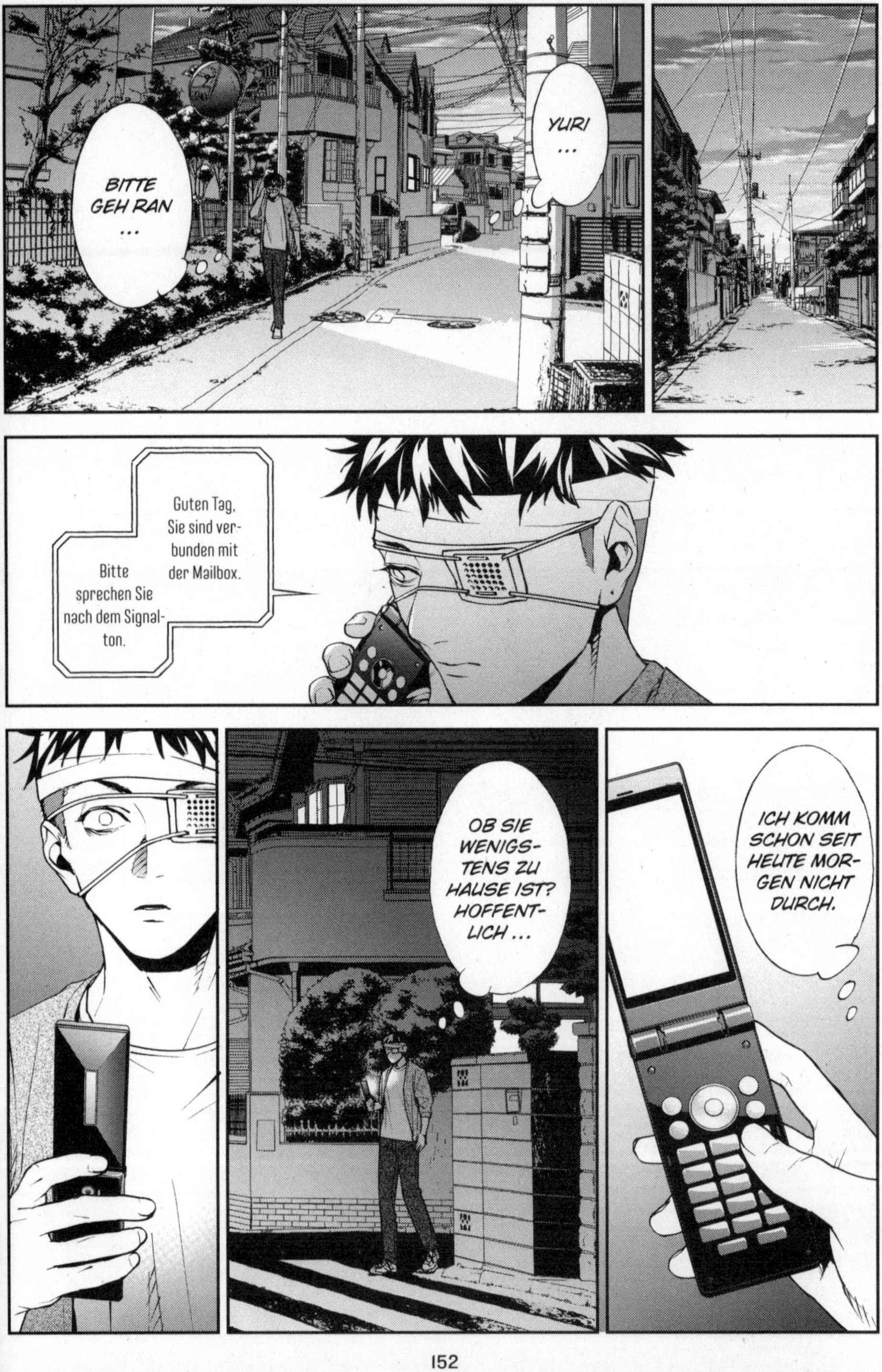
YURI ...
BITTE GEH RAN ...
Guten Tag, Sie sind verbunden mit der Mailbox.
Bitte sprechen Sie nach dem Signalton.
ICH KOMM SCHON SEIT HEUTE MORGEN NICHT DURCH.
OB SIE WENIGSTENS ZU HAUSE IST? HOFFENTLICH ...

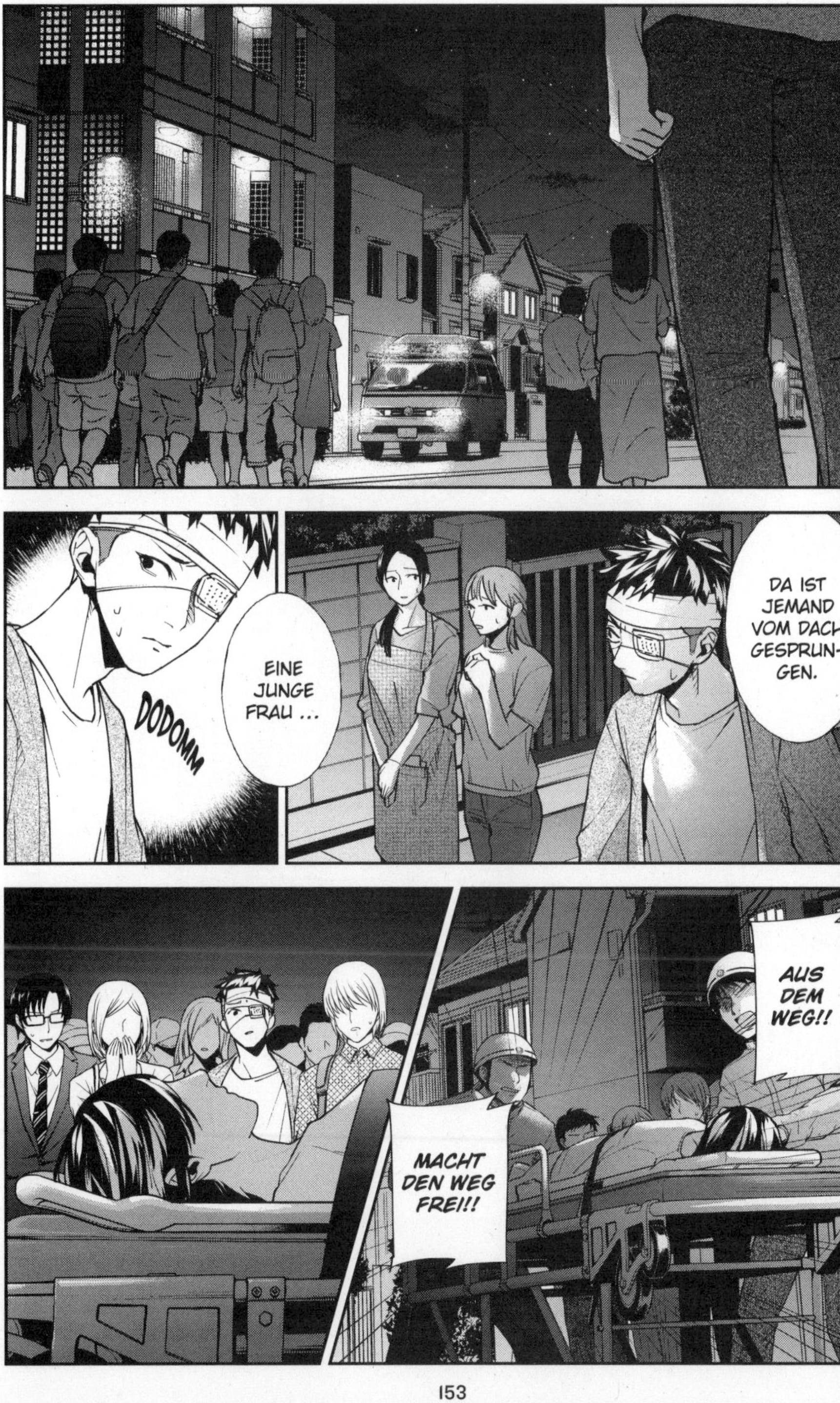
DA IST JEMAND VOM DACH GESPRUN-GEN.
EINE JUNGE FRAU ...
DODOMM
AUS DEM WEG!!
MACHT DEN WEG FREI!!

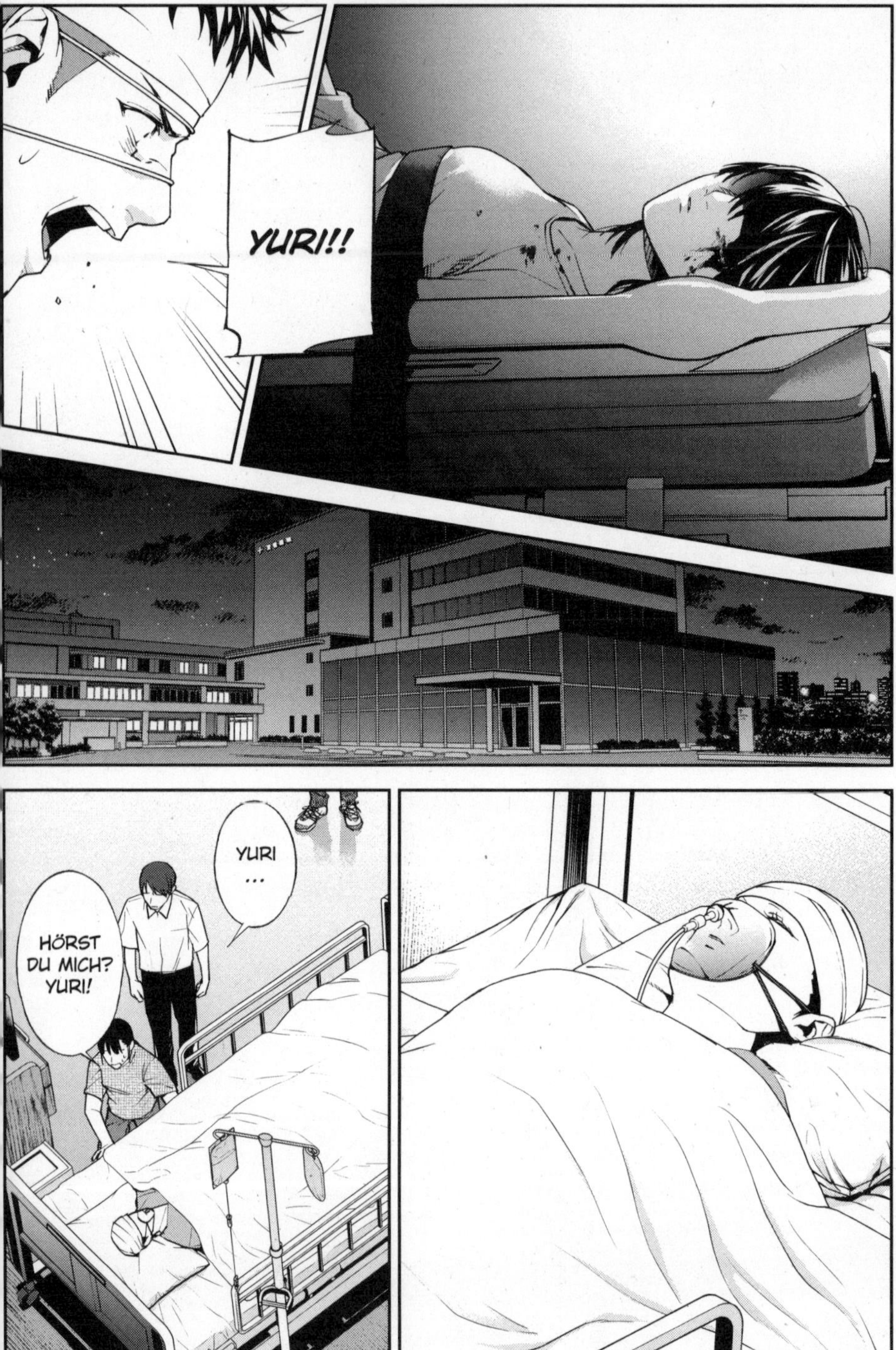
YURI!!
YURI ...
HÖRST DU MICH? YURI!

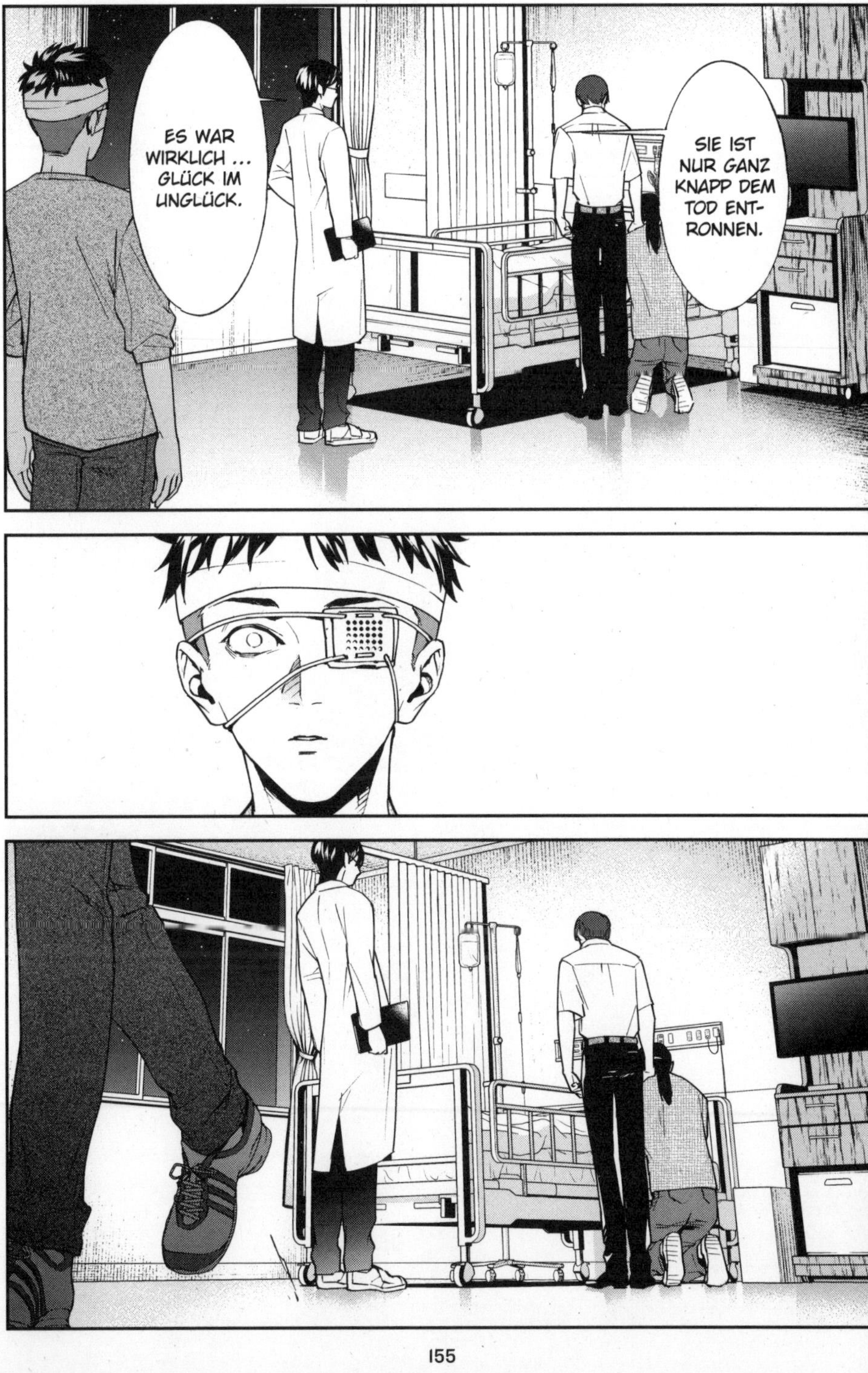
SIE IST NUR GANZ KNAPP DEM TOD ENT-RONNEN.
ES WAR WIRKLICH ... GLÜCK IM UNGLÜCK.

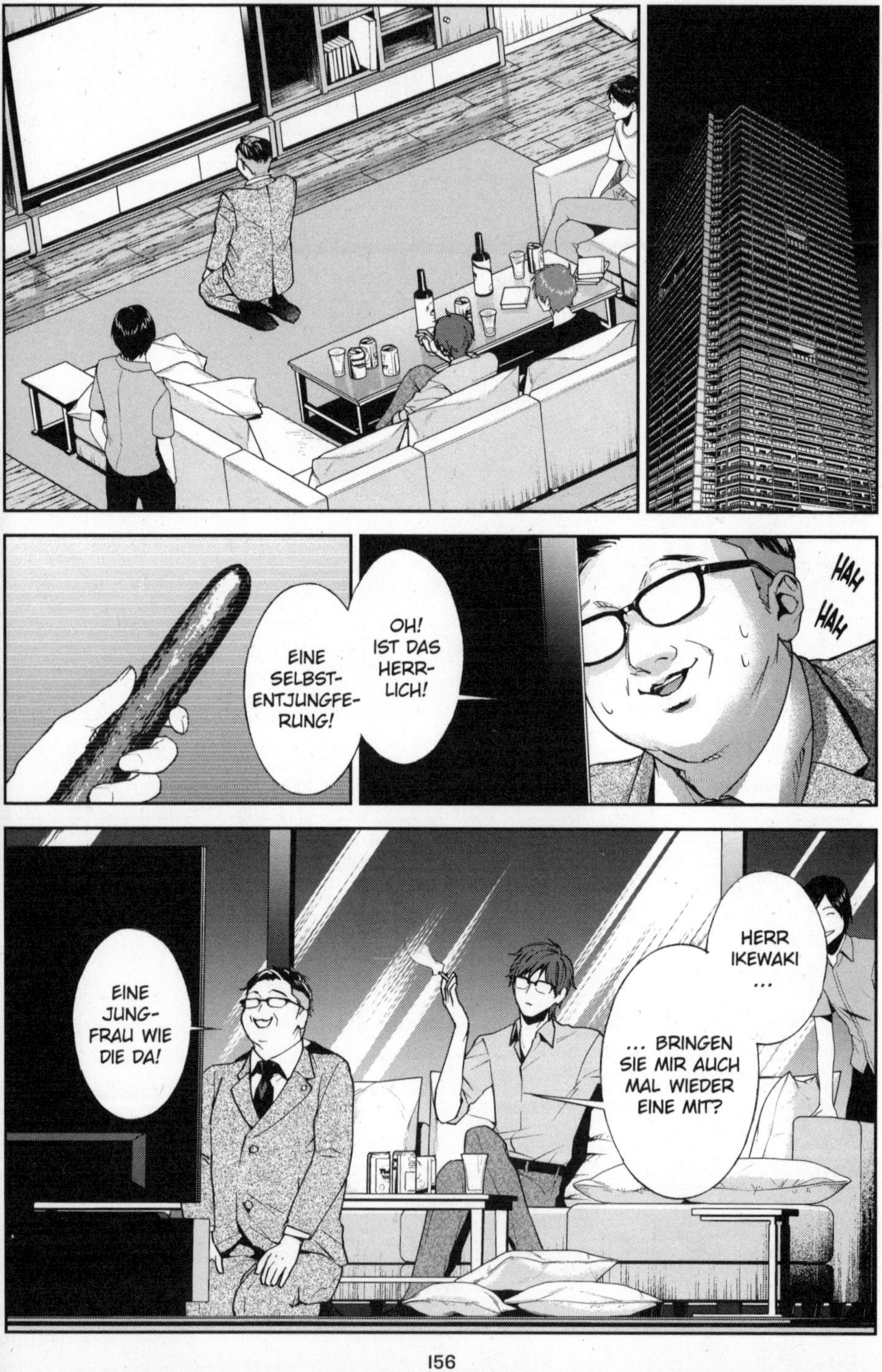
HAH
HAH
OH! IST DAS HERR-LICH!
EINE SELBST-ENTJUNGFE-RUNG!
HERR IKEWAKI ...
... BRINGEN SIE MIR AUCH MAL WIEDER EINE MIT?
EINE JUNG-FRAU WIE DIE DA!

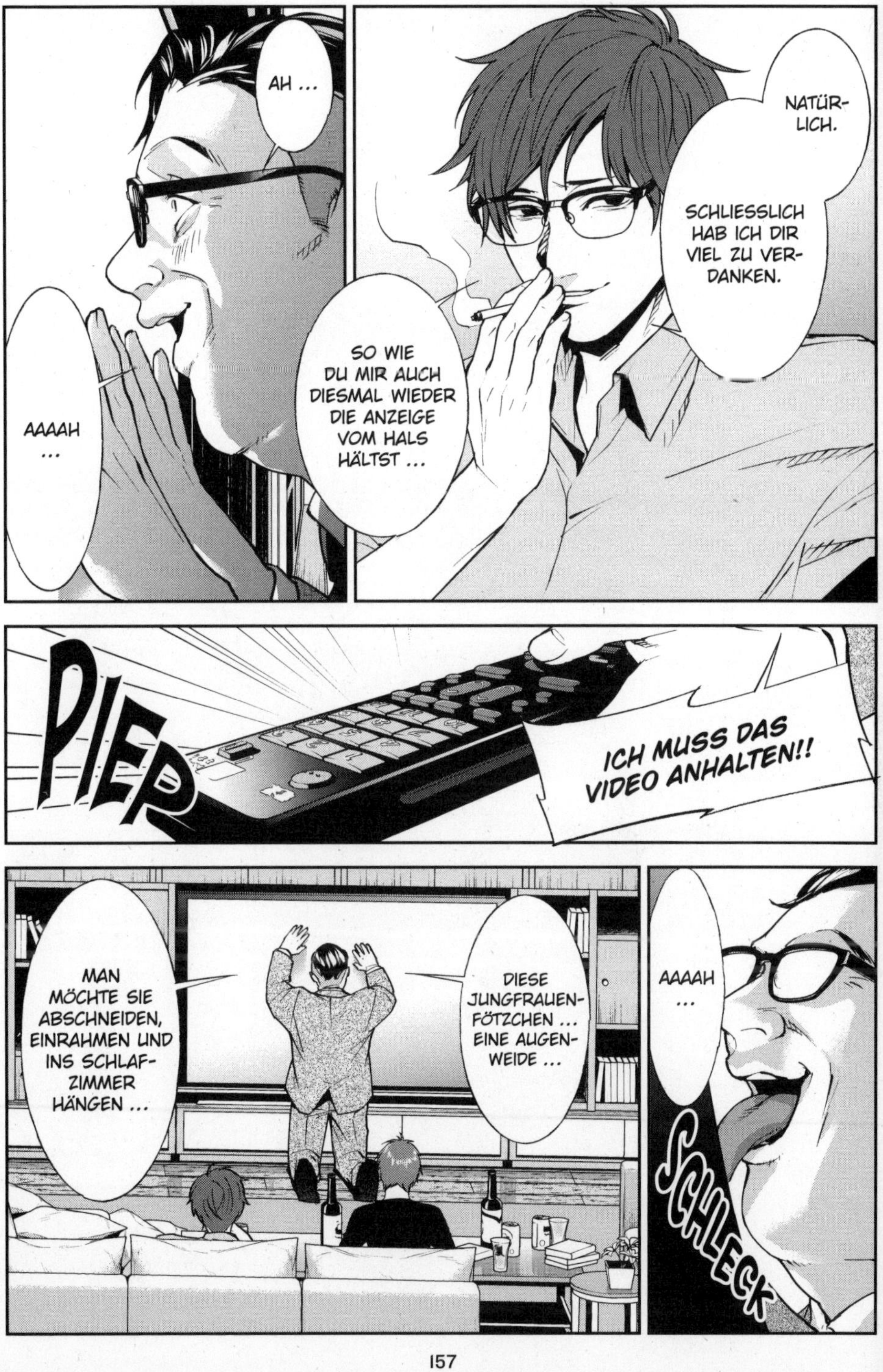
NATÜR-LICH.
SCHLIESSLICH HAB ICH DIR VIEL ZU VER-DANKEN.
SO WIE DU MIR AUCH DIESMAL WIEDER DIE ANZEIGE VOM HALS HÄLTST ...
AH ...
AAAAH ...
PIEP
ICH MUSS DAS VIDEO ANHALTEN!!
AAAAH ...
SCHLECK
DIESE JUNGFRAUEN-FÖTZCHEN ... EINE AUGEN-WEIDE ...
MAN MÖCHTE SIE ABSCHNEIDEN, EINRAHMEN UND INS SCHLAF-ZIMMER HÄNGEN ...

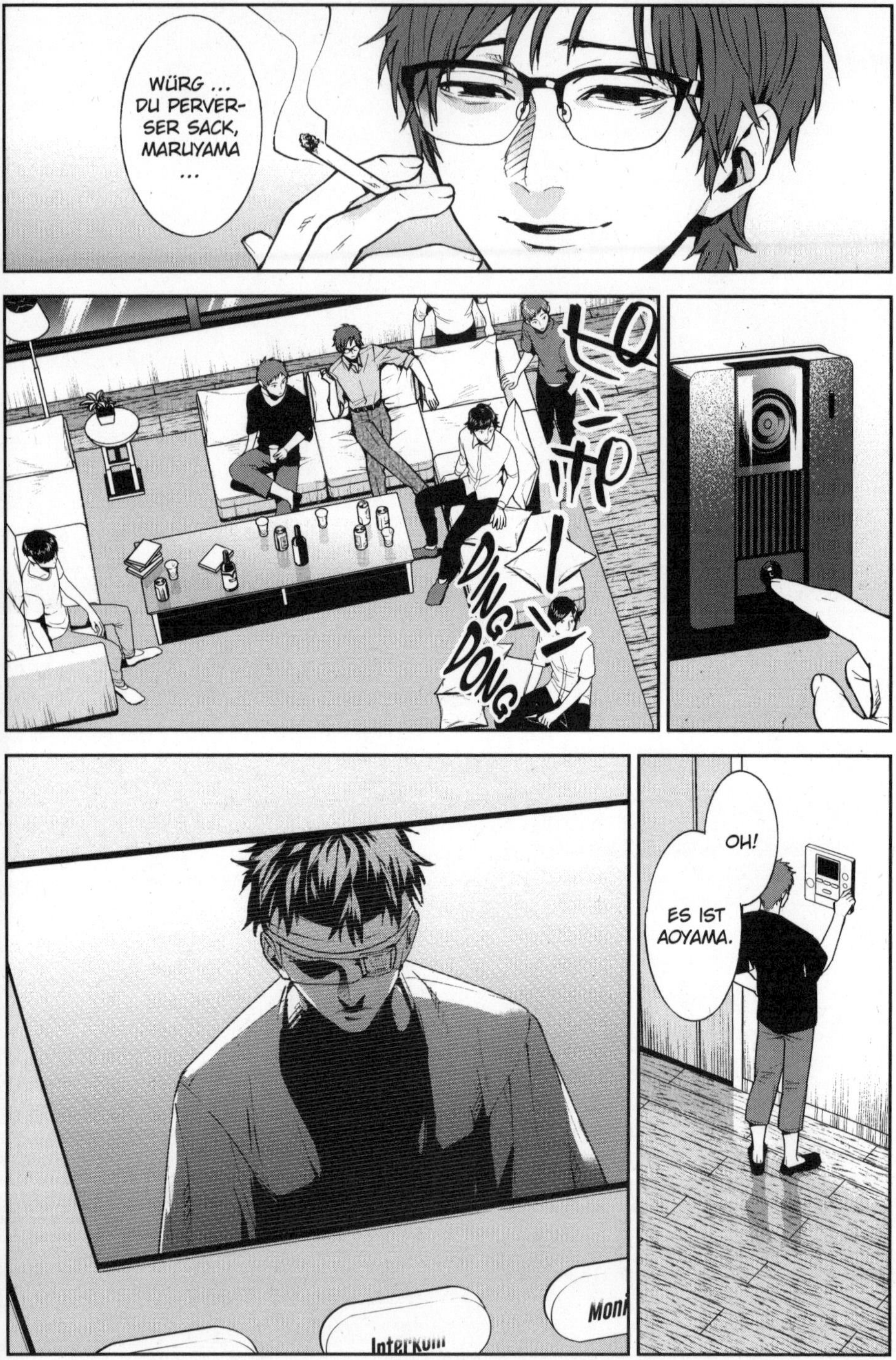
WÜRG ... DU PERVERSER SACK, MARUYAMA ...
DING DONG
OH!
ES IST AOYAMA.

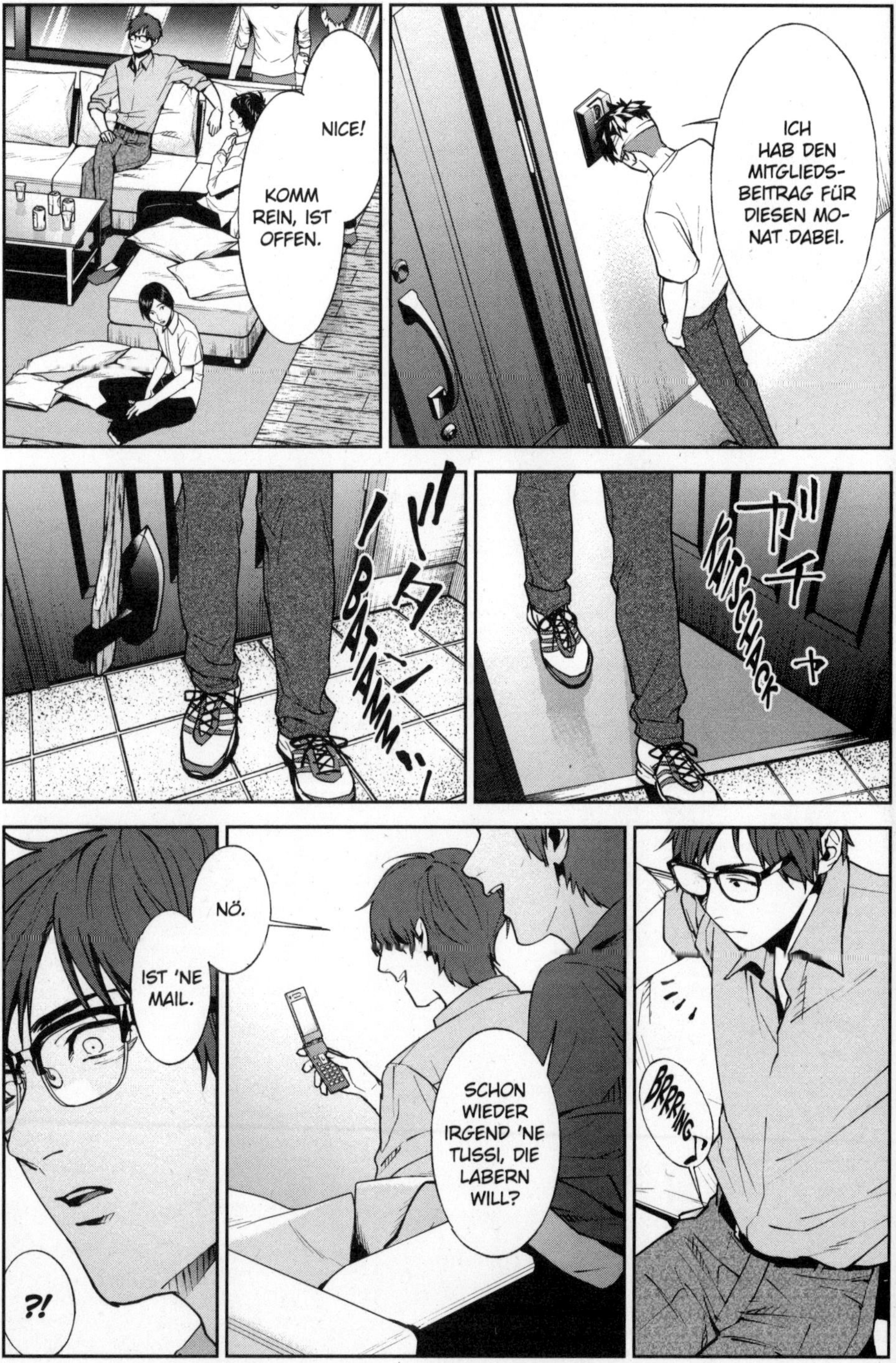
ICH HAB DEN MITGLIEDS-BEITRAG FÜR DIESEN MO-NAT DABEI.
NICE!
KOMM REIN, IST OFFEN.
ガチャ
KATSCHACK
バタン
BATAMM
BRRRING
SCHON WIEDER IRGEND 'NE TUSSI, DIE LABERN WILL?
NÖ.
IST 'NE MAIL.
?!

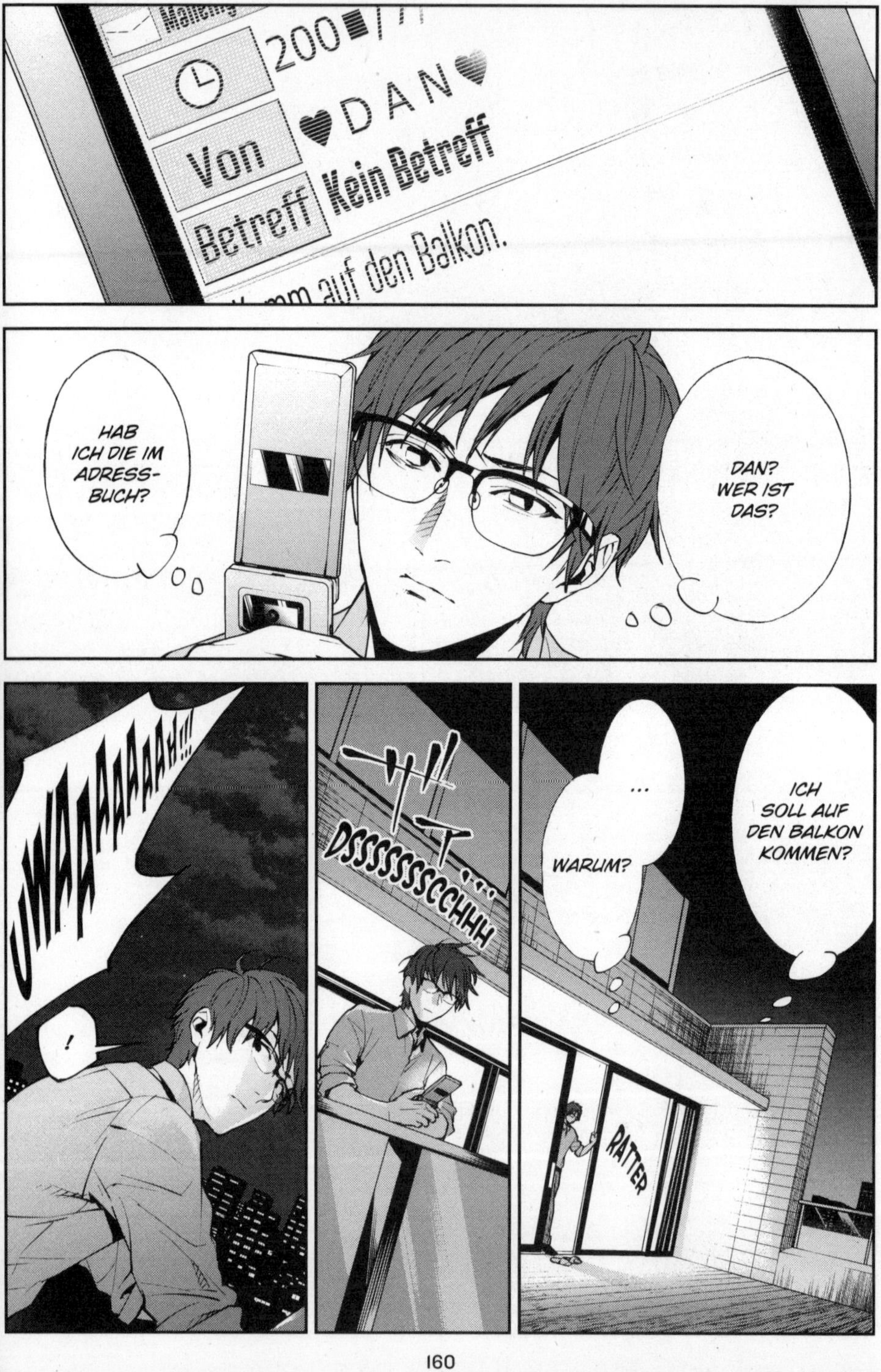
200■/
Von
♥DAN♥
Betreff
Kein Betreff
auf den Balkon.
DAN? WER IST DAS?
HAB ICH DIE IM ADRESS-BUCH?
ICH SOLL AUF DEN BALKON KOMMEN?
...
WARUM?
RATTER
DSSSSSSSSCCHHH
UWAAAAAAAH!!!
!

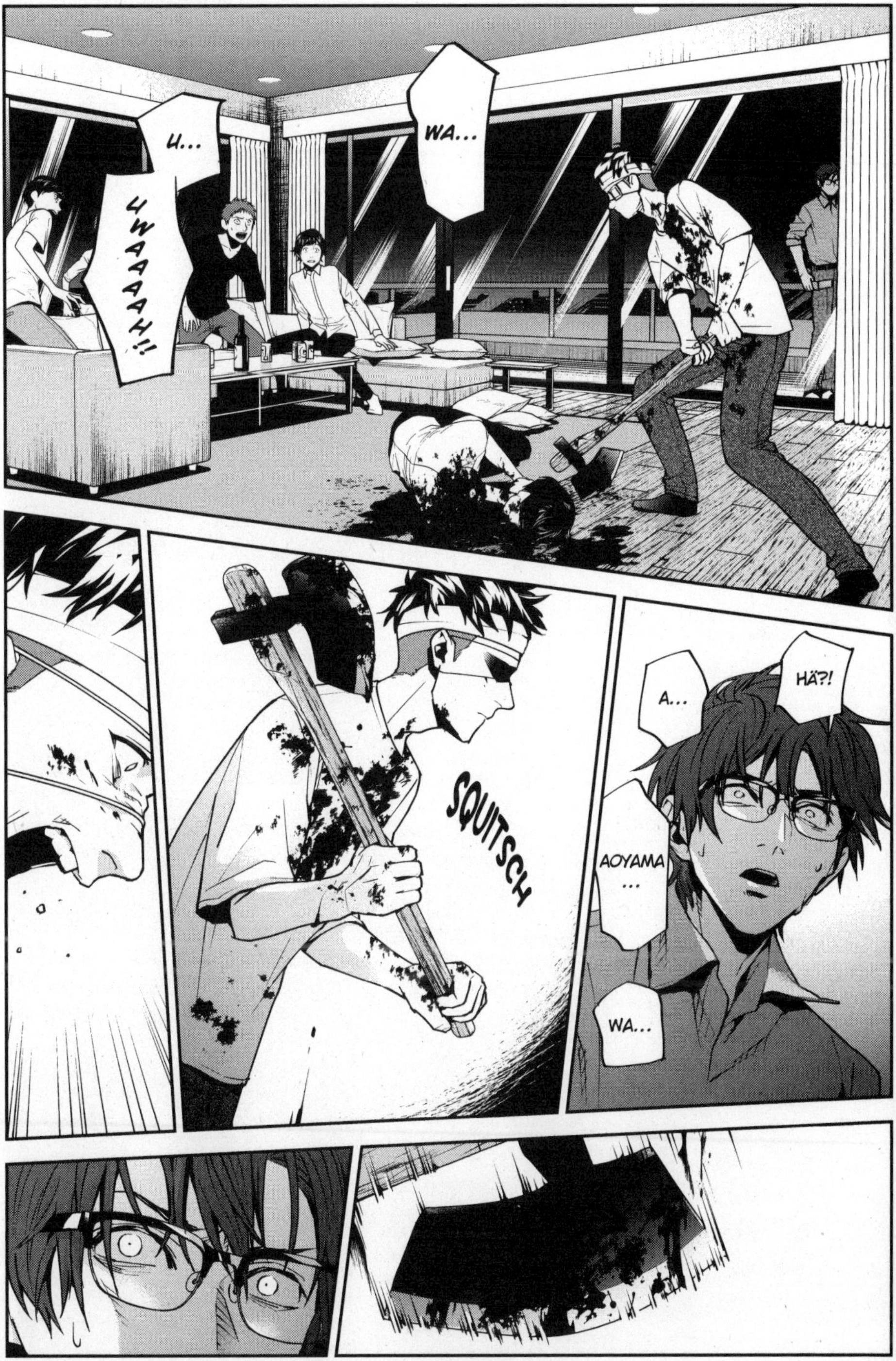
WA...
U...
UWAAAAAH!!
HÄ?!
A...
AOYAMA ...
WA...
SQUITSCH

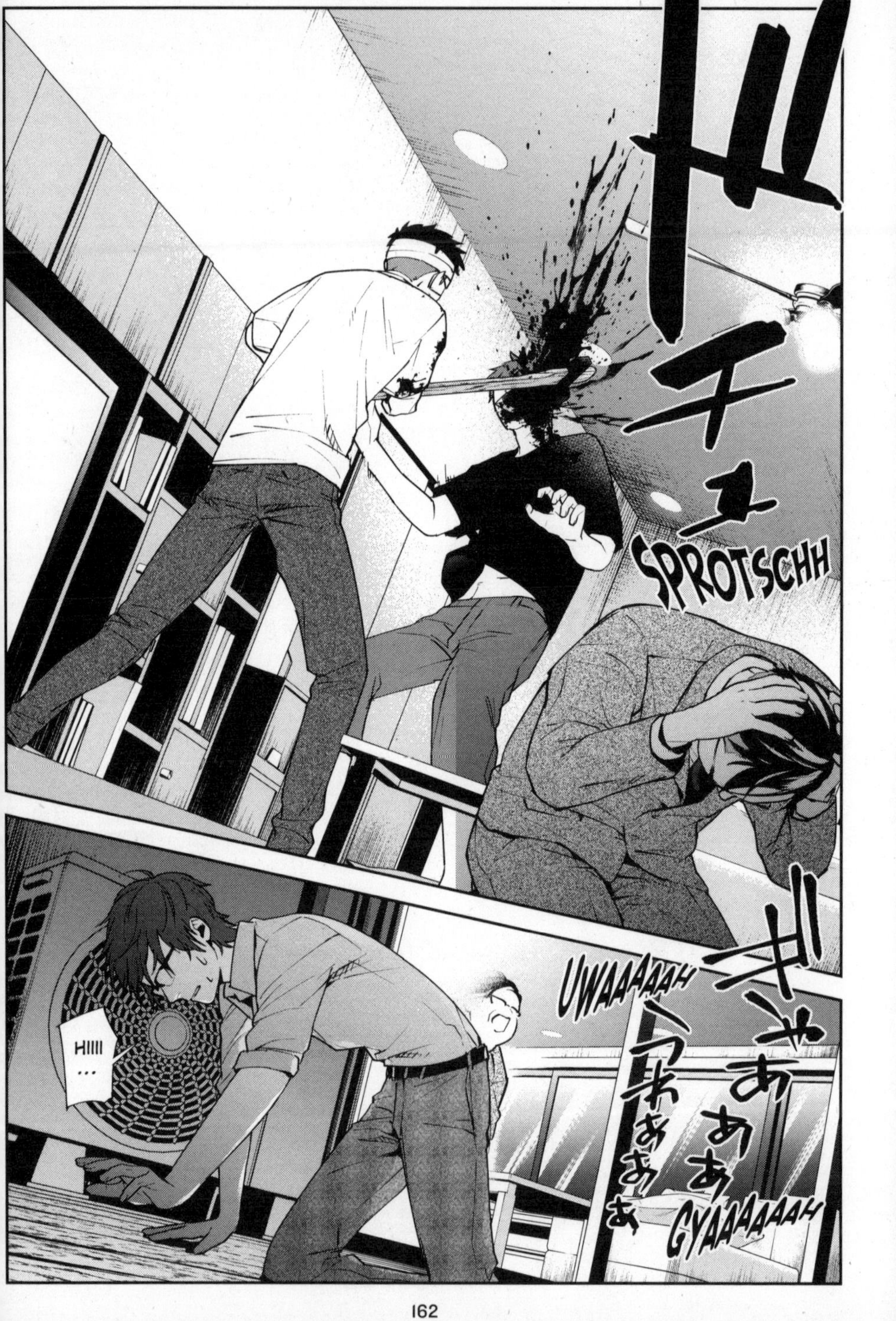
SPROTSCHH
GYAAAAAAH
UWAAAAAH
HIIII ...

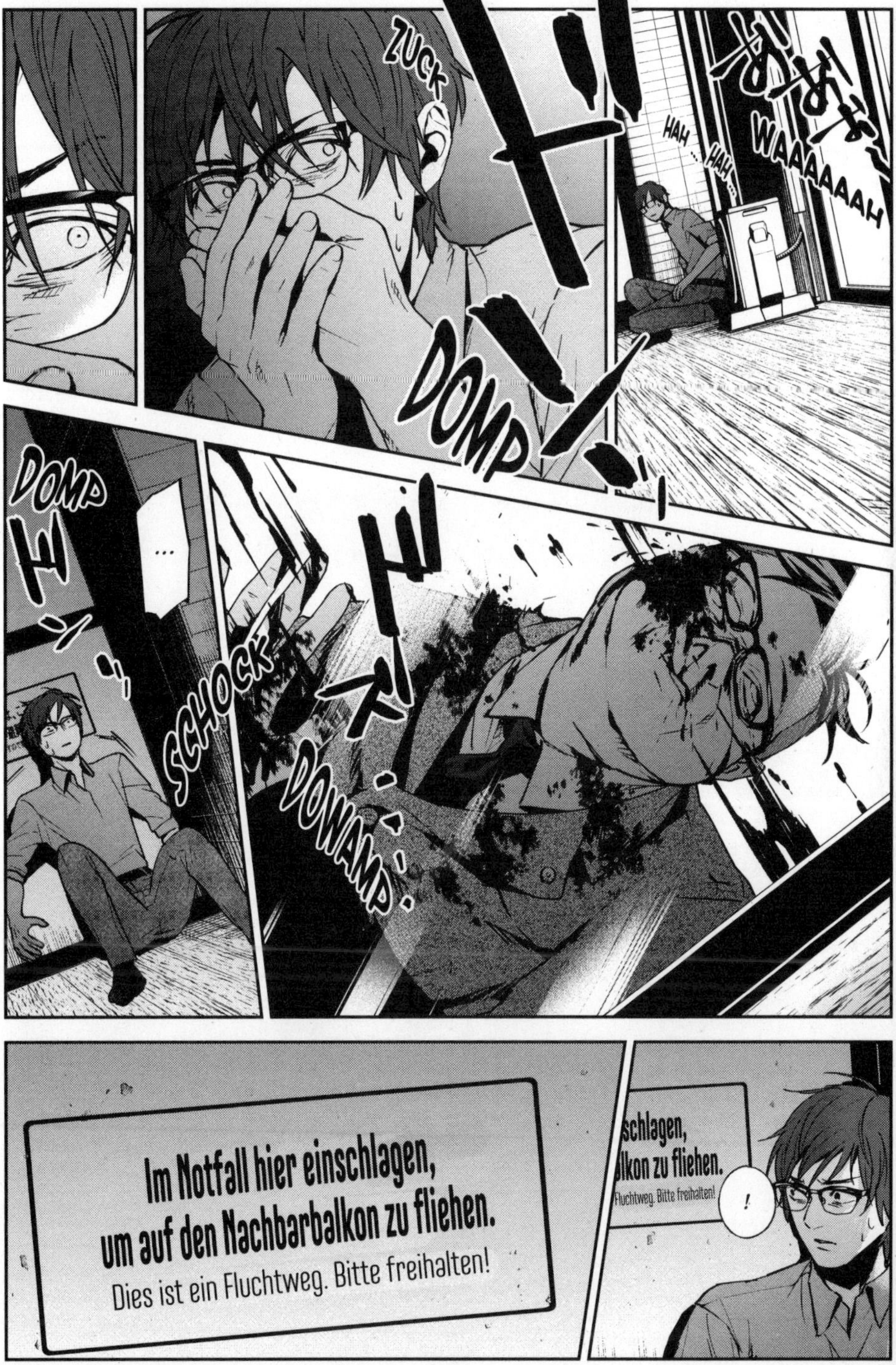
HAH ... HAH ...
WAAAAAAAH
ZUCK
DOMP
DOWAMP
SCHOCK
DOMP
...
!
…schlagen,
…lkon zu fliehen.
…Fluchtweg. Bitte freihalten!
Im Notfall hier einschlagen,
um auf den Nachbarbalkon zu fliehen.
Dies ist ein Fluchtweg. Bitte freihalten!

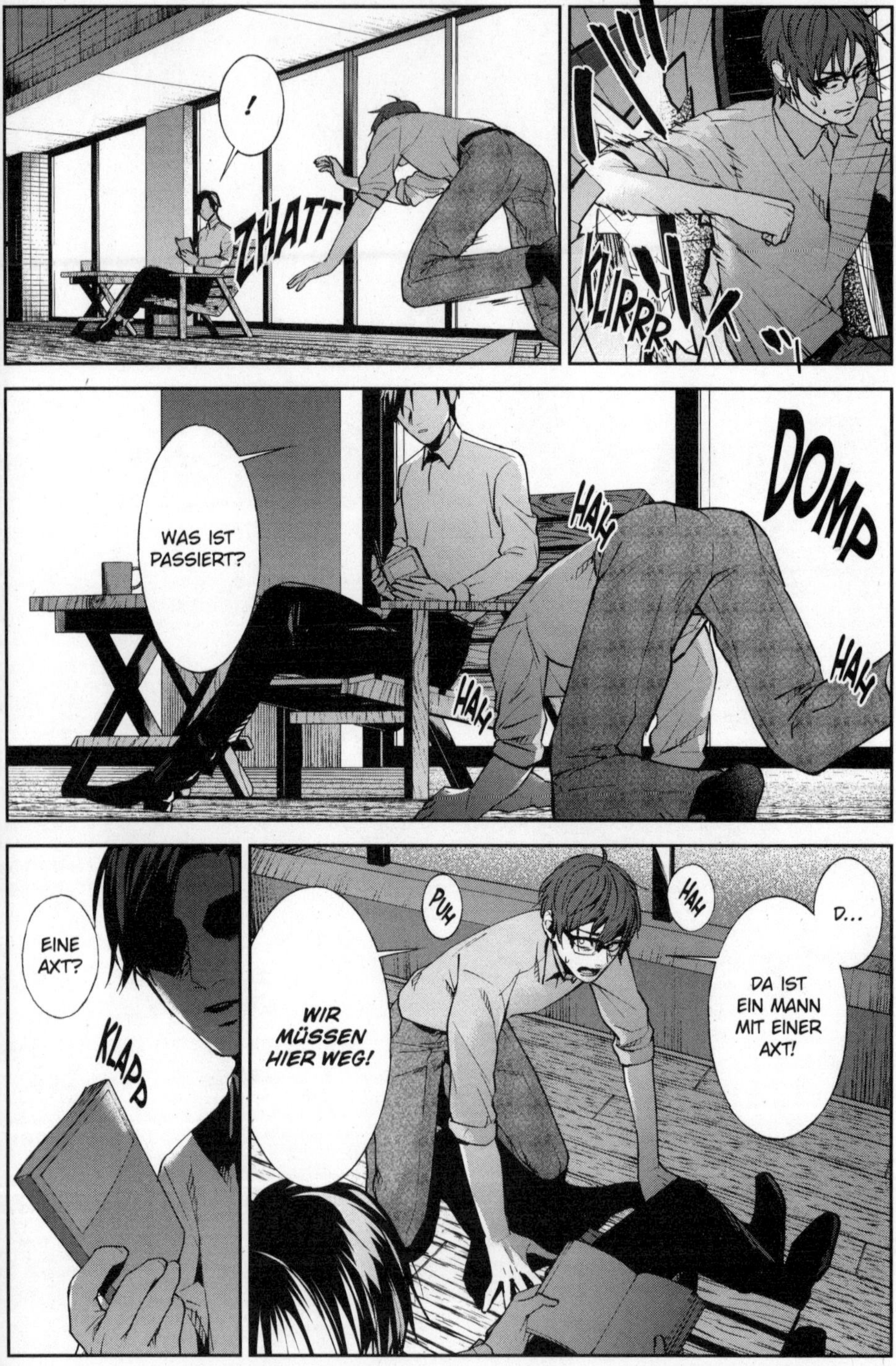
KLIRRRR
!
ZHATT
DOMP
HAH
HAH
HAH
WAS IST PASSIERT?
HAH
D...
DA IST EIN MANN MIT EINER AXT!
PUH
WIR MÜSSEN HIER WEG!
EINE AXT?
KLAPP

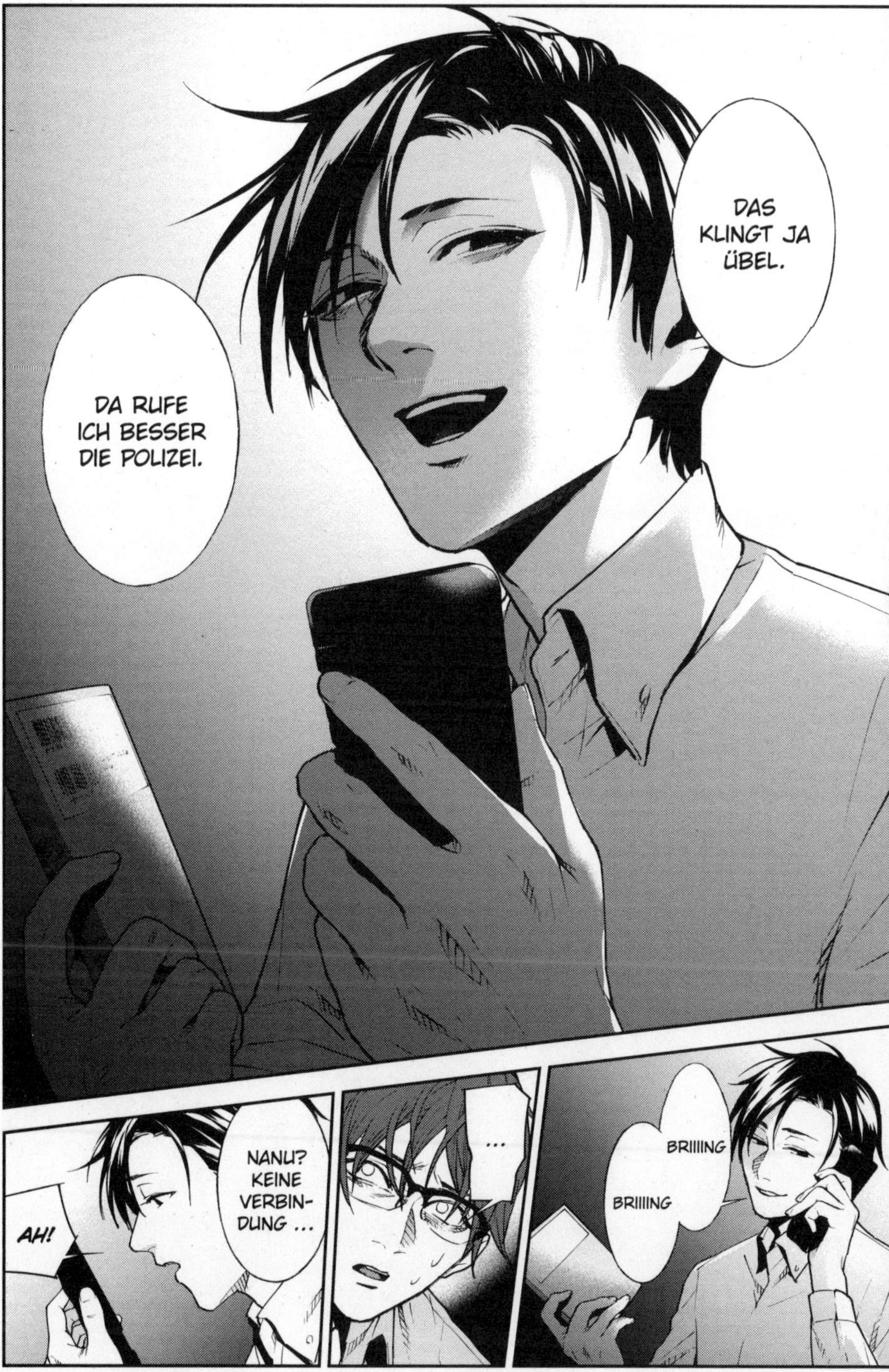
DAS KLINGT JA ÜBEL.
DA RUFE ICH BESSER DIE POLIZEI.
BRIIIING
BRIIIING
...
NANU? KEINE VERBIN-DUNG ...
AH!

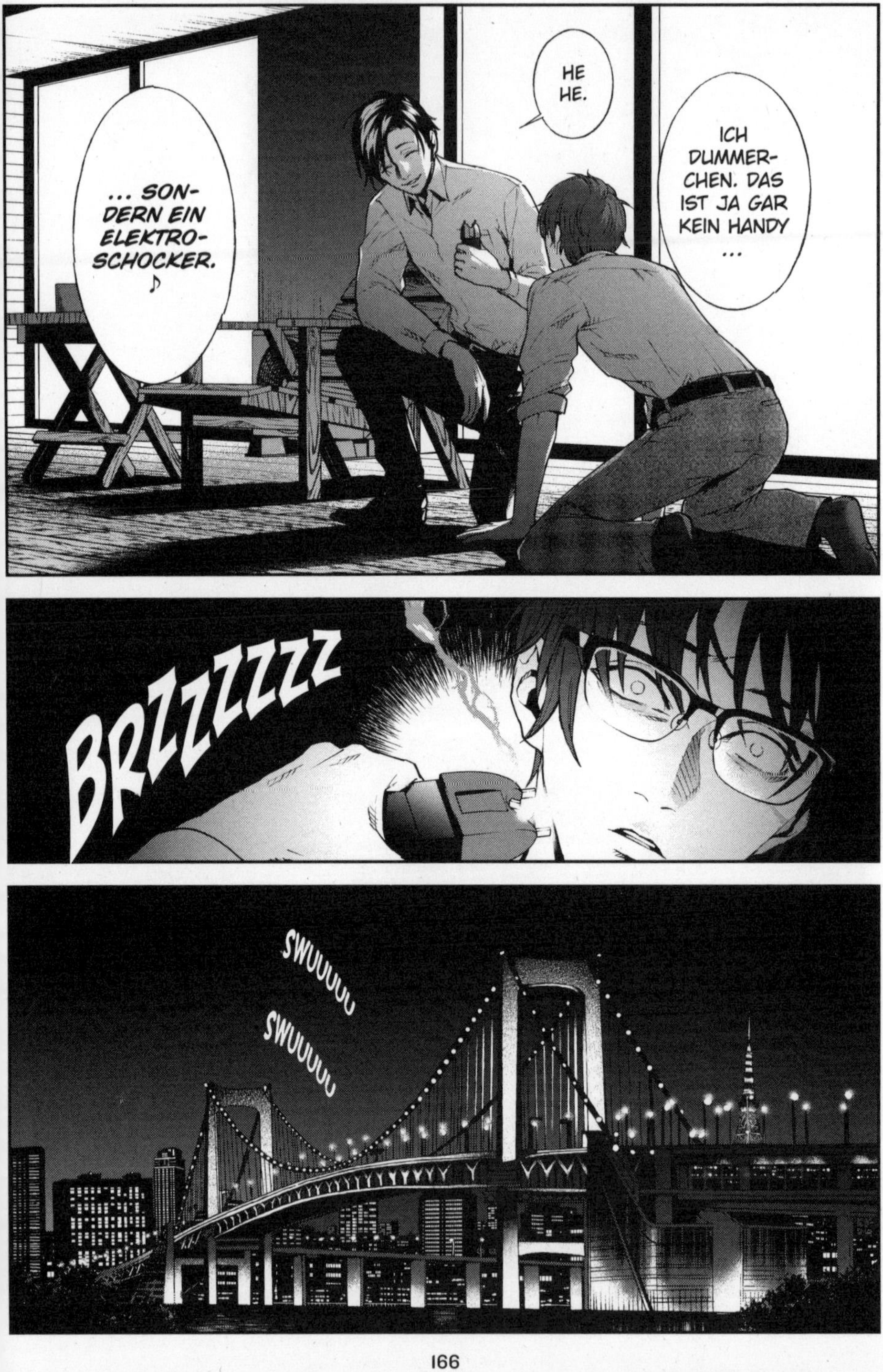
HE HE.
ICH DUMMERCHEN. DAS IST JA GAR KEIN HANDY …
… SONDERN EIN ELEKTROSCHOCKER. ♪
BRZZZZZZ
SWUUUUU
SWUUUUU

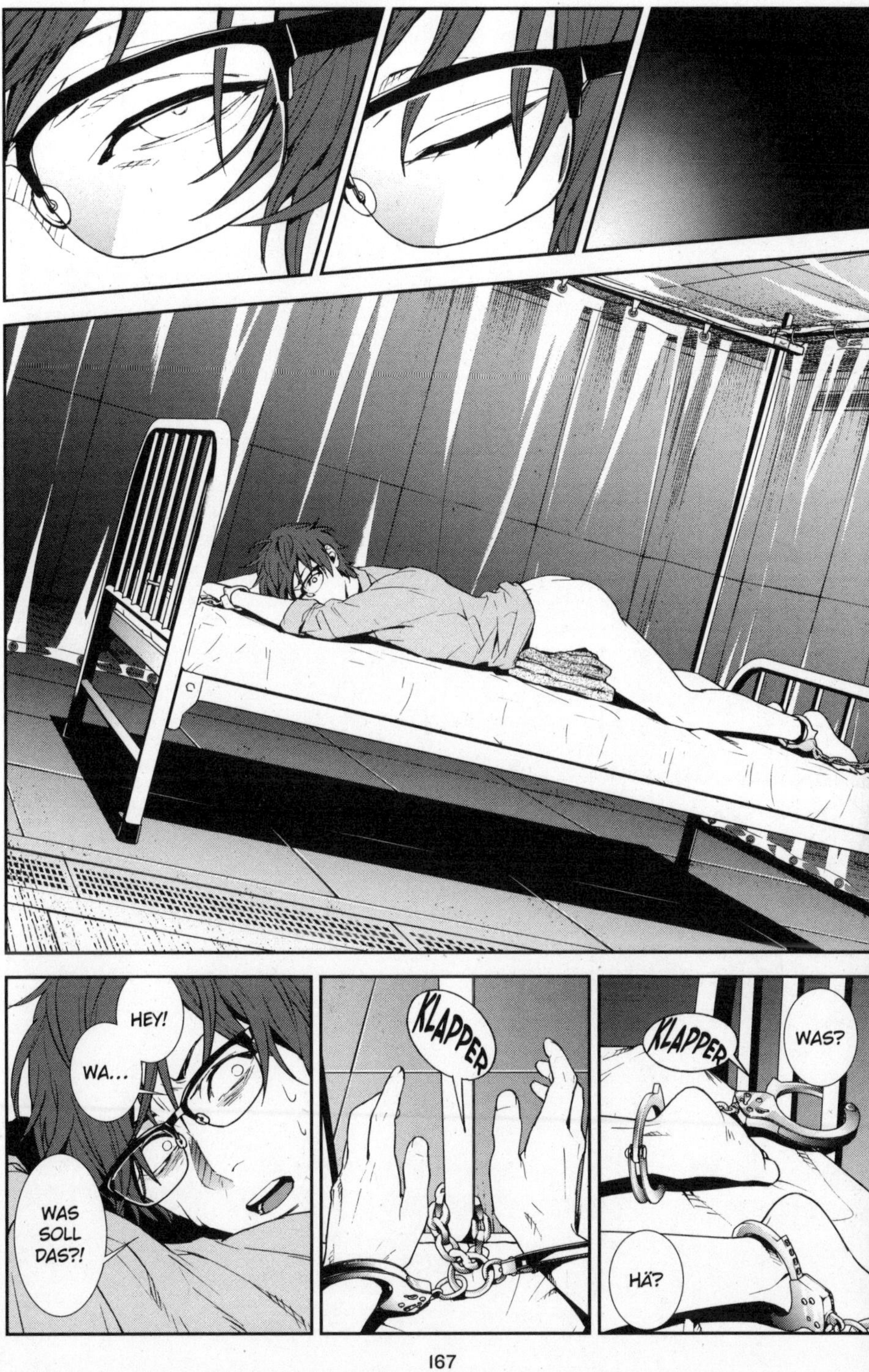
KLAPPER
WAS?
HÄ?
KLAPPER
HEY!
WA...
WAS SOLL DAS?!

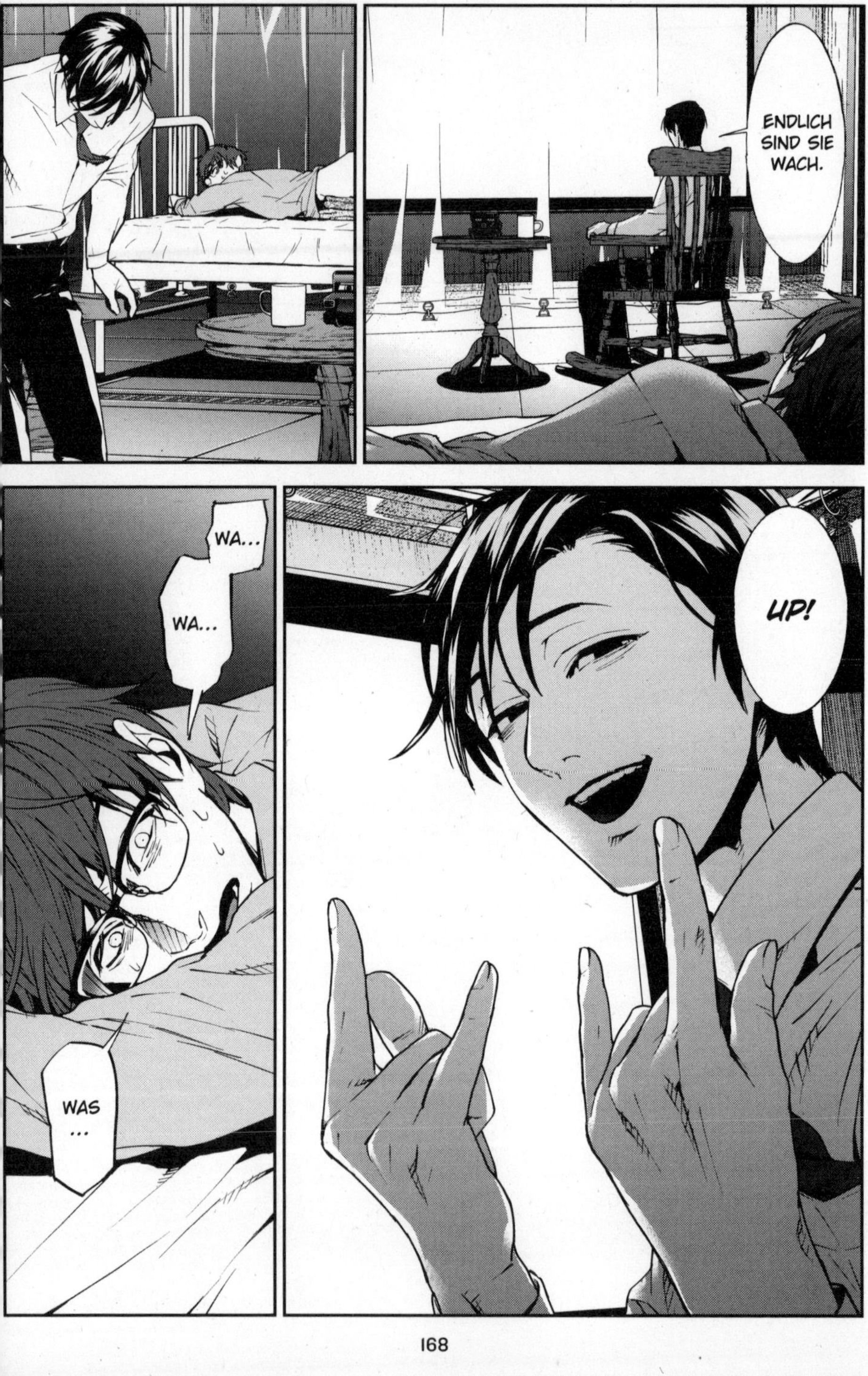
ENDLICH SIND SIE WACH.
UP!
WA...
WA...
WAS ...

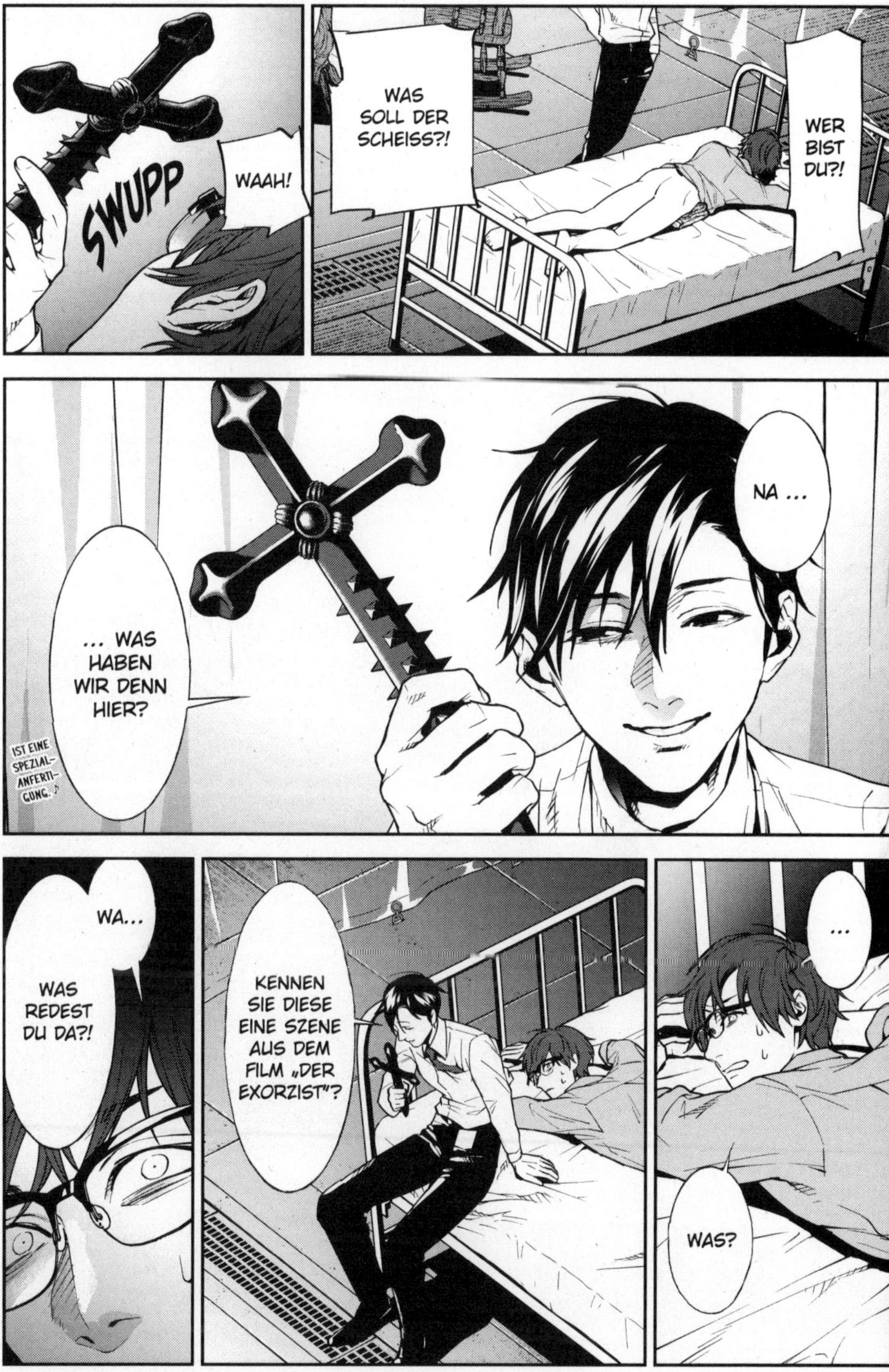
WER BIST DU?!
WAS SOLL DER SCHEISS?!
WAAH!
SWUPP
NA …
… WAS HABEN WIR DENN HIER?
IST EINE SPEZIAL-ANFERTIGUNG. ♪
…
WAS?
KENNEN SIE DIESE EINE SZENE AUS DEM FILM „DER EXORZIST"?
WA…
WAS REDEST DU DA?!

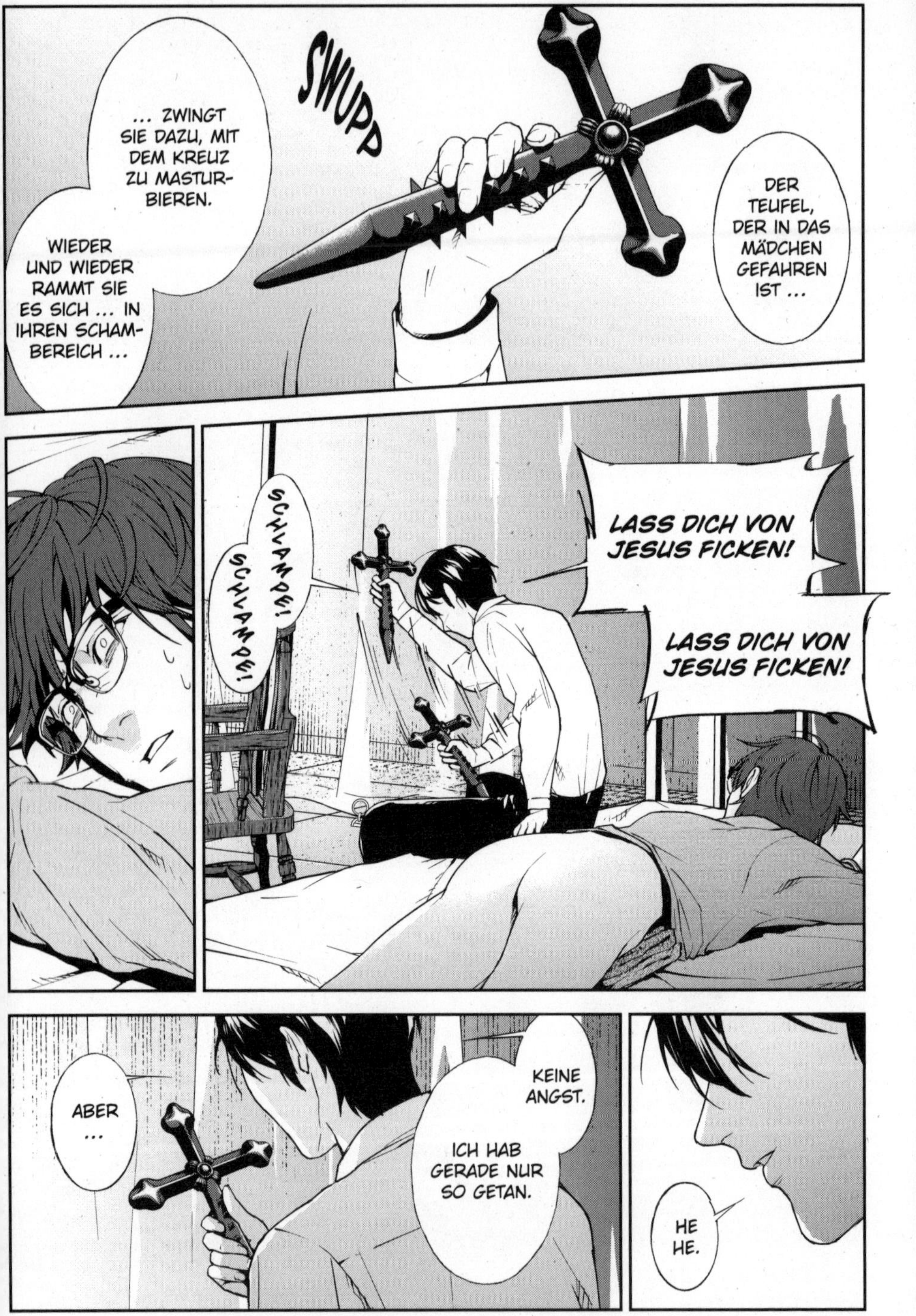
DER TEUFEL, DER IN DAS MÄDCHEN GEFAHREN IST …
SWUPP
… ZWINGT SIE DAZU, MIT DEM KREUZ ZU MASTURBIEREN.
WIEDER UND WIEDER RAMMT SIE ES SICH … IN IHREN SCHAMBEREICH …
LASS DICH VON JESUS FICKEN!
LASS DICH VON JESUS FICKEN!
SCHVAMPE!
SCHVAMPE!
HE HE.
KEINE ANGST.
ICH HAB GERADE NUR SO GETAN.
ABER …

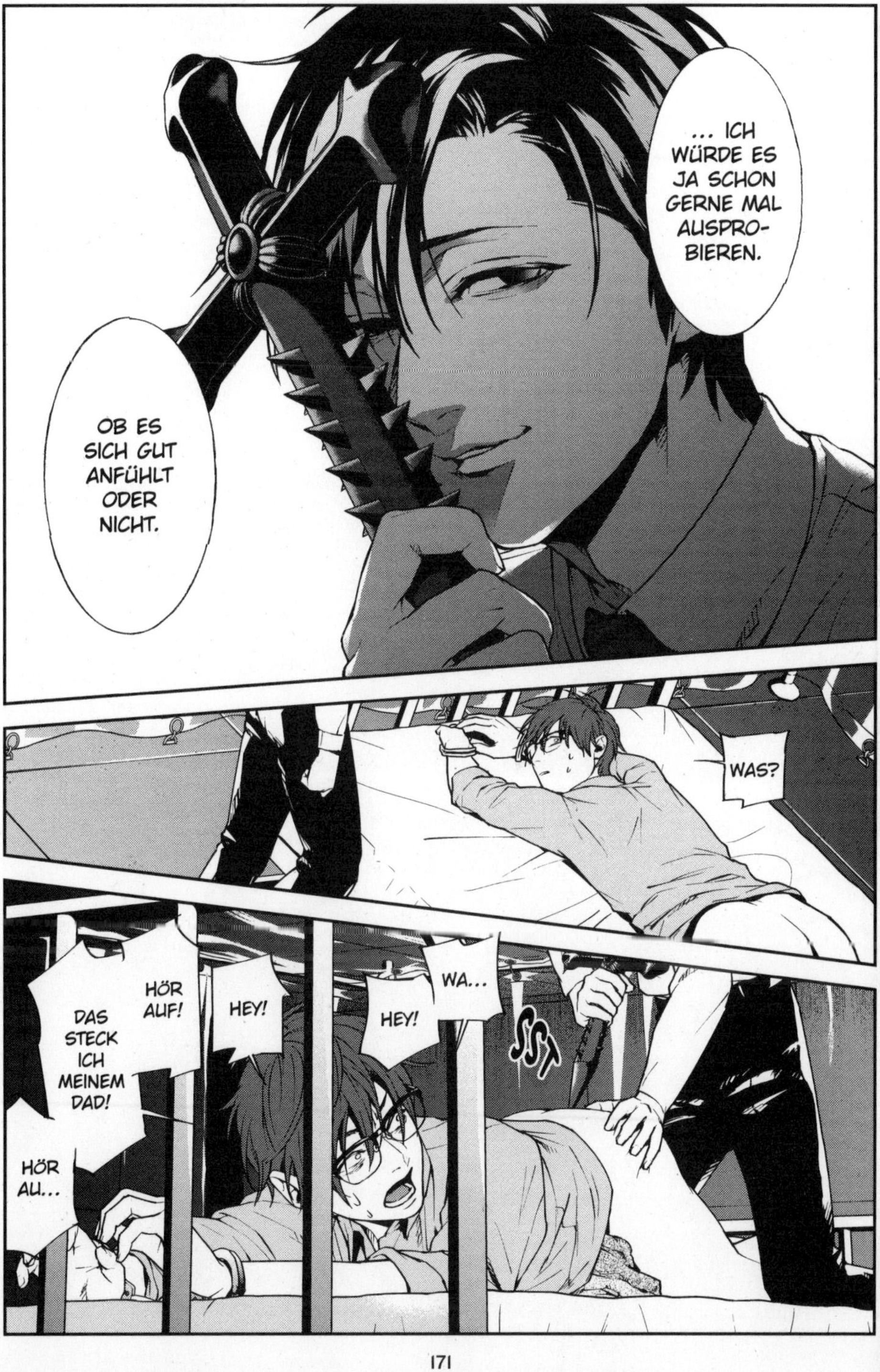
... ICH WÜRDE ES JA SCHON GERNE MAL AUSPRO-BIEREN.
OB ES SICH GUT ANFÜHLT ODER NICHT.
WAS?
WA...
HEY!
SST
HEY!
HÖR AUF!
DAS STECK ICH MEINEM DAD!
HÖR AU...

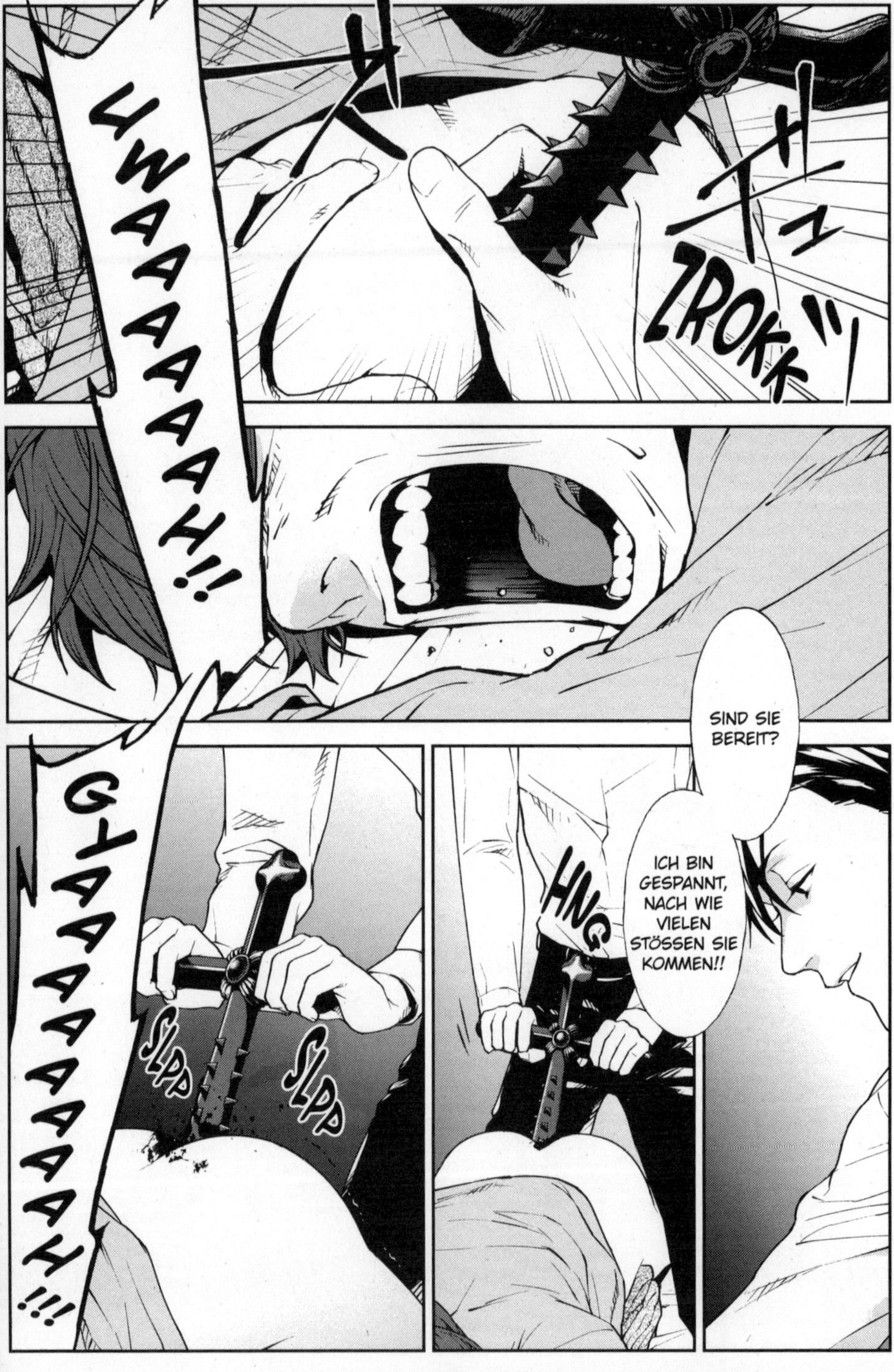
ZROKK
UWAAAAAAAAAH!!
SIND SIE BEREIT?
ICH BIN GESPANNT, NACH WIE VIELEN STÖSSEN SIE KOMMEN!!
HNG
SLPP
SLPP
GYAAAAAAAAAAAAH!!!!

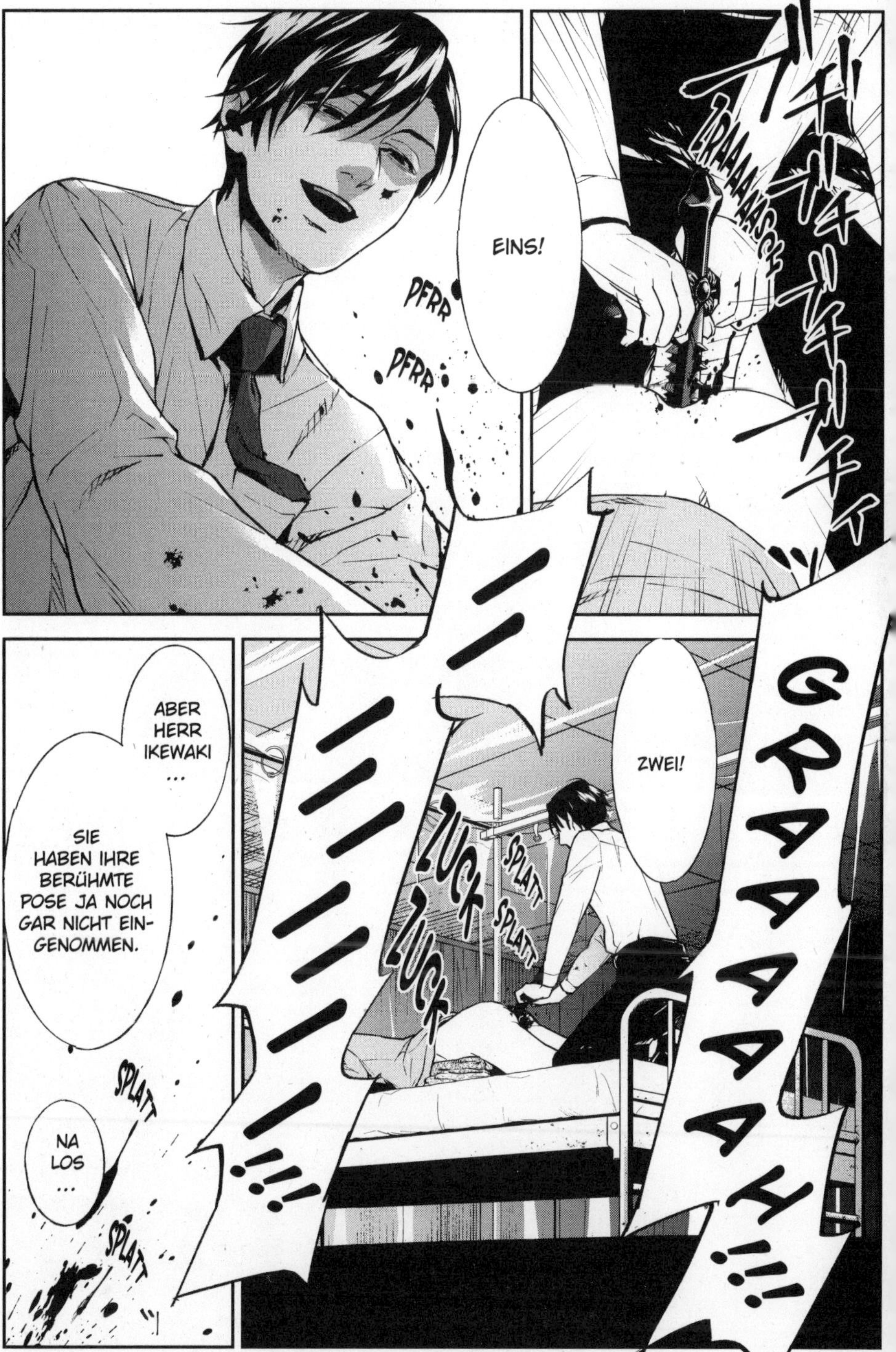
ZRAAAAASCH
EINS!
PFRR
PFRR
ZWEI!
GRAAAAAAAH!!!!
SPLATT
SPLATT
ZUCK
ZUCK
–––––!!!!
ABER HERR IKEWAKI ...
SIE HABEN IHRE BERÜHMTE POSE JA NOCH GAR NICHT EIN-GENOMMEN.
SPLATT
NA LOS ...
SPLATT

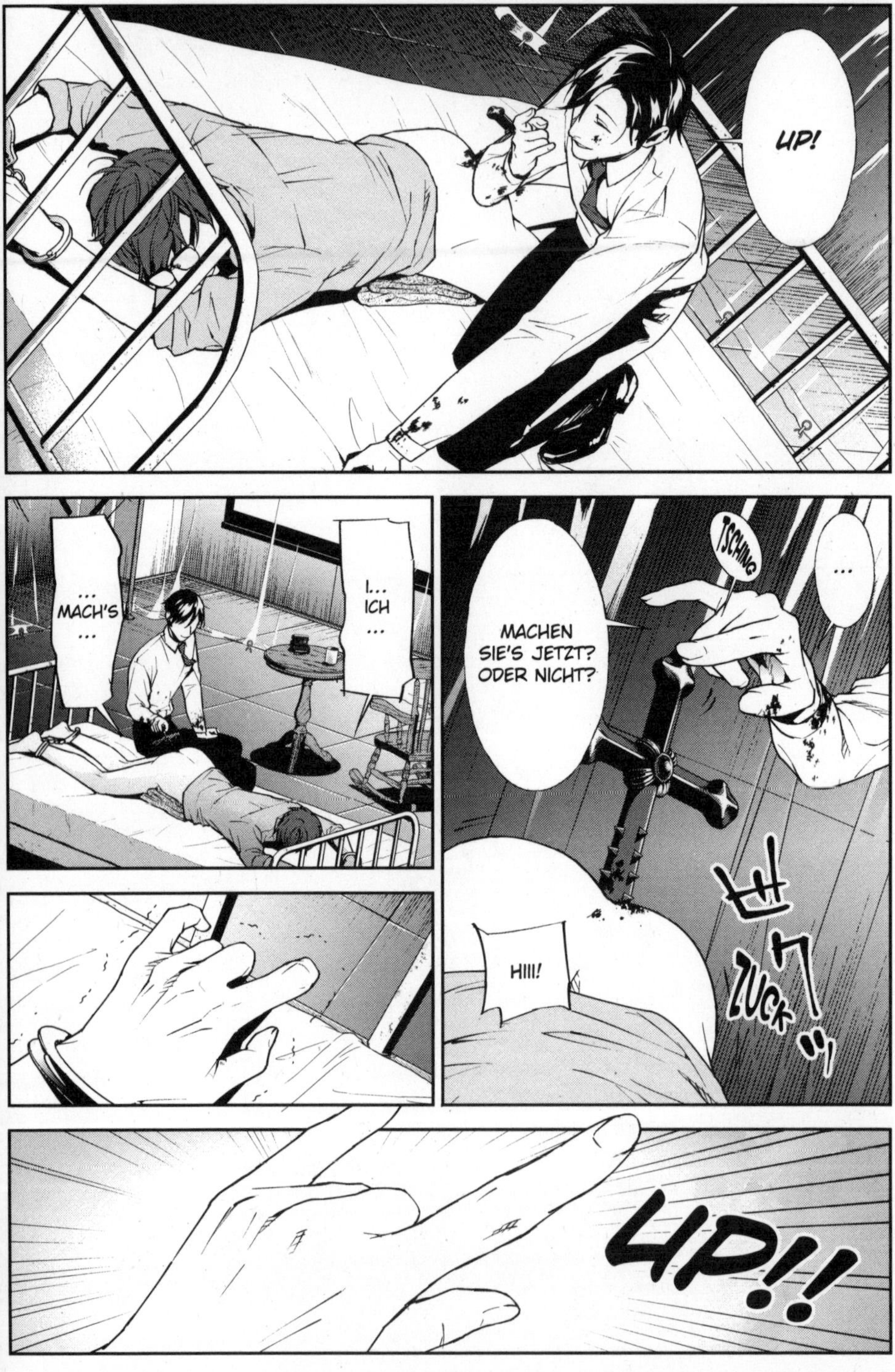
UP!
…
TSCHING
MACHEN SIE'S JETZT? ODER NICHT?
I… ICH …
… MACH'S …
HIII!
ZUCK
UP!!

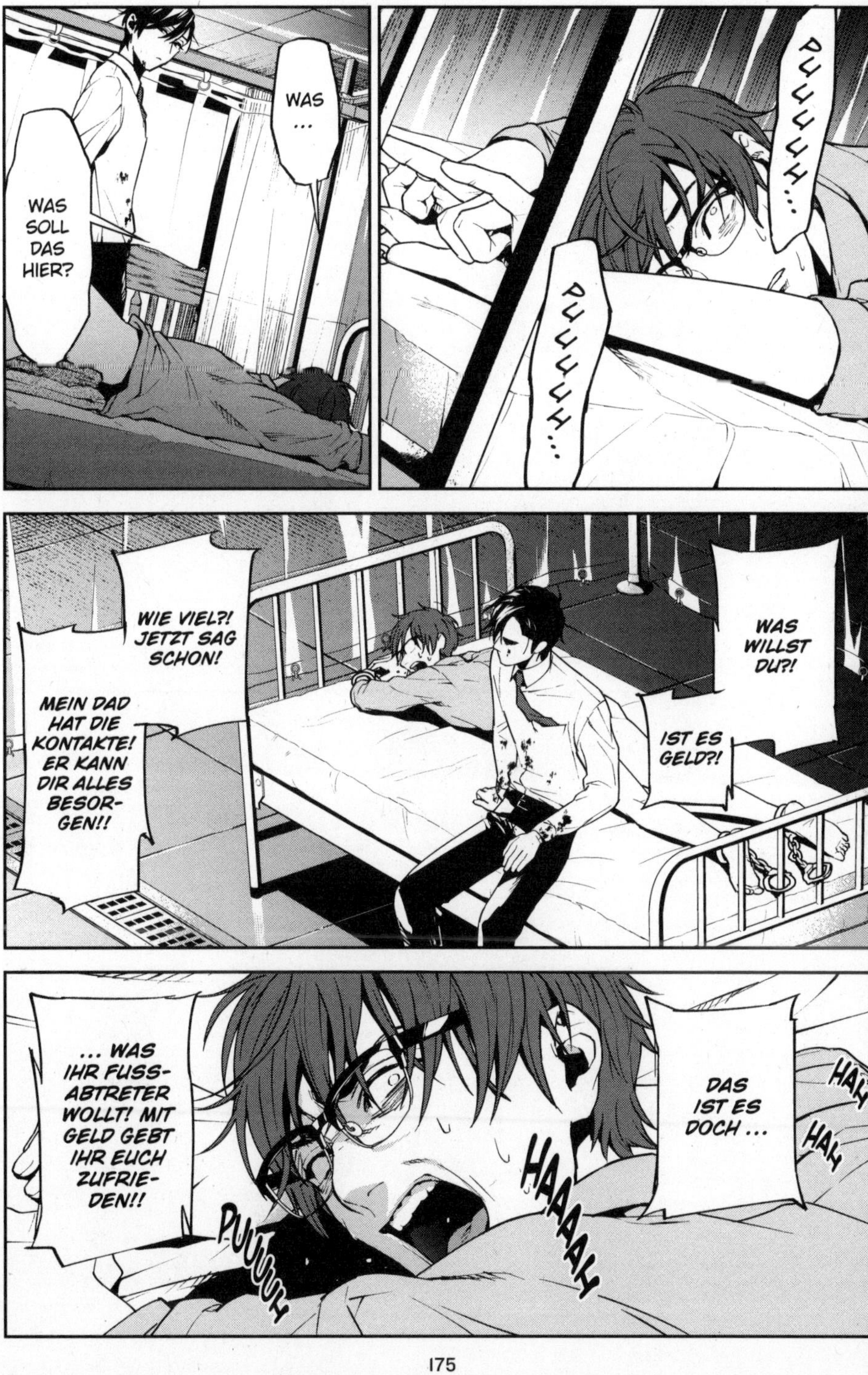
PUUUUH...
PUUUUUH...
WAS ...
WAS SOLL DAS HIER?
WAS WILLST DU?!
IST ES GELD?!
WIE VIEL?! JETZT SAG SCHON!
MEIN DAD HAT DIE KONTAKTE! ER KANN DIR ALLES BESORGEN!!
DAS IST ES DOCH ...
... WAS IHR FUSSABTRETER WOLLT! MIT GELD GEBT IHR EUCH ZUFRIEDEN!!
HAH
HAH
HAAAAH
PUUUUH

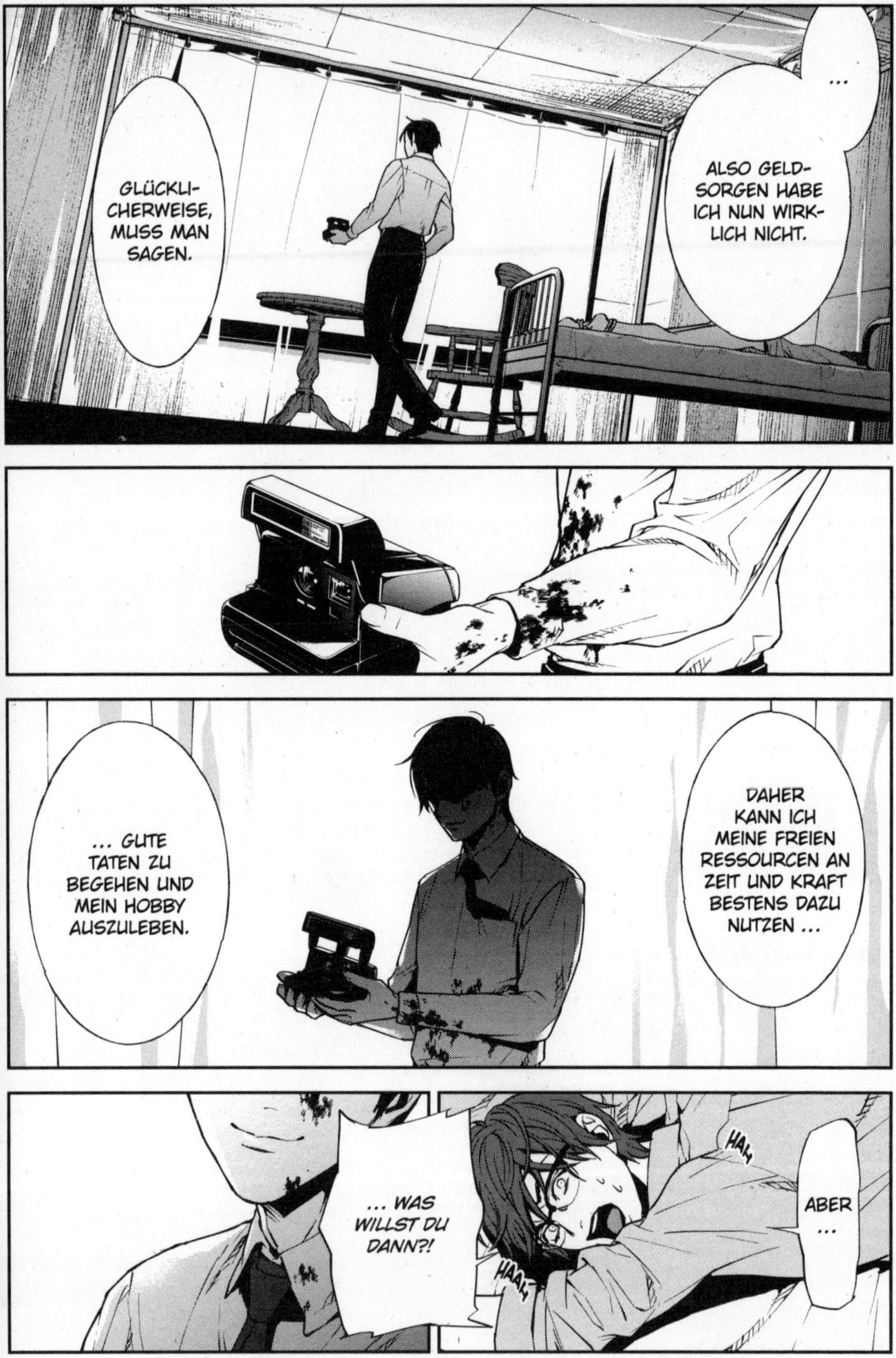
...
ALSO GELDSORGEN HABE ICH NUN WIRKLICH NICHT.
GLÜCKLICHERWEISE, MUSS MAN SAGEN.
DAHER KANN ICH MEINE FREIEN RESSOURCEN AN ZEIT UND KRAFT BESTENS DAZU NUTZEN ...
... GUTE TATEN ZU BEGEHEN UND MEIN HOBBY AUSZULEBEN.
ABER ...
HAH
HAAH
... WAS WILLST DU DANN?!

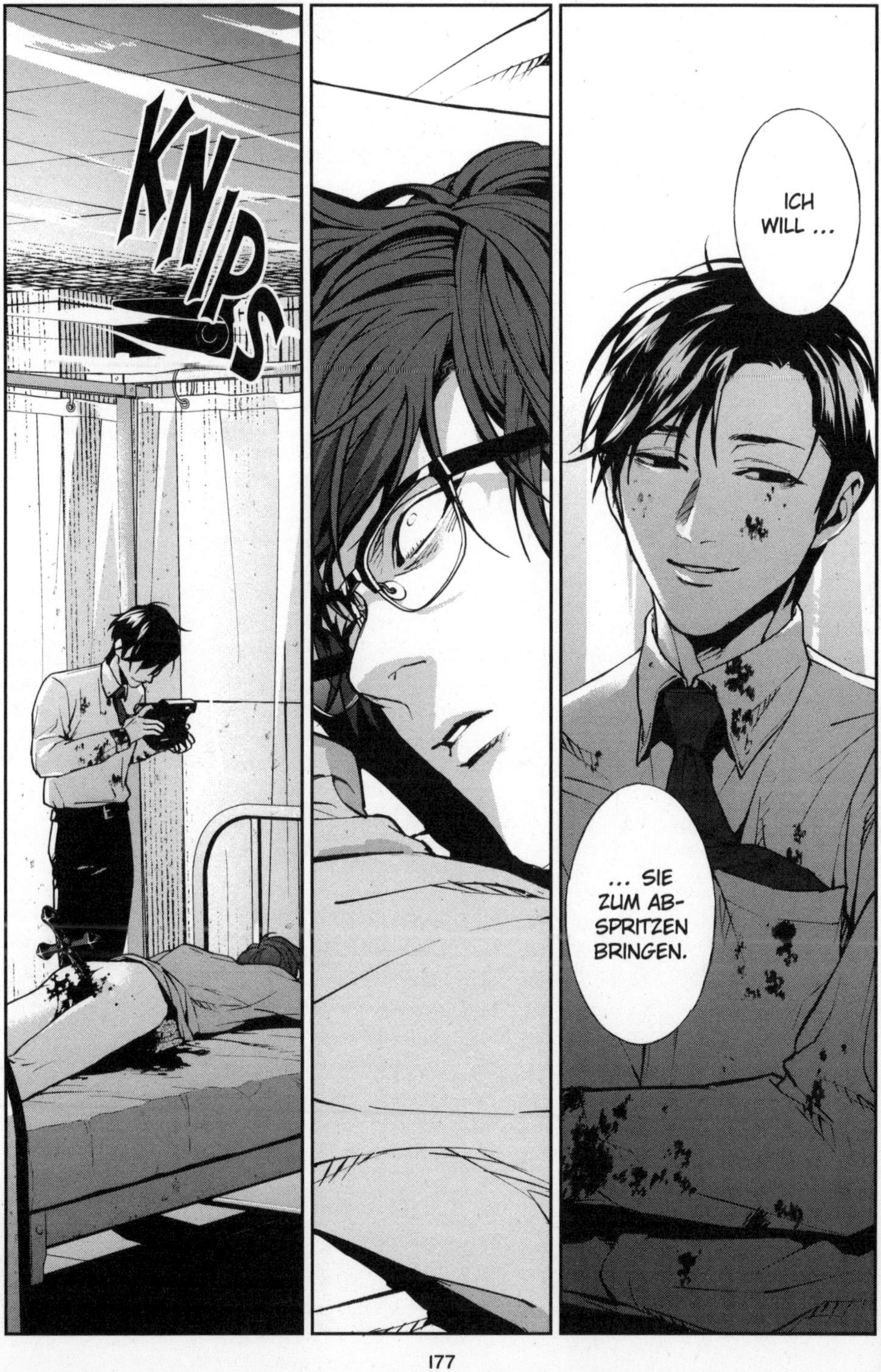
KNIPS
ICH WILL …
… SIE ZUM AB-SPRITZEN BRINGEN.

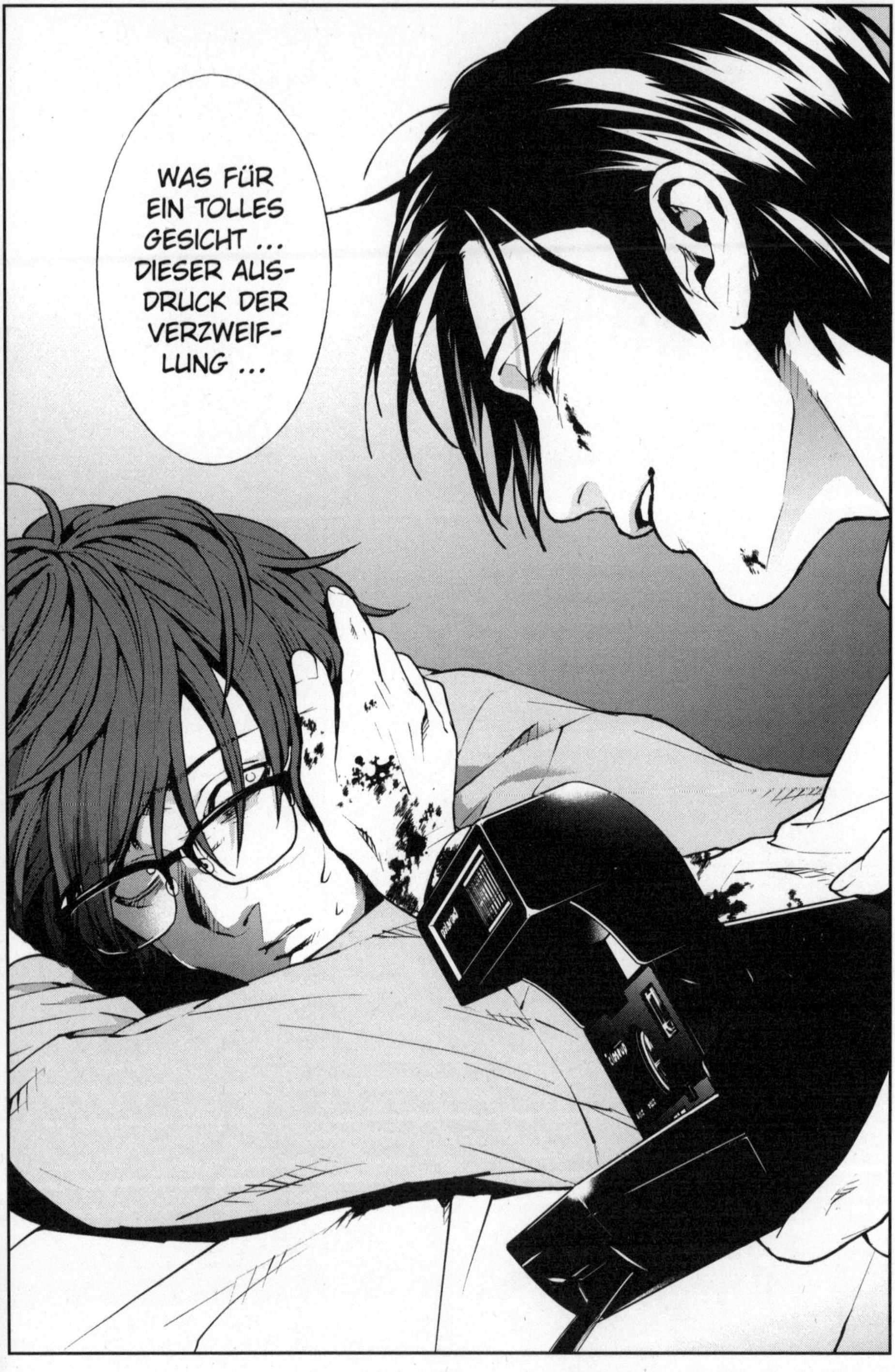
WAS FÜR EIN TOLLES GESICHT … DIESER AUS-DRUCK DER VERZWEIF-LUNG …

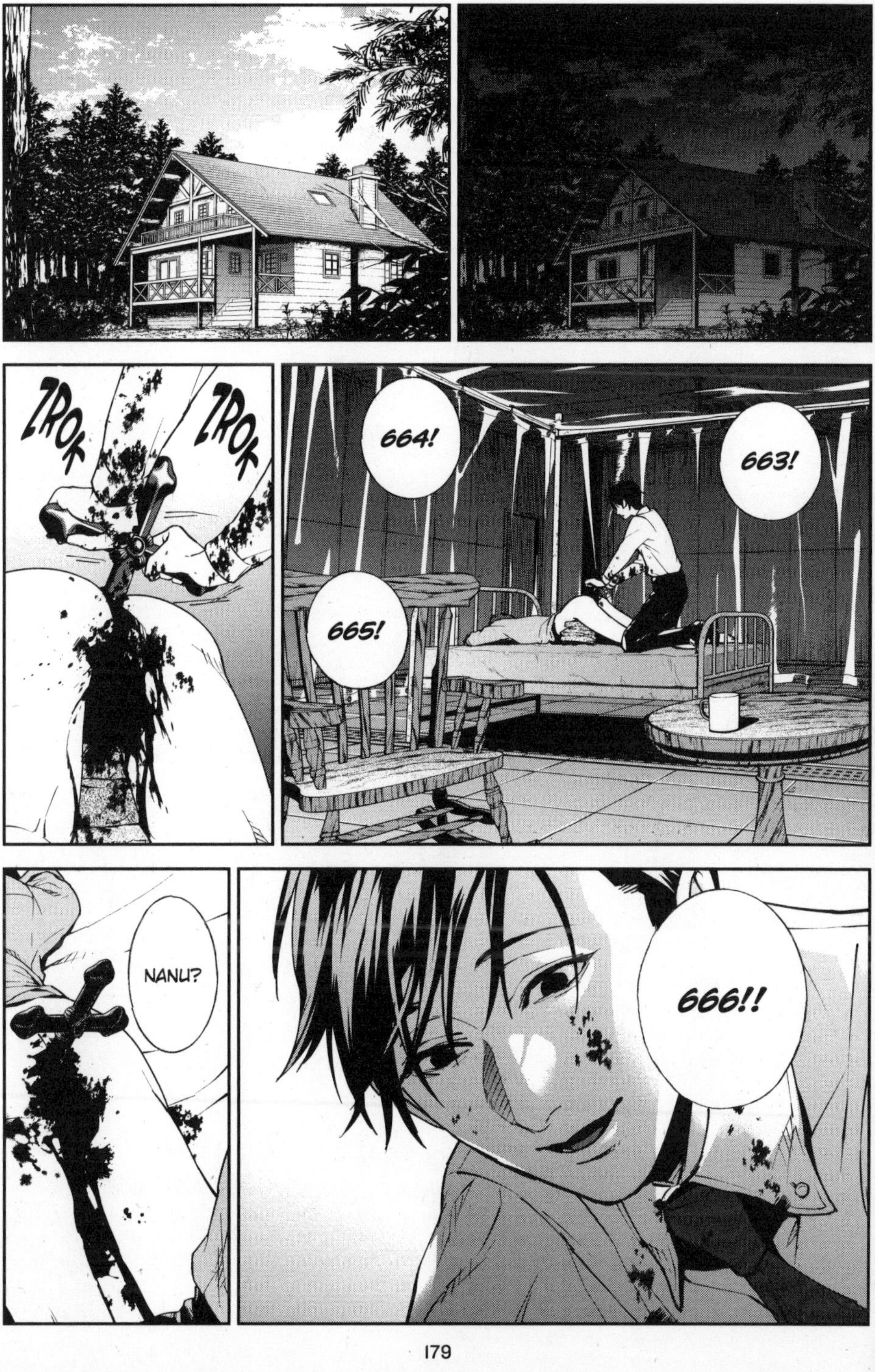
663!
664!
665!
ZROK
ZROK
666!!
NANU?

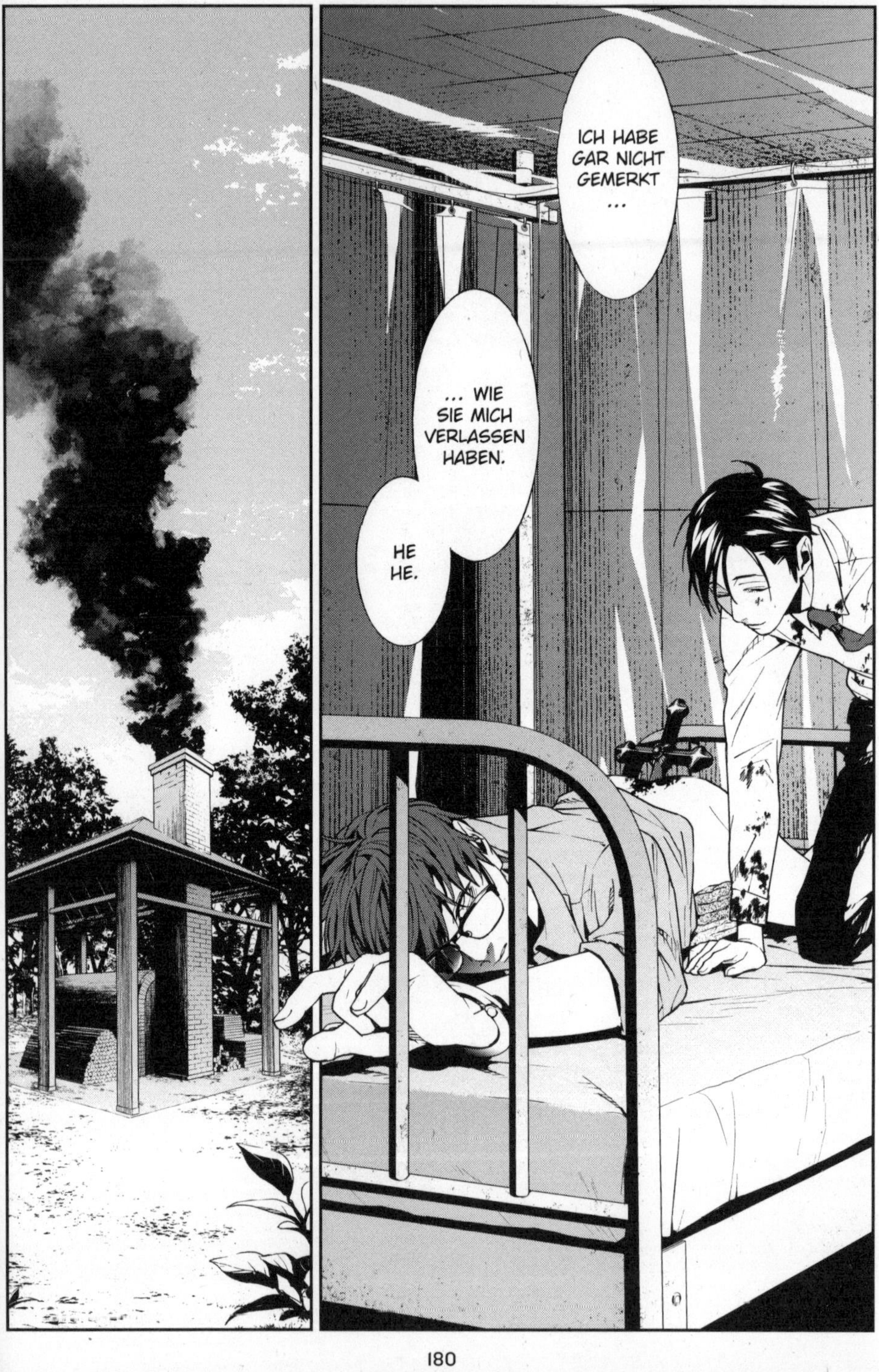
ICH HABE GAR NICHT GEMERKT ...
... WIE SIE MICH VERLASSEN HABEN.
HE HE.

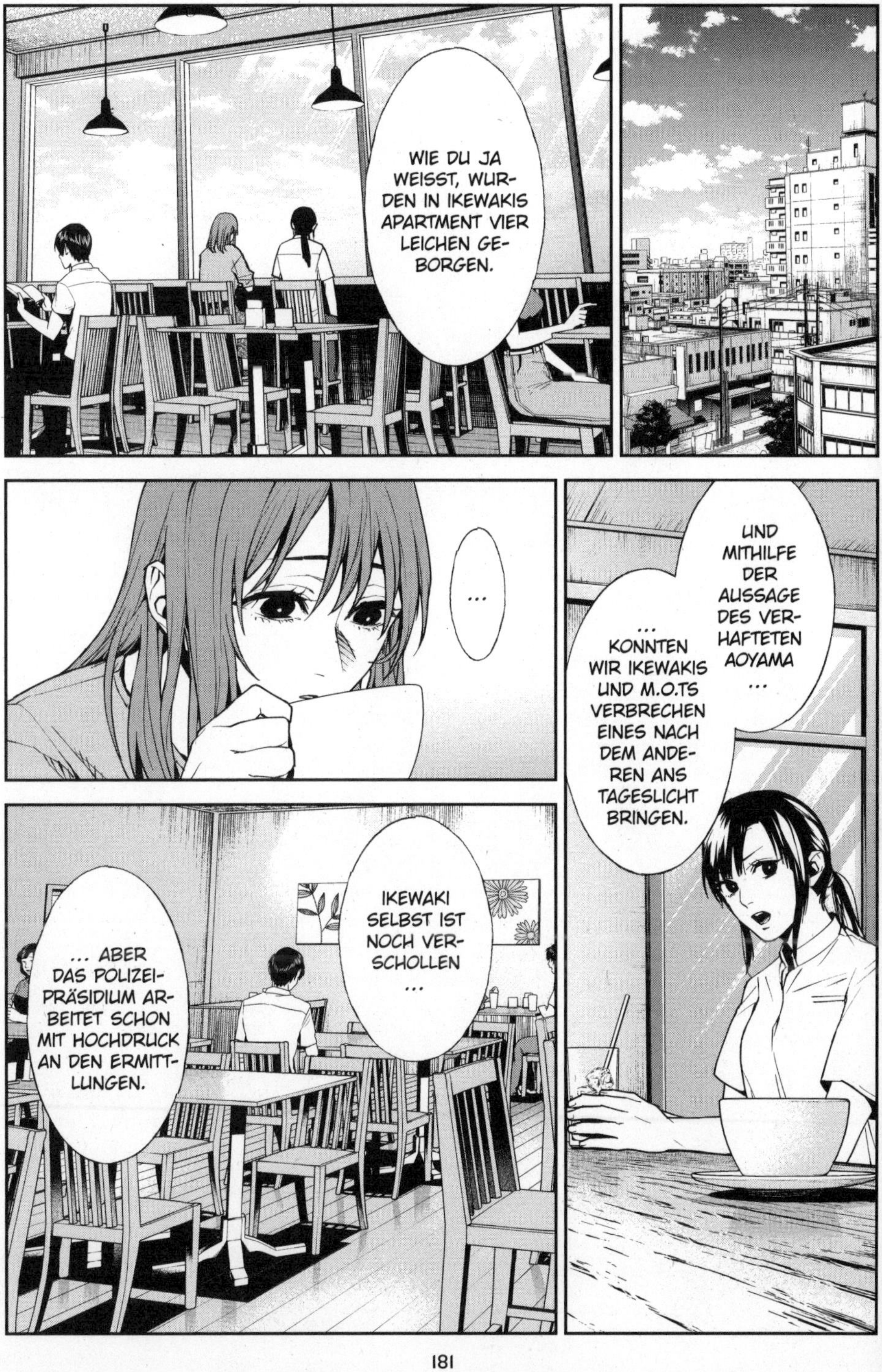

WIE DU JA WEISST, WURDEN IN IKEWAKIS APARTMENT VIER LEICHEN GEBORGEN.
UND MITHILFE DER AUSSAGE DES VERHAFTETEN AOYAMA …
… KONNTEN WIR IKEWAKIS UND M.O.TS VERBRECHEN EINES NACH DEM ANDEREN ANS TAGESLICHT BRINGEN.
…
IKEWAKI SELBST IST NOCH VERSCHOLLEN …
… ABER DAS POLIZEIPRÄSIDIUM ARBEITET SCHON MIT HOCHDRUCK AN DEN ERMITTLUNGEN.

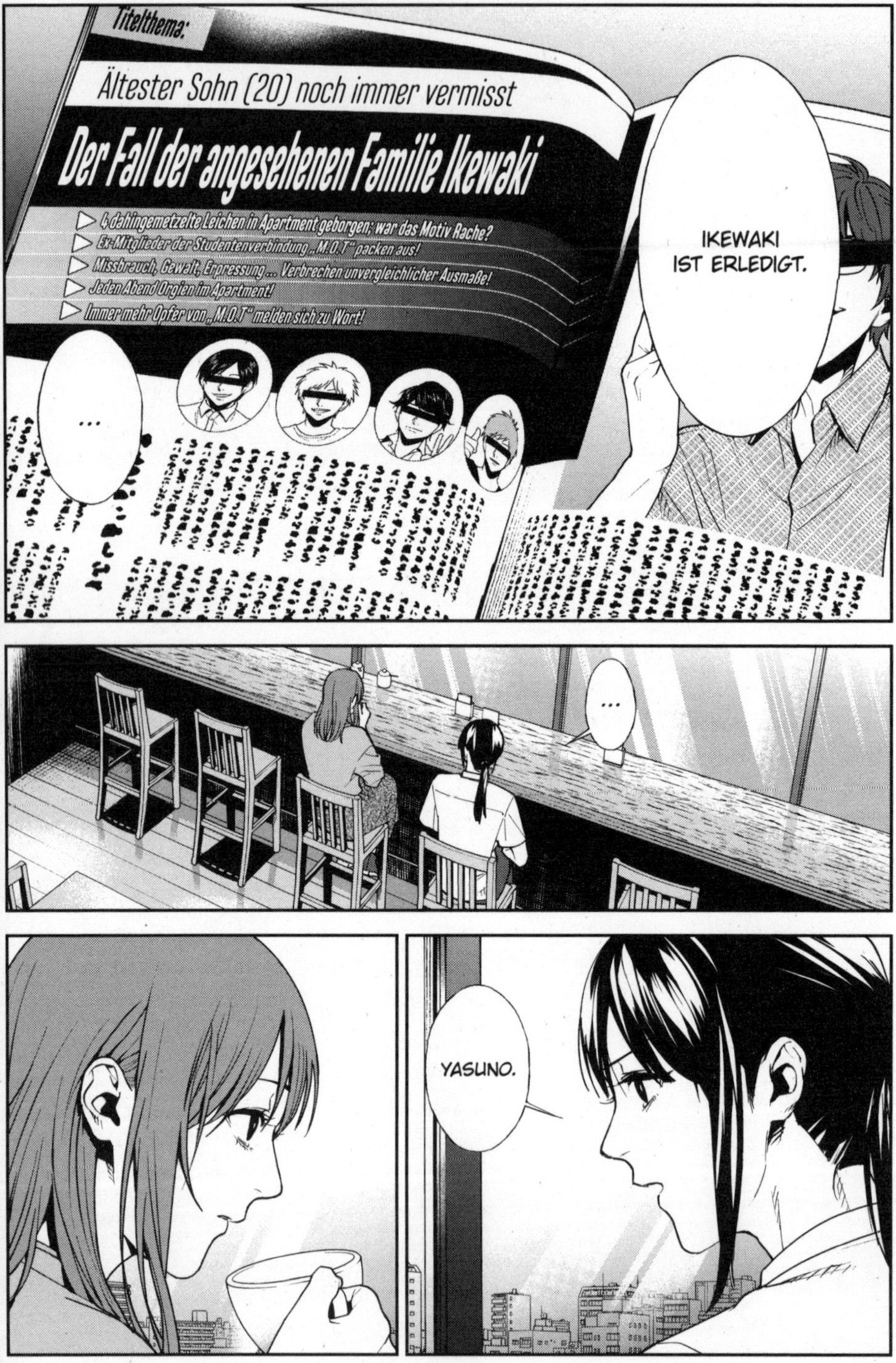
Titelthema:
Ältester Sohn (20) noch immer vermisst
Der Fall der angesehenen Familie Ikewaki
4 dahingemetzelte Leichen in Apartment geborgen; war das Motiv Rache?
Ex-Mitglieder der Studentenverbindung „M.O.T“ packen aus!
Missbrauch, Gewalt, Erpressung ... Verbrechen unvergleichlicher Ausmaße!
Jeden Abend Orgien im Apartment!
Immer mehr Opfer von „M.O.T“ melden sich zu Wort!
IKEWAKI IST ERLEDIGT.
...
...
YASUNO.

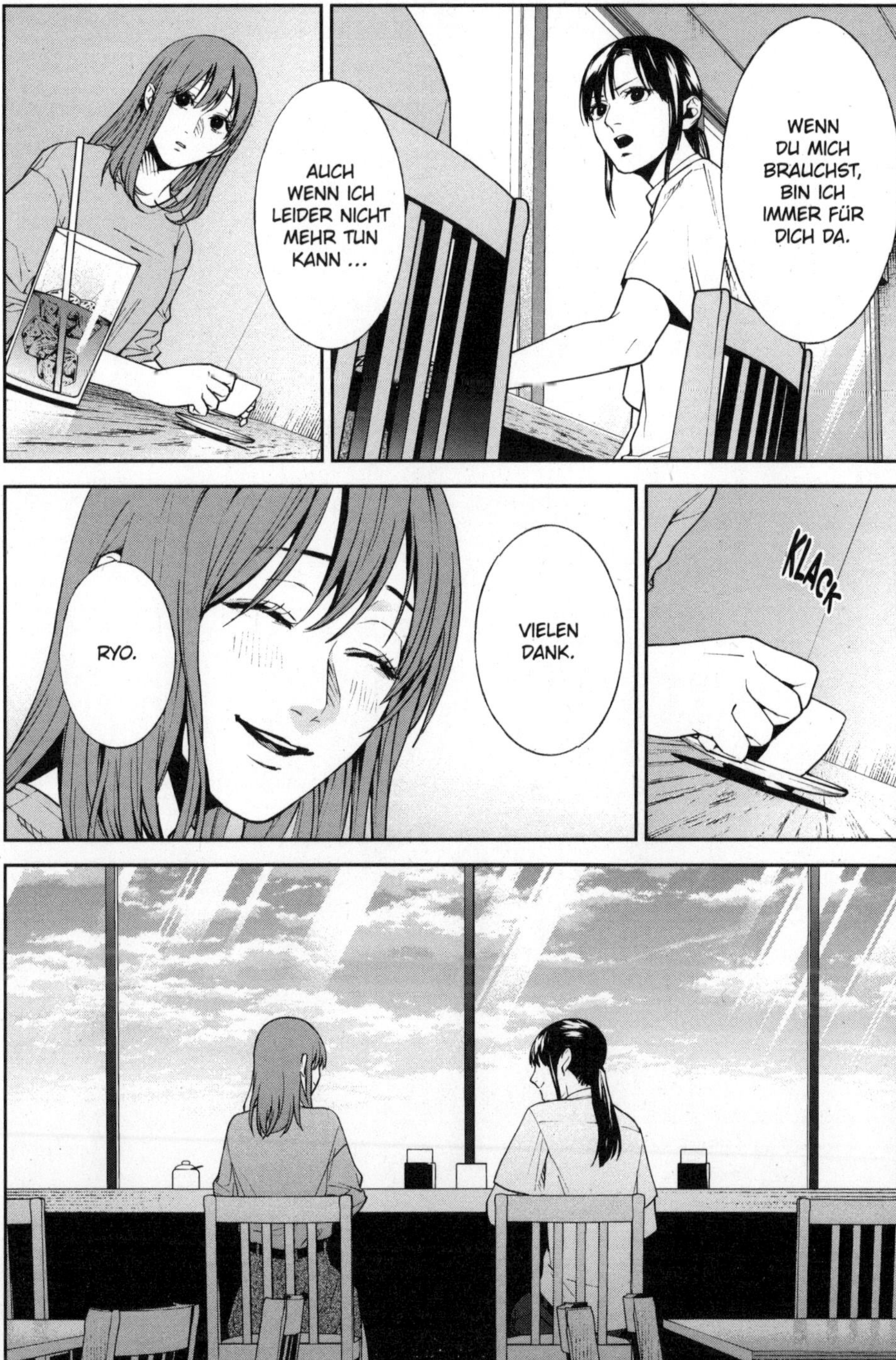
WENN DU MICH BRAUCHST, BIN ICH IMMER FÜR DICH DA.
AUCH WENN ICH LEIDER NICHT MEHR TUN KANN …
KLACK
VIELEN DANK.
RYO.

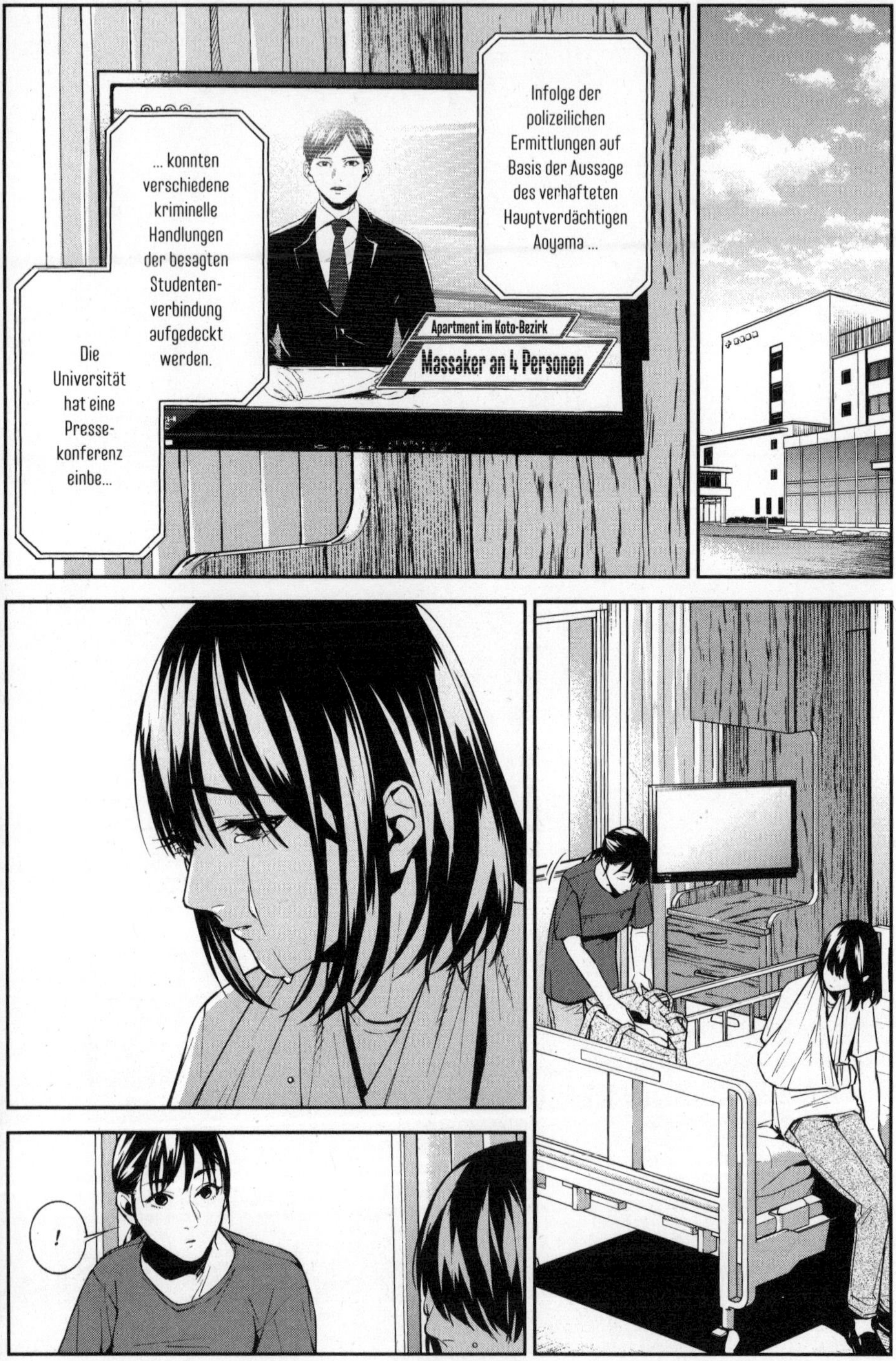
Infolge der polizeilichen Ermittlungen auf Basis der Aussage des verhafteten Hauptverdächtigen Aoyama ...
... konnten verschiedene kriminelle Handlungen der besagten Studenten-verbindung aufgedeckt werden.
Apartment im Koto-Bezirk
Massaker an 4 Personen
Die Universität hat eine Presse-konferenz einbe...
!

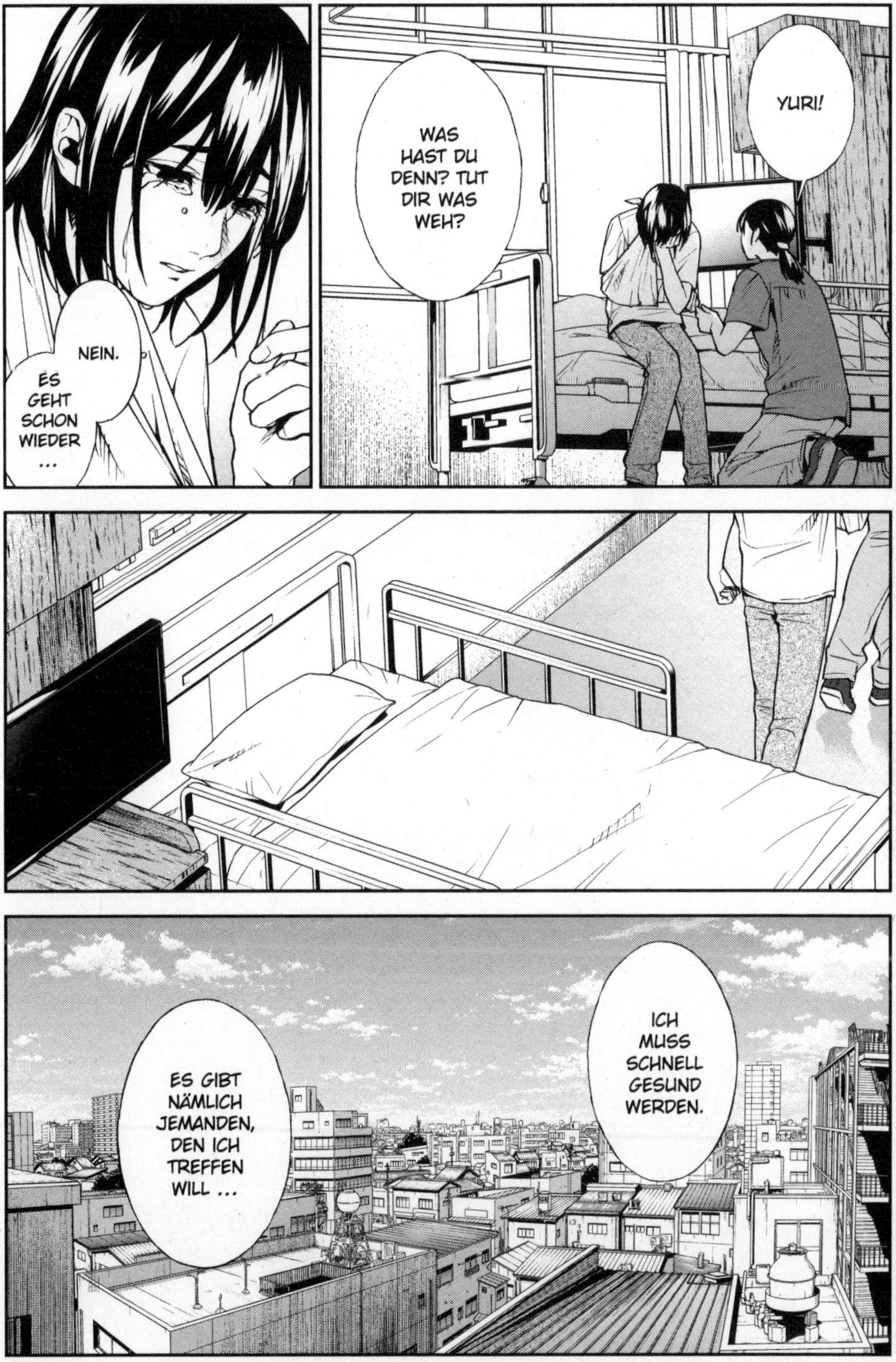
YURI!
WAS HAST DU DENN? TUT DIR WAS WEH?
NEIN. ES GEHT SCHON WIEDER …
ICH MUSS SCHNELL GESUND WERDEN.
ES GIBT NÄMLICH JEMANDEN, DEN ICH TREFFEN WILL …

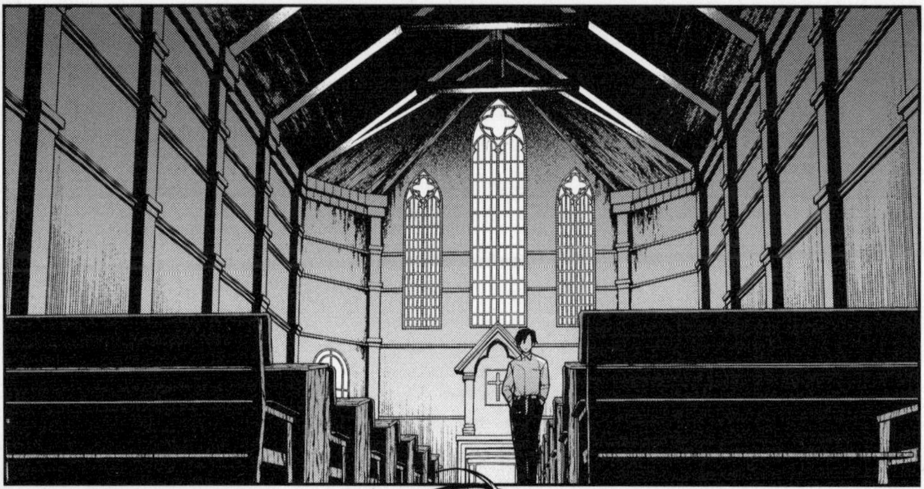

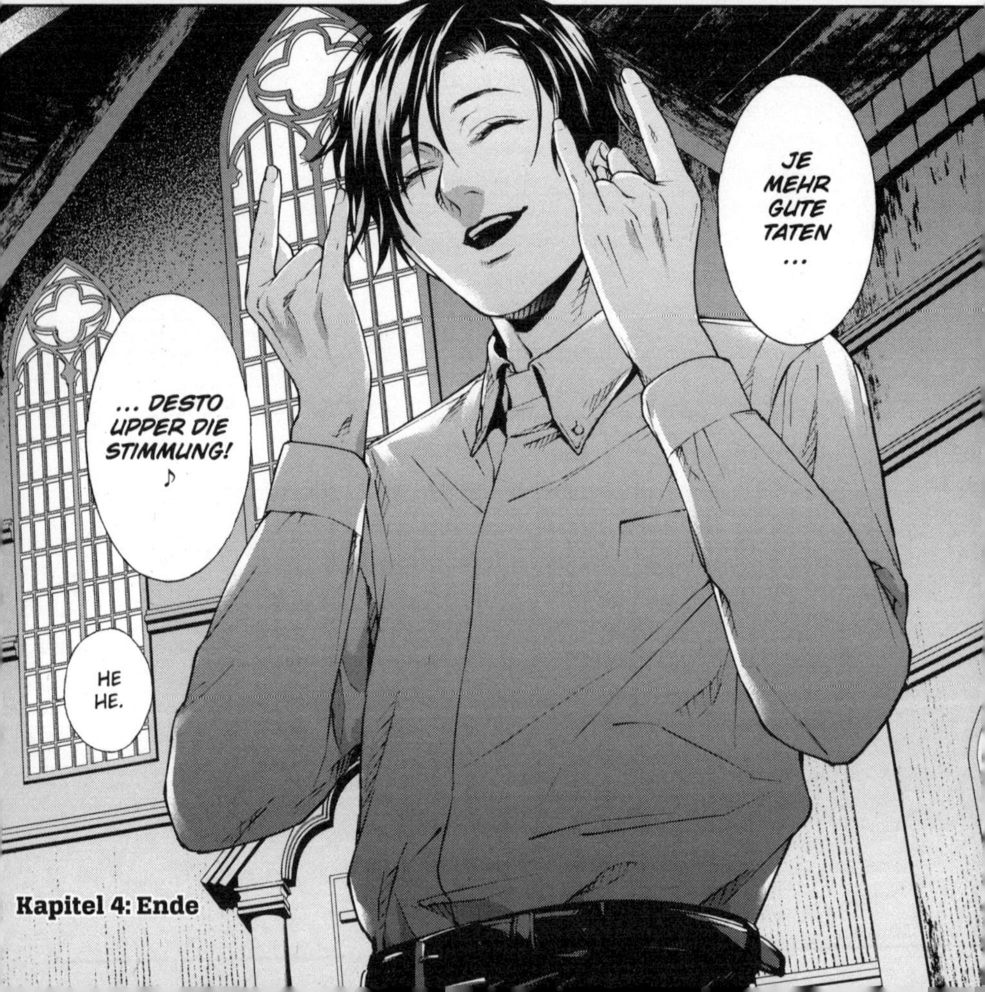

Kapitel 4: Ende

Vorschau auf den nächsten Band:

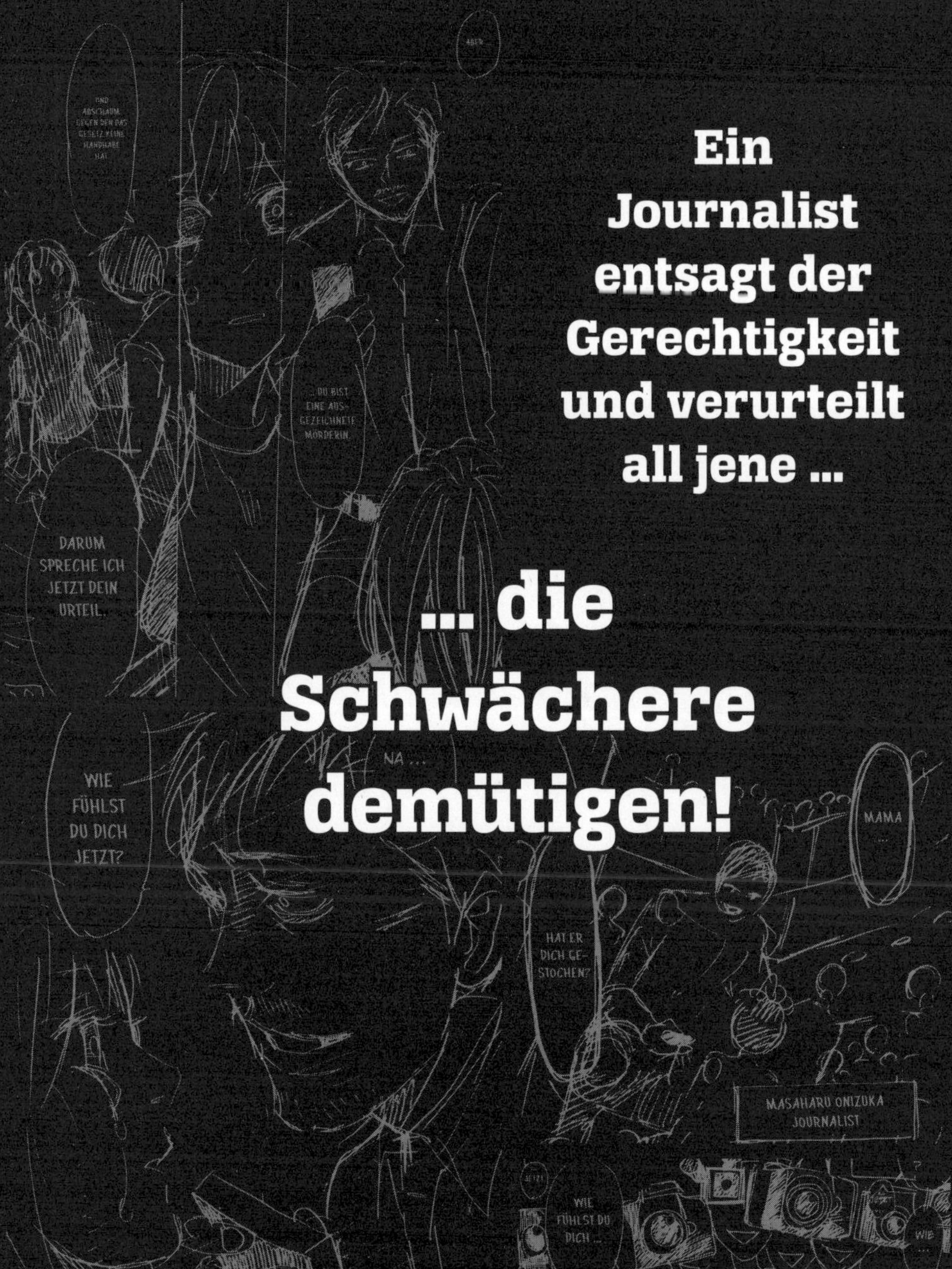

Ein Journalist entsagt der Gerechtigkeit und verurteilt all jene …

… die Schwächere demütigen!

MANGA CULT Checkliste ☑

CUTIE AND THE BEAST
von Yuhi Azumi
☐ Band 01 ISBN: 978-3-96433-390-2
☐ Band 02 ISBN: 978-3-96433-391-9
☐ Band 03 ISBN: 978-3-96433-392-6
14x21 | SC | Romance | 13+
€ 7,99 (D)

DAI DARK
von Q-Hayashida
☐ Band 01 ISBN: 978-3-96433-779-5
☐ Band 02 ISBN: 978-3-96433-780-1
☐ Band 03 ISBN: 978-3-96433-781-8
14x21 | SC | Science-Fiction | 16+
€ 10,– (D)

DAS LAND DER JUWELEN
von Haruko Ichikawa
☐ Band 01-10
☐ Band 11 ISBN: 978-3-96433-438-1
14x21 | SC mit Klappen | Fantasy | 12+
€ 10,– (D)

DEMON SLAYER –
Kimetsu no Yaiba
von Koyoharu Gotouge
☐ Band 01-15
☐ Band 08 ISBN: 978-3-96433-462-6
+ Schuber | € 15,– (D)
☐ Band 01-08 ISBN: 978-3-96433-701-6
+ Schuber | € 75,– (D)
☐ Band 16 ISBN: 978-3-96433-416-9
☐ Band 16 ISBN: 978-3-96433-699-6
+ Schuber | € 18,– (D)
☐ Band 09-16 ISBN: 978-3-96433-702-3
+ Schuber | € 80,– (D)
☐ Band 17 ISBN: 978-3-96433-477-0
☐ Band 18 ISBN: 978-3-96433-570-8
☐ Band 19 ISBN: 978-3-96433-479-4
☐ Band 20 ISBN: 978-3-96433-480-0
☐ Band 20 LE ISBN: 978-3-96433-881-5
+ Postkartenset | € 15,– (D)
☐ Band 21 ISBN: 978-3-96433-481-7
14x21 | SC | Action | 13+
€ 10,– (D)

DEMON SLAYER –
Kimetsu no Yaiba: Blume des Glücks
Light Novel
von Koyoharu Gotouge & Aya Yajima
☐ Einzelband ISBN: 978-3-96433-771-9
14x21 | SC mit Ausklappposter | Action | 13+
€ 14,– (D) | **Abgeschlossen**

DEMON SLAYER –
Kimetsu no Yaiba:
Einflügeliger Schmetterling
Light Novel
von Koyoharu Gotouge & Aya Yajima
☐ Einzelband ISBN: 978-3-96433-887-7
14x21 | SC mit Ausklappposter | Action | 13+
€ 14,– (D) | **Abgeschlossen**

DIE BLUMEN DES BÖSEN – Aku no Hana
2in1 Edition
von Shuzo Oshimi
☐ Band 01 3in1 Edition
☐ Band 02-05
14x21 | SC | Drama | 15+
Band 1 € 20,– (D) | ab Band 2 € 15,– (D)
Abgeschlossen

BLAME!
Master Edition
von Tsutomu Nihei
☐ Band 01-06
16x24 | HC | Science-Fiction | 16+
€ 28,– (D) | **Abgeschlossen**

BLAME! +:
Die Flucht der Elektrofischer
Master Edition
von Koutarou Sekine & Tsutomu Nihei & BLAME! Production Committee
☐ Einzelband ISBN: 978-3-96433-320-9
16x24 | HC | Science-Fiction | 16+
€ 20,– (D) | **Abgeschlossen**

BLOOD ON THE TRACKS
von Shuzo Oshimi
☐ Band 01 ISBN: 978-3-96433-601-9
☐ Band 02 ISBN: 978-3-96433-684-2
☐ Band 03 ISBN: 978-3-96433-685-9
☐ Band 04 ISBN: 978-3-96433-686-6
☐ Band 05 ISBN: 978-3-96433-687-3
☐ Band 06 ISBN: 978-3-96433-688-0
☐ Band 07 ISBN: 978-3-96433-689-7
14x21 | SC | Drama | 16+
€ 10,– (D)

BLUE PERIOD
von Tsubasa Yamaguchi
☐ Band 01-10
☐ Band 11 ISBN: 978-3-96433-683-5
☐ Band 12 ISBN: 978-3-96433-819-8
14x21 | SC | Special | 15+
€ 10,– (D)

BRUTAL – Bekenntnisse
eines Mordermittlers
von Kei Koga & Ryo Izawa
☐ Band 01 ISBN: 978-3-96433-773-3
14x21 | SC | Thriller | 18+
€ 12,– (D)

CELLS AT WORK!
von Akane Shimizu
☐ Band 01-06
14x21 | SC mit Klappen | Comedy | 13+
€ 10,– (D) | **Abgeschlossen**

CELLS AT WORK!
An die Arbeit, Blutplättchen!
von Yuko Kakihara & Yasu & Akane Shimizu
☐ Band 01-04
14x21 | SC | Comedy | Science | 13+
€ 7,99 (D) | **Abgeschlossen**

CELLS AT WORK! BLACK
von Shigemitsu Harada & Issey Hatsuyoshiya & Akane Shimizu
☐ Band 01-08
14x21 | SC | Action | Science | 16+
€ 10,– (D) | **Abgeschlossen**

COLORLESS
von KENT
☐ Band 01 ISBN: 978-3-96433-797-9
14x21 | SC | Science-Fiction | 16+
€ 12,– (D)

6TH BULLET
von Yusuke Osawa
☐ Einzelband ISBN: 978-3-96433-088-8
14x21 | SC | Science-Fiction | 16+
€ 15,– (D) | **Abgeschlossen**

A MAN AND HIS CAT
von Umi Sakurai
☐ Band 01-05
☐ Band 06 ISBN: 978-3-96433-527-2
☐ Band 07 ISBN: 978-3-96433-696-5
☐ Band 08 ISBN: 978-3-96433-697-2
☐ Band 09 ISBN: 978-3-96433-698-9
☐ Band 10 ISBN: 978-3-96433-816-7
14x21 | SC | Slice of Life | 15+
€ 10,– (D)

ABARA
Master Edition
von Tsutomu Nihei
☐ Einzelband ISBN: 978-3-96433-717-7
16x24 | HC | Science-Fiction | 16+
€ 28,– (D) | **Abgeschlossen**

AFTERIMAGE SLOW MOTION
von Jyanome
☐ Einzelband ISBN: 978-3-96433-503-6
14x21 | SC | Boys Love | 16+
€ 10,– (D) | **Abgeschlossen**

APOSIMZ – Das Land der Puppen
von Tsutomu Nihei
☐ Band 01-05
☐ Band 06 ISBN: 978-3-96433-431-2
☐ Band 07 ISBN: 978-3-96433-432-9
☐ Band 08 ISBN: 978-3-96433-433-6
☐ Band 09 ISBN: 978-3-96433-434-3
14x21 | SC mit Klappen | Science-Fiction
15+ | € 10,– (D) | **Abgeschlossen**

APOSIMZ
Full Color Master Edition
von Tsutomu Nihei
☐ Band 01 ISBN: 978-3-96433-324-7
16x24 | HC | Farbe | Science-Fiction | 15+
€ 30,– (D)

AYANASHI
von Yukihiro Kajimoto
☐ Band 01-04
14x21 | SC | Science Fiction | Action | 12+
€ 10,– (D) | **Abgeschlossen**

BLADE OF THE IMMORTAL
2in1 Perfect Edition
von Hiroaki Samura
☐ Band 01-05
☐ Band 06 ISBN: 978-3-96433-376-6
☐ Band 07 ISBN: 978-3-96433-377-3
☐ Band 08 ISBN: 978-3-96433-420-6
☐ Band 09 ISBN: 978-3-96433-421-3
☐ Band 10 ISBN: 978-3-96433-504-3
☐ Band 11 ISBN: 978-3-96433-505-0
Oktober 2023
14x21 | SC mit Schutzumschlag | Action | 16+
€ 25,– (D)

BLAME! 0: NOiSE
Master Edition
von Tsutomu Nihei
☐ Einzelband ISBN: 978-3-96433-140-3
16x24 | HC | Science-Fiction | 16+
€ 20,– (D) | **Abgeschlossen**

Änderungen und Irrtümer vorbehalten. Stand 07/2023

I'M STANDING ON A MILLION LIVES
von Naoki Yamakawa & Akinari Nao
☐ Band 01-10
☐ Band 11 ISBN: 978-3-96433-677-4
☐ Band 12 ISBN: 978-3-96433-678-1
☐ Band 13 ISBN: 978-3-96433-679-8
14x21 | SC | Fantasy | 13+
€ 10,– (D)

ICH BIN EINE SPINNE, NA UND?
von Okina Baba & Asahiro Kakashi
☐ Band 01-10
☐ Band 11 ISBN: 978-3-96433-674-3
☐ Band 12 ISBN: 978-3-96433-675-0
14x21 | SC | Fantasy | Action | 13+
€ 10,– (D)

ICH BIN EINE SPINNE, NA UND? Die vier Schwestern
von Gratinbird & Okina Baba & Tsukasa Kiryu & Asahiro Kakashi
☐ Band 01 ISBN: 978-3-96433-533-3
☐ Band 02 ISBN: 978-3-96433-534-0
☐ Band 03 ISBN: 978-3-96433-535-7
☐ Band 04 ISBN: 978-3-96433-536-4
☐ Band 05 ISBN: 978-3-96433-672-9
14x21 | SC | Fantasy | Comedy | 13+
€ 10,– (D)

ICH KANN DICH NICHT ERREICHEN
von Mika
☐ Band 01 ISBN: 978-3-96433-608-8
☐ Band 02 ISBN: 978-3-96433-668-2
☐ Band 03 ISBN: 978-3-96433-669-9
☐ Band 04 ISBN: 978-3-96433-670-5
☐ Band 05 ISBN: 978-3-96433-671-2
14x21 | SC | Boys Love | 15+
€ 7,99 (D)

IT'S MY LIFE
von Imomushi Narita
☐ Band 01-11
14x21 | SC | Fantasy | 13+
€ 10,– (D) | **Abgeschlossen**

JOJO'S BIZARRE ADVENTURE – Part 1: Phantom Blood
von Hirohiko Araki
☐ Band 01-03
14x21 | SC | Action | 16+
€ 12,– (D) | **Abgeschlossen**

JOJO'S BIZARRE ADVENTURE – Part 2: Battle Tendency
von Hirohiko Araki
☐ Band 01-04
14x21 | SC | Action | 16+
€ 14,– (D) | **Abgeschlossen**

JOJO'S BIZARRE ADVENTURE – Part 3: Stardust Crusaders
von Hirohiko Araki
☐ Band 01 ISBN: 978-3-96433-513-5
☐ Band 02 ISBN: 978-3-96433-514-2
☐ Band 03 ISBN: 978-3-96433-515-9
☐ Band 04 ISBN: 978-3-96433-516-6
☐ Band 05 ISBN: 978-3-96433-517-3
☐ Band 06 ISBN: 978-3-96433-518-0
14x21 | SC | Action | 16+
€ 14,– (D)

GANTZ – 3in1 Perfect Edition
von Hiroya Oku
☐ Band 01 4in1 Edition
☐ Band 02-12
14x21 | SC mit Klappen | Science-Fiction
16+ | € 20,– (D) | ab Band 09 € 25,– (D)
Abgeschlossen

GANTZ:E
von Hiroya Oku & Jin Kagetsu
☐ Band 01 ISBN: 978-3-96433-476-3
☐ Band 02 ISBN: 978-3-96433-568-5
☐ Band 03 ISBN: 978-3-96433-569-2
14x21 | SC | Science-Fiction | 16+
€ 10,– (D)

GANTZ:G – 3in1 Perfect Edition
von Hiroya Oku & Keita Ijika
☐ Einzelband ISBN: 978-3-96433-571-5
14x21 | SC | Science-Fiction
16+ | € 25,– (D) | **Abgeschlossen**

GOLDEN KAMUY
von Satoru Noda
☐ Band 01-20
☐ Band 21 ISBN: 978-3-96433-499-2
☐ Band 22 ISBN: 978-3-96433-500-5
☐ Band 23 ISBN: 978-3-96433-501-2
☐ Band 24 ISBN: 978-3-96433-502-9
14x21 | SC | Action | History | 16+
€ 10,– (D) | Band 21-24 € 12,– (D)

GREEN WORLDZ
von Yusuke Osawa
☐ Band 01-08
14x21 | SC mit Klappen | Survival Horror
16+ | € 10,– (D) | **Abgeschlossen**

HEAVENLY DELUSION – Das verlorene Paradies
von Masakazu Ishiguro
☐ Band 01-05
☐ Band 06 ISBN: 978-3-96433-610-1
☐ Band 07 ISBN: 978-3-96433-767-2
14x21 | SC | Science-Fiction | 15+
€ 10,– (D)

HI SCORE GIRL
von Rensuke Oshikiri
☐ Band 01-10
14x21 | SC | Slice of Life | 13+
€ 10,– (D) | **Abgeschlossen**

HITORIJIME MY HERO
von Memeco Arii
☐ Band 01-05
☐ Band 06 ISBN: 978-3-96433-631-6
☐ Band 06 ISBN: 978-3-96433-886-0
+ Schuber | € 18,– (D)
☐ Band 07 ISBN: 978-3-96433-632-3
☐ Band 08 ISBN: 978-3-96433-633-0
14x21 | SC | Boys Love | 15+
€ 10,– (D)

I'M IN LOVE WITH THE VILLAINESS
von Aonoshimo & Inori. & Hanagata
☐ Band 01 ISBN: 978-3-96433-739-9
☐ Band 02 ISBN: 978-3-96433-740-5
☐ Band 03 ISBN: 978-3-96433-741-2
☐ Band 04 ISBN: 978-3-96433-742-9
14x21 | SC | Girls Love | 15+
€ 10,– (D)

DIE DREI MUSKETIERE
von Cédric Tchao & Néjib
☐ Band 01 ISBN: 978-3-96433-976-8
14x21 | SC | Action | Abenteuer | 16+
€ 10,– (D)

DIE TAGEBÜCHER DER APOTHEKERIN – Geheimnisse am Kaiserhof
von Natsu Hyuuga & Itsuki Nanao & Nekokurage & Touco Shino
☐ Band 01-05
☐ Band 06 ISBN: 978-3-96433-562-3
☐ Band 07 ISBN: 978-3-96433-563-0
☐ Band 08 ISBN: 978-3-96433-564-7
☐ Band 09 ISBN: 978-3-96433-565-4
☐ Band 10 ISBN: 978-3-96433-823-5
☐ Band 10 ISBN: 978-3-96433-960-7
+ Schuber | € 18,– (D)
14x21 | SC | Mystery | 15+
€ 10,– (D)

DOROHEDORO 2in1 Edition
von Q-Hayashida
☐ Band 01 3in1 Edition
☐ Band 02-05
☐ Band 06 ISBN: 978-3-96433-487-9
☐ Band 07 ISBN: 978-3-96433-572-2
☐ Band 08 ISBN: 978-3-96433-489-3
☐ Band 09 ISBN:978-3-96433-490-9
☐ Band 10 ISBN: 978-3-96433-491-6
☐ Band 11 ISBN: 978-3-96433-492-3
14x21 | SC | Fantasy | 16+ | € 15,– (D)
Band 08-09 € 18,– (D) | Band 10-11 € 20,– (D)
Abgeschlossen

DOU KYU SEI – Verliebt in meinen Mitschüler
von Asumiko Nakamura
☐ Einzelband ISBN: 978-3-96433-206-6
14x21 | SC | Boys Love | 15+
€ 10,– (D) | **Abgeschlossen**

EVERYDAY ESCAPE
von Shouichi Taguchi
☐ Band 01 ISBN: 978-3-96433-602-6
☐ Band 02 ISBN: 978-3-96433-680-4
☐ Band 03 ISBN: 978-3-96433-681-1
14x21 | SC | Slice of Life | 13+
€ 7,99 (D)

EX-ARM
von HiRock & Shin-ya Komi
☐ Band 01-14
14x21 | SC mit Klappen | Science-Fiction
16+| € 10,– (D) | ab Band 13 € 12,– (D)
Abgeschlossen

FIST OF THE NORTH STAR Master Edition
von Buronson & Tetsuo Hara
☐ Band 01 ISBN: 978-3-96433-748-1
☐ Band 02 ISBN: 978-3-96433-749-8
☐ Band 03 ISBN: 978-3-96433-750-4
☐ Band 04 ISBN: 978-3-96433-751-1
16x24 | HC | Action | 16+
€ 28,– (D)

MANGA CULT Checkliste

MY HOME HERO
von Naoki Yamakawa & Masashi Asaki
- Band 01-05
- Band 06 ISBN: 978-3-96433-657-6
- Band 07 ISBN: 978-3-96433-658-3
- Band 08 ISBN: 978-3-96433-659-0
- Band 09 ISBN: 978-3-96433-660-6

14x21 | SC | Thriller | 16+
€ 10,– (D)

MY NEXT LIFE AS A VILLAINESS: Wie überlebe ich in einem DATING-GAME?
von Satoru Yamaguchi & Nami Hidaka
- Band 01-05
- Band 06 ISBN: 978-3-96433-556-2
- Band 07 ISBN: 978-3-96433-600-2
- Band 08 ISBN: 978-3-96433-841-9

14x21 | SC | Fantasy | 15+
€ 10,– (D)

PARATAXIS Master Edition
von Shintaro Kago
- Einzelband ISBN: 978-3-95981-750-9

16x24 | HC | Science-Fiction | 16+
€ 20,– (D) | **Abgeschlossen**

QUIN ZAZA – Die letzten Drachenfänger
von Taku Kuwabara
- Band 01-10
- Band 11 ISBN: 978-3-96433-639-2
- Band 12 ISBN: 978-3-96433-695-8
- Band 13 ISBN: 978-3-96433-844-0

14x21 | SC mit Klappen | Fantasy | 15+
€ 10,– (D)

RG VEDA Master Edition
von CLAMP
- Band 01-05

16x24 | HC | Fantasy | 12+
€ 28,– (D) | **Abgeschlossen**

SHADOWS HOUSE
von Somato
- Band 01 ISBN: 978-3-96433-851-8

14x21 | SC | Mystery | 13+
€ 8,99 (D)

SHIKIMORI'S NOT JUST A CUTIE
von Keigo Maki
- Band 01 ISBN: 978-3-96433-784-9
- Band 02 ISBN: 978-3-96433-785-6

14x21 | SC | Romance | 13+
€ 8,99 (D)

SHOJO-MANGAKA NOZAKI-KUN
von Izumi Tsubaki
- Band 01-10
- Band 11 ISBN: 978-3-96433-448-0
- Band 12 ISBN: 978-3-96433-543-2
- Band 13 ISBN: 978-3-96433-654-5

14x21 | SC | Comedy | 13+
€ 7,99 (D)

SOLOIST IN A CAGE
von Shiro Moriya
- Band 01-03

14x21 | SC | Mystery | 16+
€ 14,– (D) | **Abgeschlossen**

MEIN GELIEBTER GAMING-FREUND IST MEIN FIESER BOSS?! Σ(•□•)
von Nmura
- Band 01 ISBN: 978-3-96433-612-5
- Band 02 ISBN: 978-3-96433-836-5

14x21 | SC | Boys Love | 15+
Band 1 € 14,– (D) | Band 02 € 10,– (D)

MEIN SCHULGEIST HANAKO
von AidaIro
- Band 00-15
- Band 16 ISBN: 978-3-96433-619-4
- Band 17 ISBN: 978-3-96433-620-0

14x21 | SC | Fantasy | Mystery | 13+
€ 7,99 (D)

MEIN SCHULGEIST HANAKO – After School
von AidaIro
- Einzelband ISBN: 978-3-96433-613-2

14x21 | SC | Fantasy | Mystery | 13+
€ 7,99 (D) | **Abgeschlossen**

MEIN SCHULGEIST HANAKO ARTBOOK
von AidaIro
- Band 01 ISBN: 978-3-96433-588-3
- Band 02 ISBN: 978-3-96433-766-5

DIN A4 | HC | Farbe | Fantasy | Mystery | 13+
€ 30,– (D)

MIDNIGHT MONOLOGUE
von Jyanome
- Einzelband ISBN: 978-3-96433-804-4
- Einzelband LE ISBN: 978-3-96433-805-1 + Booklet | € 14,– (D)

14x21 | SC | Boys Love | 16+
€ 10,– (D) | **Abgeschlossen**

MIERUKO-CHAN – Die Geister, die mich riefen
von Tomoki Izumi
- Band 01-05
- Band 06 ISBN: 978-3-96433-625-5
- Band 07 ISBN: 978-3-96433-837-2

14x21 | SC | Mystery | 15+
€ 7,99 (D)

MONONOGATARI – Die Wächter der Artefaktgeister
von Onigunsou
- Band 01 ISBN: 978-3-96433-862-4
- Band 02 ISBN: 978-3-96433-863-1

14x21 | SC | Fantasy | 13+
€ 10,– (D)

MUSHISHI Perfect Edition
von Yuki Urushibara
- Band 01-10

14x21 | SC | Fantasy | 15+
€ 15,– (D) | **Abgeschlossen**

MY BOY
von Hitomi Takano
- Band 01 ISBN: 978-3-96433-725-2
- Band 02 ISBN: 978-3-96433-726-9
- Band 03 ISBN: 978-3-96433-727-6
- Band 04 ISBN: 978-3-96433-728-3
- Band 05 ISBN: 978-3-96433-729-0
- Band 06 ISBN: 978-3-96433-730-6

14x21 | SC | Drama | 15+
€ 10,– (D)

KANOJO MO KANOJO – Gelegenheit macht Liebe
von Hiroyuki
- Band 01-05
- Band 06 ISBN: 978-3-96433-589-0
- Band 07 ISBN: 978-3-96433-590-6
- Band 08 ISBN: 978-3-96433-591-3
- Band 09 ISBN: 978-3-96433-592-0
- Band 10 ISBN: 978-3-96433-593-7
- Band 11 ISBN: 978-3-96433-594-4
- Band 12 ISBN: 978-3-96433-595-1

14x21 | SC | Comedy | Romance | 13+
€ 7,99 (D) | Band 09-12 € 8,99 (D)

KNIGHTS OF SIDONIA Master Edition
von Tsutomu Nihei
- Band 01-07

16x24 | HC | Science-Fiction | 16+
€ 28,– (D) | **Abgeschlossen**

KUHIME
von Hideo Takenaka
- Band 01-04

14x21 | SC mit Klappen | Horror | 16+
€ 10,– (D) | **Abgeschlossen**

LAID-BACK CAMP
von afro
- Band 01-10
- Band 11 ISBN: 978-3-96433-537-1
- Band 12 ISBN: 978-3-96433-577-7
- Band 13 ISBN: 978-3-96433-578-4

14x21 | SC | Slice of Life | 13+
€ 10,– (D)

LAYLA UND DAS BIEST, DAS STERBEN MÖCHTE
von Asato Konami & Eziwa Saita
- Band 01-04

14x21 | SC mit Klappen | Abenteuer | 12+
€ 10,– (D) | **Abgeschlossen**

LIFE LESSONS WITH URAMICHI
von Gaku Kuze
- Band 01-05
- Band 06 ISBN: 978-3-96433-555-5
- Band 07 ISBN: 978-3-96433-704-7

14x21 | SC | Comedy | 15+
€ 7,99 (D)

LOVE OF KILL
von Fe
- Band 01-05
- Band 06 ISBN: 978-3-96433-583-8
- Band 07 ISBN: 978-3-96433-584-5
- Band 08 ISBN: 978-3-96433-585-2
- Band 09 ISBN: 978-3-96433-586-9

14x21 | SC | Action | 16+
€ 7,99 (D)

LOVELOCK OF MAJESTIC WAR
von Tatsuya Shihira
- Band 01 ISBN: 978-3-96433-713-9
- Band 02 ISBN: 978-3-96433-714-6
- Band 03 ISBN: 978-3-96433-715-3
- Band 04 ISBN: 978-3-96433-716-0

14x21 | SC | Action | 16+
€ 10,– (D) | **Abgeschlossen**

Änderungen und Irrtümer vorbehalten. Stand 07/2023

MANGA CULT Checkliste ☑

WANDANCE
von Coffee
☐ Band 01 ISBN: 978-3-96433-718-4
☐ Band 02 ISBN: 978-3-96433-719-1
☐ Band 03 ISBN: 978-3-96433-720-7
☐ Band 04 ISBN: 978-3-96433-721-4
☐ Band 05 ISBN: 978-3-96433-722-1
☐ Band 06 ISBN: 978-3-96433-723-8
14x21 | SC | Special | 13+
€ 10,– (D)

WELCOME BACK, ALICE
von Shuzo Oshimi
☐ Band 01 ISBN: 978-3-96433-734-4
☐ Band 02 ISBN: 978-3-96433-735-1
☐ Band 03 ISBN: 978-3-96433-736-8
14x21 | SC | Drama | 16+
€ 10,– (D)

YAKUZA REINCARNATION
von Hiroki Miyashita & Takeshi Natsuhara
☐ Band 01 ISBN: 978-3-96433-705-4
☐ Band 02 ISBN: 978-3-96433-706-1
☐ Band 03 ISBN: 978-3-96433-707-8
☐ Band 04 ISBN: 978-3-96433-708-5
14x21 | SC | Action | 15+
€ 10,– (D)

ZETMAN
2in1 Edition
von Masakazu Katsura
☐ Band 01 ISBN: 978-3-96433-806-8
14x21 | SC | Science-Fiction | 16+
€ 18,– (D)

SOMALI UND DER GOTT DES WALDES
von Yako Gureishi
☐ Band 01-05
☐ Band 06 ISBN: 978-3-96433-321-6
14x21 | SC | Fantasy | 12+
€ 10,– (D)

SOTSU GYO SEI – Verliebt in meinen Mitschüler
von Asumiko Nakamura
☐ Band 01 ISBN: 978-3-96433-279-0
☐ Band 02 ISBN: 978-3-96433-289-9
14x21 | SC | Boys Love | **Abgeschlossen**
15+ | € 10,– (D)

SURVIVING WONDERLAND
von Tabasa Iori
☐ Band 01-03
14x21 | SC | Horror | Mystery | 16+
€ 10,– (D) | **Abgeschlossen**

TEKKON KINKREET
Master Edition
von Taiyō Matsumoto
☐ Einzelband ISBN: 978-3-95981-734-9
16x24 | HC | Science-Fiction | 15+
€ 32,– (D) | **Abgeschlossen**

THE HOLY GRAIL OF ERIS
von Kujira Tokiwa & Hinase Momoyama & Yu-nagi
☐ Band 01-05
☐ Band 06 ISBN: 978-3-96433-599-9
☐ Band 07 ISBN: 978-3-96433-847-1
14x21 | SC | Mystery | 15+
€ 7,99 (D) | Band 06-07 € 8,99 (D)

TONIKAWA – Fly me to the Moon
von Kenjiro Hata
☐ Band 01-10
☐ Band 11 ISBN: 978-3-96433-645-3
☐ Band 12 ISBN: 978-3-96433-646-0
☐ Band 13 ISBN: 978-3-96433-647-7
☐ Band 14 ISBN: 978-3-96433-648-4
14x21 | SC | Romance | 13+
€ 7,99 (D) | Band 11-14 € 8,99 (D)

TRICKS DEDICATED TO WITCHES
von Shizumu Watanabe
☐ Band 01-04
14x21 | SC | Action | 15+
€ 10,– (D) | **Abgeschlossen**

TWILIGHT OUTFOCUS
von Jyanome
☐ Band 01-02
14x21 | SC | Boys Love | 16+
€ 10,– (D) | **Abgeschlossen**

TWITTERING BIRDS NEVER FLY
von Kou Yoneda
☐ Band 01-05
☐ Band 06 ISBN: 978-3-96433-422-0
☐ Band 07 ISBN: 978-3-96433-423-7
14x21 | SC | Boys Love | 16+
Band 1 € 10,– (D) | ab Band 2 € 12,– (D)

STOPP! DIES IST DIE LETZTE SEITE!

STOPP!

BRUTAL ist ein Manga, und einen japanischen Comic liest man von hinten nach vorne. Auch die Lesereihenfolge der Bilder und Sprechblasen auf den Seiten ist anders als gewohnt: von rechts oben nach links unten.

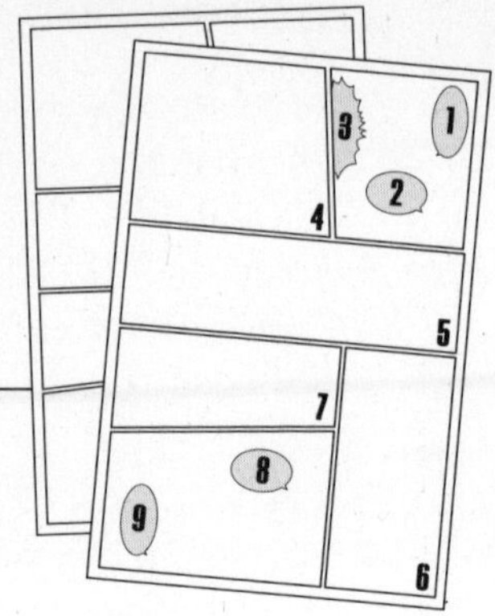

BRUTAL

BEKENNTNISSE EINES MORDERMITTLERS 1

von

Kei Koga & Ryo Izawa

2. Auflage, 2023
Deutsche Ausgabe/German Edition

Verlagsleitung: Andreas Mergenthaler & Luciana Bawidamann

Aus dem Japanischen von Jan-Christoph Müller

Original Cover Design: Illustration: Ryo Izawa, Cover Design: Sosuke Takeuchi (crazy force)

Programmleitung: Alexandra Grimsehl
Redaktion & Korrektorat: Denise Hedrich
Lektorat: Christina Gohl
Grafik/Produktionsleitung: Elke Epple
Layout und Lettering: Manga Cult, Datagrafix GSP GmbH, Berlin
Druck: GGP Media GmbH, Pößneck

Print-ISBN: 978-3-96433-773-3

www.manga-cult.de | September 2023